KB147874

알아두면 쓸데 있는 유쾌한 상식사전

— 한국사 편 —

알아두면 쓸데 있는
유쾌한 상식사전 – 한국사 편 –

초판 1쇄 발행일 2020년 6월 30일
초판 2쇄 발행일 2021년 10월 4일

지은이 조홍석
펴낸이 박희연
대표 박창흠

펴낸곳 트로이목마
출판신고 2015년 6월 29일 제315-2015-000044호
주소 서울시 강서구 양천로 344, B동 449호(마곡동, 대방디엠시티 1차)
전화번호 070-8724-0701
팩스번호 02-6005-9488
이메일 trojanhorsebook@gmail.com
페이스북 https://www.facebook.com/trojanhorsebook
네이버포스트 http://post.naver.com/spacy24
인쇄·제작 ㈜미래상상

개별 ISBN 979-11-87440-61-1 (04030)
세트 ISBN 979-11-87440-35-2 (04030)

가리지날 시리즈 ④

알아두면 쓸데 있는
유쾌한 상식사전

— 한국사 편 —

조홍석 지음

트로이목마

*일러두기

1. 이 책에 사용된 어휘는 대부분 국어사전의 표기법을 따랐으나, 일부 표현과 표기법은 재미를 위해 구어체 그대로 표기했음을 밝힙니다.

2. 이 책에서 영어 original을 한글 '오리지널'이 아닌 '오리지날'로 표기한 이유는, 저자가 쓰는 용어인 '가리지날(가짜 오리지날)'과 대응하는 용어로 쓰기 위함임을 밝힙니다.

3. 이 책에 사용된 이미지는, 모두 무료 이미지사이트에서 다운로드하거나, 유료 이미지사이트에서 구입하거나, 저작권 프리(free) 이미지이거나, 저작권료를 지불하고 저작권자에게 구입하거나, 저작권자 연락처를 찾아 허락을 구하고자 했으나 찾을 수 없어 출처 표기로 대체한 것들입니다. 혹시 이미지 저작권자가 추후에 나타나는 경우, 별도 허락을 구하도록 노력하겠습니다.

안녕하세요. 조홍석입니다.

2018년, 2019년에 발간한《알아두면 쓸데 있는 유쾌한 상식사전》 '일상생활 편', '과학·경제 편', '언어·예술 편'에 이어, 10여 년 전부터 지금까지 계속 지인들에게 보내고 있는 글 중 역사 관련 글들을 모아, 네 번째 이야기, 한국사 편을 발간하게 되었습니다.

가리지날이란 오리지날이 아님에도 오랫동안 널리 알려져 이제는 오리지날보다 더 유명해진 것을 의미하는 제 나름의 용어입니다.

사실 지나치게 전문화한 세상이어서 각자 자신의 분야는 잘 알지만 전체를 통찰하는 거대 담론이 사라지다 보니, 서로가 자기 입장에서만 이야기할 뿐 타인의 시각이나 입장을 이해하기까지 오랜 시간이 걸리기도 합니다. 하지만 이 세상 학문은 서로 연결되어 있고 의외의 곳에서 서로 만나기도 한답니다.

이번 '한국사 편'에서는 여러분과 함께 단군 할아버지의 탄생부터 근대까지 기나긴 우리 한반도의 역사 중 잘 몰랐거나 잘못 알려진 내용까지 지식의 원천을 찾아 함께 떠나보고자 합니다. 🐻

1부는 인류 문명의 탄생부터 우리나라 고대 국가의 출현에 관한 이야기입니다.

인류는 지식혁명, 농업혁명을 통해 문화를 축적해 나갔으며 청동기, 철기 문화의 발달로 부족에서 국가로 사회 체계의 변화가 일어납니다. 이에 따라 통치자들은 권력의 정당성을 알리기 위해 신화적 요소를 가미한 탄생 신화를 만들게 되지요. 그런데 각 민족의 신화를 보다 보면 타 문명과의 교류 흔적이 뚜렷이 나타납니다. 따라서 그동안 단순히 건국 신화로만 알려져 있는 우리 고대 국가의 시작에 대해 세계사적 시각에서 풀어보았습니다.

2부에서는 삼국의 경쟁부터 신라의 통일까지 격동의 시기를 소개합니다. 애초 한반도는 다양한 민족과 문화가 오가던 역동적인 공간이었습니다. 다양한 나라를 세우고 고유의 문화를 유지하고 나라를 지킨 조상님들에 대해 살펴봅니다.

3부에서는 통일신라 시기부터 고려의 재통일 과정과 국난을 극복하면서 하나의 민족으로 뭉쳐가는 조상님들의 이야기를 풀어봅니다. 신라의 불완전한 삼국 통일부터 고려시대를 거치며 여러 위기 속에서 우리가 어떻게 하나의 민족으로 뭉쳐져 왔는지, 조선시대와 달리 어떻게 글로벌 경쟁력을 갖추고 있었는지 풀어보았습니다.

4부에서는 조선시대부터 근대에 이르기까지의 굴곡진 역사를 풀어보았습니다. 우리가 흔히 성군과 암군으로 분류하는 여러 군주들의 또 다른 면을 살펴보고, 조선시대 여성의 삶, 임진왜란과 병자호란에 대한 새로운 시각과 함께 구한말 제국주의 침략자들의 관점에서 조선 멸망과정을 소개하고, 3.1절의 의미와 대한민국 탄생 이야기까지 소개합니다.

저는 해당 분야의 전문가가 아닙니다. 그래서 더 과감하게 제가 읽은 수많은 책과 자료에서 얻은 정보, 오랜 시간 해 왔던 많은 고민들, 그리고 실제 사회생활에서 알게 된 흥미 있는 지식의 융합 정보를 많은 지인들과 공유해 왔습니다. 저자 소개에서도 밝혔듯이 복잡하고 어려운 지식을 쉽게 전하는 '빌 브라이슨'과 같은 지식 큐레이터로서 우리 사회의 발전에 기여하고자 합니다. 그런 의미에서 이번 '한국사 편'도 우리 역사와 문화의 정체성에 대해 새롭게 알게 되는 좋은 교양서로 널리 읽히길 기원해봅니다.

흔쾌히 책자 발간을 승인해주신 삼성서울병원 권오정 원장님과 구홍회 실장님, 여러 보직자분들, 매번 인트라넷 칼럼에 댓글 남기고 응원해주신 삼성서울병원 가족 여러분, 커뮤니케이션실 동료 여러분, 책자 발간을 처음 권해주신 삼성경제연구소 유석진 전무님,

늘 든든한 인생의 멘토이신 삼성물산 서동면 전무님, 실제 책 출간의 첫 단추를 끼워주신 이베이코리아 홍윤희 이사님, 여러 의견을 주셨으나 끝내 연을 맺지 못해 아쉬운 윤혜자 실장님, 저를 전폭적으로 믿고 책 출간을 진행해주신 트로이목마 대표님, 책자 발간을 응원해주신 부산 남성초등학교 17기 동기 및 선후배님, 연세대학교 천문기상학과 선후배 및 동기님들, 연세대학교 아마추어천문회(YAAA) 선후배 및 동기님들, 성균관대학교 경영대학원 교수님들과 EMBA 94기 2조 원우님들, 삼성 SDS 홍보팀 OB, YB 여러분, 마피아(마케팅-PR 담당자 아침 모임) 회원님들, 우리나라 병원 홍보 발전을 위해 고생하시는 한국병원홍보협회 회원님들, 콘텐츠 구성에 많은 의견을 제공해준 오랜 벗 연세대학교 지명국 교수, MBC 김승환 과학 전문 기자, 극지연구소 최태진 박사, 안혜준 회계사, 그 외에도 응원해주신 많은 친척, 지인들께 거듭 감사드리며, 주말마다 시간을 비워준 아내와 아이들에게도 고마움을 전합니다.

책자 준비 소식을 기다리시다가 미처 보지 못하시고 이제는 먼 여행을 떠나신 장인어른께 이 책을 바칩니다.

이제 독자 여러분과 함께 한반도 역사 속 수많은 가리지날을 찾아보고자 합니다.

자, 색다른 지식의 고리를 찾으러 같이 가보시죠~.

"빈 페이지라 넣는 거 아니라능~"

차례

|1부| 국가의 탄생 : 인류사의 시작과 고대 한반도

|3부| 하나의 국가, 하나의 문화, 하나의 민족 : 남북국시대부터 고려시대까지

|4부| 현재의 우리나라가 되기까지 :
조선시대부터 대한민국 탄생까지

인류는 오랜 지구의 역사에서 최근에야 등장한 생명체이죠.

600만 년 동안 진화를 거듭해 온 인류는 지식혁명과 농업혁명을 통해 문화를 축적해 나갔으며 청동기, 철기 문화의 발달과 함께 가족 단위에서 부족으로, 다시금 국가로 사회 체계의 변화가 일어납니다. 이에 따라 통치자들은 권력의 정당성을 알리기 위해 신화적 요소를 가미한 탄생 신화를 만들게 되지요.

그런데 각 민족의 신화를 보다 보면 타 문명과의 교류 흔적이 뚜렷이 나타난답니다. 이에 그동안 단순히 건국 신화로만 알려진 우리 고대 국가의 시작에 대해 다양한 관점에서 풀어보았습니다.

우리나라 역사의 시작이 이처럼 다양한 문화의 집합체란 걸 아시면 아마 놀라실 겁니다.

1부

국가의 탄생 :
인류사의 시작과
고대 한반도

01

역사의 시작 – 인류, 지구의 지배자가 되다

안녕하세요. 대체 이런 특이한 이야기를 어떻게 알고 책을 내는지 궁금해하시는 여러분들께 《알아두면 쓸데 있는 유쾌한 상식사전》 네 번째 이야기를 시작하겠습니다. 🐨

이번 책에서는 우리나라의 역사와 여러 인물에 대해 그동안 잘 알려지지 않았거나 다르게 알려졌던 내용을 소개할까 합니다. 그렇다면 당연히 우리 민족의 시조, 단군 할아버지 이야기부터 시작해야 하지만, 단군이 등장하기 전 어떻게 인류가 지구의 지배자가 되었고 각 지역의 특성에 따라 어떻게 건국 신화가 만들어졌는지부터 아는 것이 단군 및 삼국시대 건국 신화를 이해하는 중요한 열쇠가 된답니다. 🐨

우선 질문 하나 할게요. 지구를 지배하고 있다고 착각하는 생명체인 우리 인간은 대체 어디서 출발한 것일까요?

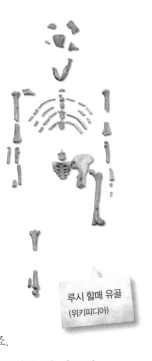

루시 할매 유골
(위키피디아)

조상님들도 이 근원적인 질문을 이해하려고 애를 썼고, 세계 여러 민족의 탄생 신화와 종교로 그 흔적을 남기고 있지만, 자연과학이 발달하면서 실체가 거의 밝혀지고 있지요. 즉, 6500만 년 전 중앙아메리카 멕시코 유카탄 반도에 떨어진 소행성 충돌로 공룡 등 초거대 파충류들이 사라지면서 느닷없이 지구의 주인이 된 포유류의 일부가 원숭이와 유인원의 조상으로 진화해 왔고, 300만 년 전 드디어 인간의 조상인 오스트랄로피테쿠스가 출현했다는 것이죠.

지금도 가장 유명한 원시인 화석은 1974년 11월 24일 아프리카 에티오피아 하다르 사막에서 발굴된 루시(Lucy)란 여성 유골인데, 원래 학명은 '오스트랄로피테쿠스 아파렌시스(Australopithecus Afarensis)'이지만, 발굴 당시 조사단 캠프 속 라디오를 통해 영국의 록밴드 비틀스의 노래 'Lucy in the Sky with Diamond'가 흘러나오고 있었던지라 애칭으로 이 이름을 붙였다네요. 현재 루시 화석은 에티오피아의 수도 아디스아바바 국립박물관에 전시 중입니다.

그런데, 루시가 인류의 조상이란 이야기도 이제는 가리지날이 되었습니다. 🐻

루시가 발굴된 에티오피아 동북부 아파르 지역은 무려 600만 년 동안 퇴적층이 형성되어 초기 인류 화석이 계속 발굴되면서 인류 역사 연구에 있어 아주 중요한 지역인데요. 지금은 더 연구가 진행되어 인류의 첫 조상이 애초 알려진 280만 년 전 루시보다 훨씬 더 이전인 570만 년 전 '아르디피테쿠스 라미두스(Ardipithecus Ramidus)'란 원시종이 있었다는 연구 결과까지 나온 상황입니다. 즉 인간이 원숭이나 유인원과 다른 진화의 길을 걷기 시작한 것은 그간의 생각보다 더 이른 시기였다는 거지요. 🐨

많은 분들이 '원숭이나 유인원이나 다 거기서 거기'라고 생각하시겠지만, 원숭이(Monkey)는 나무 위에서 생활하기 편하도록 꼬리

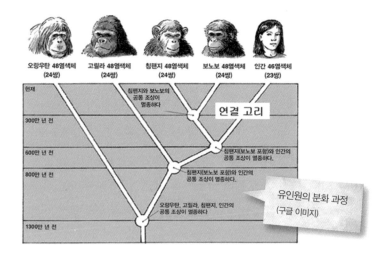

오랑우탄 48염색체
(24쌍)
고릴라 48염색체
(24쌍)
침팬지 48염색체
(24쌍)
보노보 48염색체
(24쌍)
인간 46염색체
(23쌍)

현재

침팬지와 보노보의
공통 조상이
멸종하다

연결 고리

300만 년 전

600만 년 전

침팬지(보노보 포함)와 인간의
공통 조상이 멸종하다.

800만 년 전

침팬지(보노보 포함)와 인간의
공통 조상이 멸종하다.

유인원의 분화 과정
(구글 이미지)

오랑우탄, 고릴라, 침팬지, 인간의
공통 조상이 멸종하다

1300만 년 전

가 발달한 반면, 침팬지, 오랑우탄, 고릴라, 보노보, 인간이 속한 유인원(Ape)은 꼬리는 사라지고, 눈은 가시광선 영역의 색상을 분간할 수 있도록 특출한 기능을 발달시킵니다. 그래서 가시광선 영역인 빨주노초파남보 색상을 다 구분할 수 있는 생명체는 유인원과 문어, 오징어 정도에 불과하답니다.

그 이유는 당시 아프리카 정글에서 원숭이들은 대부분의 시간을 나무 위에서 생활하며 맹수들을 피해 살았는데, 어느 날 일부 지역이 기후가 변해 가뭄이 들면서 나무들이 죽고 풀밭으로 변하면서 더 이상 울창한 열대우림 지대가 아닌 사바나 지역으로 바뀌고 맙니다. 그래서 땅에 내려서게 된 원숭이들은 나무에 매달리기 위한 꼬리가 줄어들어 똑바로 서서 걷게 되어 유인원이 되었는데, 낮과 밤에 활동하는 여러 맹수를 피해 새벽이나 저녁 시간대에 짧게 사냥을 하다 보니 색상과 명암 구분이 중요해졌기에 시각도 발달하게 된 것입니다. 🐻

이처럼 나무가 사라지는 바람에 땅에 내려온 유인원 중에서 결국 인간이 최종 승자로 우뚝 서게 됩니다. 과거 다윈이 진화론을 통해 이 같은 주장을 하지만 당시엔 사람과 원숭이의 공동 조상이란 개념을 잘 이해하지 못해 마치 사람이 원숭이로부터 바로 진화한 것처럼 여겨 큰 반발을 샀죠. 하지만 실제 화석 증거들과 과학적 분석에 이어 유전자 분석에 이르기까지 과학 기술의 발달에 따라 인류 진화에 대한 의혹은 줄어들고 있지요.

이처럼 인간의 탄생을 간략하게 알아봤는데요. 그런데 인간은 어떻게 지구의 지배자가 되었을까요? 보통 여러 책에서는, 인간은 피부가 약하고, 이빨도 작고, 힘은 고릴라나 침팬지에도 못 미치고, 빨리 달리지도 못하는 연약한 동물이었지만, 도구와 불을 사용하는 똑똑한 두뇌를 이용한 단체 생활과 집단 사냥 등 사회적 동물로 거듭나면서 타 동물들을 압도하기 시작했고, 이후 농업혁명 등을 통해 지구를 지배하는 영험한 생명체가 되었다면서 두뇌의 발달을 그 원인으로 설명하고 있습니다.

하지만 인간이 연약한 동물이란 전제조건은 실은 가리지날입니다. 🐻

인간에게는 다른 동물보다 월등히 앞서는 능력이 하나 있습니다. 그건 바로 두 발로 오랜 시간 걸을 수 있다는 겁니다. 이 능력이 다른 동물을 압도한 결정적 원인입니다. 🐨

치타가 세상에서 가장 빠르고, 사자나 호랑이가 파워에서는 압도적이지만, 지속 시간은 매우 짧습니다. 단시간 내에 에너지를 소모하고 나면 금방 지쳐버리거든요. 인간만큼 꾸준히 집요하게 목적을 갖고 이동하는 생명체는 없습니다. 실제로 어떤 원시 부족은 지금도 사슴 사냥을 나가면 별도의 무기 없이 목표로 삼은 사슴 한 마리를 계속 쫓아간다고 합니다. 사슴이 멀리 달아나더라도 도망친 방향으로 그렇게 몇 날 며칠 쫓아가면 사슴이 지쳐 쓰러져버리고, 그때 손

쉽게 다리를 묶어서 끌고 온다고 하지요. 게다가 혼자가 아니라 단체로 도구를 갖고 공격에 나서면, 그 어떤 동물보다 우위에 설 수 있었지요.

> 사슴 : "헉헉, 저 이상한 동물은 왜 지치지도 않고 계속 따라오사슴?"
>
> 인간 : "왜 저 사슴은 쭉 안 달리고 가다가 헐떡거리는 거지? 운동부족인가붕가."
>
> 사슴 : "헉헉, 5일째 따라오다니! 아 목마르고 배고파서 더는 못 가. 차라리 날 죽여라 죽여디어."
>
> 인간 : "오호. 이번에도 득템 성공. 얼른 돌아가 우리 마누라, 애기들 사슴 구이 해줘야지 랄라~."

이처럼 인간이 오래 걸을 수 있게 된 원동력은 다른 동물에 비해

큰엉덩이 근육,
큰볼기근 또는 대둔근
(© Shutterstock.com)

특이하게 발달한 '엉덩이 근육(볼기근, 둔근, Gluteus)' 덕분입니다. 흔히 허벅지 근육이 사람 몸에서 가장 큰 근육이라고 아시지만 그건 가리지날~. 사람 몸에서 가장 큰 근육은 걸을 때 몸통이 흔들리지 않게 잡아주는 엉덩이 근육이에요.

어느 동물이나 엉덩이 근육은 있는데, 이 엉덩이 근육은 다시 큰엉덩이 근육(대둔근), 중간엉덩이 근육(중둔근), 작은엉덩이 근육(소둔근)으로 나뉩니다. 그중에서도 인간이 다른 동물에 비해 유독 큰엉덩이 근육(대둔근, Gluteus Maximus)이 발달했기에 걷는 데 유리합니다. 즉, 다른 유인원들은 골반 엉덩뼈가 뒤로 향하고 있지만 인간만은 골반이 옆을 향하고 있고, 이 엉덩뼈를 감싼 엉덩이 근육이 커지면서 한 발로 서 있어도 넘어지거나 몸통이 흔들리지 않도록 잡아주게 된 것이죠. 🐻

인간도 걷거나 달릴 때는 허벅지 앞쪽 근육이 수축하면서 다리가 앞으로 나아가고, 허벅지 뒤쪽 근육이 수축할 때 다리가 뒤로 당겨지고 몸은 앞으로 튕겨 나가는 방식으로 움직이지요. 하지만 이런 달리기는 급속히 에너지를 소모하기 때문에 특별히 연습하지 않는 한 길게 지속하기 어렵습니다. 달리기를 해보면 느끼겠지만 다리가 아파서 멈춘다기보다는 숨이 가빠서 멈추는 경우가 더 많습니다. 이는 달리기를 통해 소모되는 에너지만큼 호흡으로 에너지를 제때 보충할 수 없기 때문이지요.

하지만 다른 동물들은 달리지 않고 걸을 때에도 골반 부위가 심하게 좌우로 흔들리기 때문에 에너지 소모가 많아 오래 걷지 못하는 반면, 인간은 엉덩이 근육으로 균형을 잡고 걸음 속도만 유지한다면 앞선 다리가 뒤로 가고 뒷다리가 앞으로 오는 동작이 시계의 추와 비슷한 관성 작용이 되면서 에너지를 크게 소비하지 않도록 특이하게 진화해 온 것이죠. 앞서 소개한 루시 등 원시 인류 화석 분석 시 이러한 골반 특징이 인류의 조상인지를 구분 짓는 중요한 잣대로 여겨지고 있습니다.

여기서 뽀나스~. 과거와 달리 먹거리가 풍족해져 다이어트 고민을 하는 현대인들이 굳이 시간을 들여 트레드밀(러닝머신)을 활용할 때, 일정한 속도로 걷지 말고 속도를 바꿔가며 걷거나 달리는 것을 권장하는 이유가, 바로 동일 속도 걷기는 에너지 소모가 적도록 진화한 존재들이기에 일반 동물들처럼 빠르게 에너지를 소모하도록 알려주는 겁니다. 역사 이야기라면서 별걸 다 알려주죠? 🐻 실제로 엉덩이 근육량이 10% 증가하면 당뇨병 발생률은 23% 줄어든다는 연구 결과도 있을 정도로 평소 건강에도 크게 기

트레드밀(러닝머신) 달리기
(© Shutterstock.com)

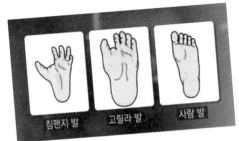

침팬지 발   고릴라 발   사람 발

침팬지, 고릴라, 인간의 발바닥 비교 (EBS '다큐프라임' 캡쳐)

여하고 있습니다. 사람이 나이가 들수록 구부정하게 허리가 굽고 걸음걸이가 느려지는 것도 척추의 노화보다는 엉덩이 근육과 엉덩이 지방이 줄어들어 허리를 제대로 지탱할 수 없기 때문이에요.

그 외에도 인간의 두 발 걷기는 무릎 모양도 바꾸었습니다. 걸을 때마다 온몸의 체중을 한쪽 다리로 지탱해야 하다 보니 무릎에 큰 중력이 전달되면서 무릎이 평평하게 변하고 튼튼해졌다고 합니다. 또한 발 모양도 바뀌었는데, 다른 원숭이나 유인원들의 발을 보면 손과 마찬가지로 엄지발가락이 엄지손가락처럼 옆으로 붙어 있습니다. 이는 나무를 잘 잡기 위해 두 손 두 발 다 손처럼 나뭇가지를 쥐고자 진화해 온 흔적이지요. 하지만 인간이 더 이상 나무에 올라가 맹수를 피할 필요가 없어지고, 오래 걷기를 잘하기 위해 엄지발가락이 다른 발가락 옆으로 위치를 옮기고 유독 더 크게 발달해 균형을 잡는 데 유리하도록 진화하면서 다른 유인원과는 완전히 다른 발을 갖게 된 것입니다. 🐻

이처럼 엉덩이 근육을 발달시키고 무릎과 발 모양을 바꾸는 진화를 통해 똑바로 오래 걷기가 가능해진 조상 인류가 목표를 정하면 그 방향을 향해 꾸준히 걸어갈 수 있는 특이한 능력을 기반으로 먹이 사슬의 최강자로 올라갔고, 단백질 섭취가 증가하면서 뇌도 커져

뛰어난 기억력을 갖게 되고 서서히 도구와 언어, 사회생활을 발전시킬 수 있었다는 근본적인 이유는 그동안 간과되어 온 거예요. 🐻

현대인보다 똑똑했던 원시인

이 같은 안정적인 걷기 능력은 인류를 전 지구에 퍼지게 한 원동력이 됩니다. 지구 역사상 그 어떤 동물도 전 지구상에 걸쳐 분포한 종은 없었답니다. 곤충도 한 가지 종이 전 세계에 균일하게 퍼져 있진 않고 식물도 마찬가지예요. 우리가 먹는 쌀이나 보리, 밀, 옥수수 등의 식물도 원래는 어느 특정 지역에만 존재하던 것을 인간의 필요에 의해 옮겨 심으면서 세계 곳곳으로 강제로 이주되었을 뿐입니다.

인류 역시 초기 인류의 화석은 지구 곳곳에서 지역별로 특징적인 유골이 한정되어 나오지요. 네안데르탈인은 유럽 쪽에서 주로 나오고, 북경원인, 자바원인 등 호모 에렉투스도 한정된 지역에만 살았습니다. 그러다가 드디어 우리의 직계 조상인 '호모 사피엔스 사피엔스(Homo Sapiens Sapiens)'에 이르러 전 대륙으로 진출하면서 세계의 지배자가 된 것입니다.

2019년 10월 〈네이처(Nature)〉지에 발표된 최신 연구 결과에 따르면, 아프리카대륙 동북부 에티오피아에서 가장 오래된 현생인류 유골이 발견되었지만, 유전학이 발전함에 따라 모계 미토콘드리아 DNA 유전자를 추적한 결과, 실제 첫 발생지는 아프리카 남부 지역

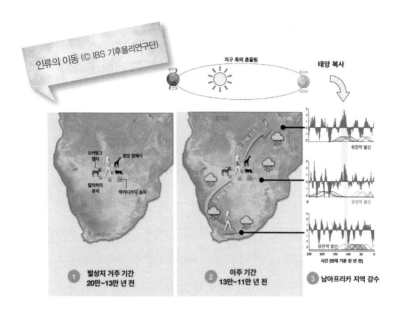

인류의 이동 (ⓒ IBS 기후물리연구단)

① 발상지 거주 기간
20만~13만 년 전

② 이주 기간
13만~11만 년 전

③ 남아프리카 지역 강수

이었다고 합니다. 우리 직계 조상님 '호모 사피엔스 사피엔스'는 20만 년 전 출현해 7만 년간 아프리카 중남부 칼라할리 지역에 머물렀고, 같은 시대 다른 종류의 인류는 또 다른 지역에 분포해 있었지요. 그러다가 지구 자전축의 세차운동(팽이 회전현상)으로 인해 강우량과 기온이 변하자 생존을 위해 13만 년 전에는 북동쪽으로, 11만 년 전에는 남서쪽으로 이주를 시작해 이후 아프리카를 넘어 전 세계로 진출하게 된 것이죠.

그런데 우리는 종종 원시인을 멍청한 존재로 묘사하지만 그건 가리지날입니다. 원시시대에는 우리 현대인 대부분보다 더 똑똑한 자만이 살아남을 수 있었습니다. 🐻

생존에 성공한 원시인은 현 인류와 비교해보아도 상대적으로 평균 이상의 지능과 신체 조건을 가진 똑똑한 사람들이었습니다. 이들 중 한 젊은이를 타임머신에 태워 현대로 데려오면, 얼마 안 가 우리와 똑같은 생활이 가능할 겁니다. 지금 우리는 사회 인프라 내에서 내가 할 일만 하면 되지만, 원시시대에는 24시간 맹수를 피해 안전한 피난처를 마련하고, 예측되지 않는 식량 보급을 위해 사냥과 채집을 하고, 직접 손으로 옷을 만들고, 불을 지펴야 하는 등 혹독한 환경에서 생존을 도모해야 했습니다.

만약 지금 우리가 아무 도구도 가지지 않은 상황에서 아프리카 평원에 홀로 내던져진다면 과연 돌멩이만 들고 생존에 성공할 수 있을까요? 쉽지 않을 겁니다. 이처럼 입장을 바꿔 생각해보면 원시인이 얼마나 대단한 존재인지 실감이 나실 거예요. 그래서 이들이 아무런 사전 정보 없이 생존을 위해 가없이 넓은 지평선을 바라보며 내디딘 첫발을 생각해본다면 새삼 옷깃을 여미며 감사의 인사를 드리지 않을 수 없습니다. 🐻

인류 진화의 최종형은 누구?

그런데 이들은 어떻게 방향을 알았을까요? 이는 해와 달의 위치, 하늘의 북극성 등 천문 관련 지식을 통해 습득한 방위 감각을 부모가 자식에게 알려주었기에 가능했습니다. 그래서 오직 자신의 다리를 믿고 전 세계로 퍼져 나가게 된 인류는 오랜 시간에 걸쳐 수천 세대

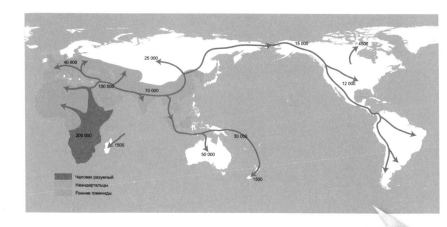

를 지나면서 드디어 아프리카를 넘어서
소아시아 지역을 거쳐 남부 유럽으로 진출
합니다. 당시에는 여전히 피부색은 흑인이지만 체형 등이 백인으로
변하기 시작하는 과도기 상태였음이 밝혀지고 있고, 이후 유럽의 네
안데르탈인과 접촉해 그들을 멸종시키죠. 그 과정에서 일부 DNA
를 받아 빨간 머리, 파란 눈, 하얀 피부 등 새로운 유전형질이 나타
납니다. 그래서, 네안데르탈인과의 혼혈로 탄생한 존재가 백인이
아닐까 하는 우려를 가진 서구 인류학자들이 많다고 하지요. 🐻

　반면 동쪽으로 방향을 틀어 아시아로 넘어온 조상님들은, 당시가
빙하기였기 때문에 유라시아 중위도 지역은 사냥하고 채집하기 좋
은 초원지대가 동서로 길게 펼쳐져 있었고, 바다도 지금보다 100m
이상 낮아 아시아를 지나 동남아의 여러 섬들과 아메리카대륙까지
걸어서 이동하게 됩니다. 이에 남방 루트는 자바원인과 DNA가 섞

인 말레이계 황인종이 되고, 북부 루트는 북경원인과 DNA가 섞이면서 동아시아 황인종으로 바뀌어 가는데, 사실상 동아시아와 베링 해협을 건너 아메리카대륙까지 진출한 북방계 황인종이 인류 진화 중 가장 늦게 나온 형태랍니다. 🐻

왜냐하면 아프리카에서 가장 먼 거리를 이동해 추운 지역을 건너오면서 체온을 최대한 유지하기 위해 신체가 이에 맞게 진화했거든요. 그래서 팔다리 등 튀어나온 부위는 다 짧아져 무게 중심이 낮아지면서 산악지형 등 거친 환경에서도 활동하기에 유리해졌고, 추위에서 눈을 보호하기 위해 쌍꺼풀이 없어지고 눈 주위에 지방질이 많아져 눈 자체가 작아졌으며, 눈 사이도 벌어지면서 더 넓은 시야를 한 번에 볼 수 있게 되었고, 코도 낮아져 콧구멍 체적이 줄어들면서 차가운 공기를 빨리 데워주게 되었고, 광대뼈와 사각 턱이 발달하여 질긴 고기 등을 섭취하기에 유리해졌으며, 피부에 난 털도 줄어들었어요. 언뜻 생각하기엔 털이 많아야 보온에 유리할 것 같지만 동물처럼 아주 두꺼운 털이 아닌 이상 땀이나 물에 젖은 털은 저체온증을 유발하기 때문에 아예 털이 없는 편이 보온에 더 유리하답니다. 또한 땀도 덜 나도록 땀샘도 최소화되면서 겨드랑이 암내도 가장 없으며 귀지도 눅진눅진한 형태가 아닌 가루 모양으로 바뀌지요. 듣다보니 매우 익숙하죠? 네 맞아요. 우리 한국인들은 우리 유전형질의 70%에 이르는 북방계 조상님들이 빙하기에 가장 험한 냉지를 뚫고 오면서 만들어진 신체 특성을 물려받은 것이에요. 🐻

그러니 혹시 타 인종이 황인종을 비하하는 태도를 취하면, "짜샤,

니가 뭘 몰라서 그러는데, 우리야말로 인류의 최종 진화형이다."라고 자신 있게 맑게 깨끗하게 말하셔도 됩니다. 🐻

다만 우리 조상님들이 하필이면 석유는 한 방울도 안 나오고 주변에는 드센 이웃만 살고, 여름은 동남아시아만큼 더우며 겨울은 시베리아만큼이나 추운 한반도로 오신 게 함정이긴 하지만, 환경 변화에 대응하면서 수만 년 동안 축적해 온 유전형질이 지금의 한국인을 만든 것이지요.

아, 그래서 다들 고분고분하지 않고 한 성격들 하시는 건가? 🐻

빙하기의 마지막을 장식한 대홍수

이처럼 각지에 흩어진 인류는 구석기시대 수렵과 채집 활동을 통해 각지에서 나름 안정된 생활을 영위하기 시작합니다.

영화 '설국열차' 속의
빙하기 장면 (구글 이미지)

하지만 생각해보면 인류가 지구에 등장한 이래 최근 1만 2000여 년을 제외하면 계속 빙하기 시절이었습니다. 과연 그 시대에 우리 조상님들은 어떻게 그 혹한기를 버텼을까요? 🐻

흔히 빙하기라고 하
면 온 세상이 꽁꽁 얼
어붙은 시기라고 생
각하지만 그건 가리
지날.

빙하기 때의 동아시아
(KBS '역사스페셜' 캡처)

가장 최근 빙하기를 기
준으로 보면, 지금보다 지구 기온이 평균 6도 정도
낮았습니다. 당시 빙하는 위도 50도 지역까지 남하
하긴 했지만, 적도를 중심으로 위도 30~40도 선까지는 스텝 기후대
가 넓게 펼쳐져 인류가 사냥하고 채집하기에는 안성맞춤이었습니
다. 그러니, 굳이 힘들게 농사를 짓지 않아도 빙하기 시절 인류는 수
렵과 채집 활동으로 일정 인구를 계속 유지할 수 있었습니다.

하지만 기원전 1만 1600여 년 전, 빙하기가 끝나면서 기온이 상승
하자 빙하들이 녹아내리면서 수백 미터 높이의 거대한 해일이 전 대
륙을 덮치고, 해수면이 무려 120m나 솟아올라 바닷가는 모조리 바
닷속으로 잠겨버리는 대참사가 일어납니다. 🐻

이때의 충격적인 사건을 묘사한 것이 그리스 신화 속 대홍수 이
야기, 수메르 신화, 힌두교 베다경, 성경의 노아의 방주, 플라톤의
아틀란티스 침몰 등 세계 각지에 전설과 기록으로 남아 있습니다.
당시 그 대재앙 속에서 살아남은 자들의 증언이 전승되어 온 것이
죠. 🐱

어쨌거나 급격한 환경 변화로 인해 인류의 주요 거주지는 대부분

바다에 잠기게 되면서 다시금 새 출발을 하게 됩니다. 음…… 왠지 만화영화 '미래소년 코난'이 생각나네요. 🐻

농업혁명과 역사시대의 시작

이런 상황에서 1만여 년 전 중동 지역에서 드디어 밀 농사가 시작되니, 이것이 바로 인류의 역사시대를 여는 농업혁명의 시작이고, 이집트, 메소포타미아, 인더스, 황하 4대 고대문명이 시작되기에 이릅니다.

그래서 역사책에서는 농업혁명이 일어나면서 비로소 정착 생활을 하게 되어 원시 사회가 구성되고 인류가 거대한 출발을 했다고 큰 의미를 부여하지만……, 이는 가리지날. 🐻

빙하기가 끝나며 수많은 땅이 바다에 잠기면서 수렵할 수 있는 동물이 줄어들고 나무 식생도 바뀌어 먹을 것이 줄어들자 어쩔 수 없이 직접 1년 내내 식물을 키우고, 수렵하던 짐승을 가축으로 직접 기르게 되면서 땅에 얽매이게 되고 수렵 시절보다 육체 노동이 증가하게 되죠. 농사를 유지하

세계 4대 문명 발상지
(EBS 중학 사이트 캡처)

메소포타미아 문명

중국 문명

이집트 문명

인도 문명

기 위해 더 많은 아이를 낳아야 했으며, 단백질 부족 등 나빠진 영양 섭취와 인구 과밀화, 가축으로부터의 전염병 증가 등으로 인해 대다수 인간들은 오히려 삶의 질이 악화되기에 이릅니다.

반면 잉여생산물이 발생하면서 힘센 자가 지배자로 변하고, 다른 부족을 공격해 전리품을 얻고, 청동기에 이어 철기를 개발해 전쟁 규모가 커지고 더 큰 문명으로 나아가게 되지요.

그러다 보니, 청동기시대가 시작되어 부족장이자 제사장이던 지배자들은 본인이 다른 인간과 다른 존재임을 과시하기 위해 스스로 스토리텔링에 나서게 되는데, 이집트 문명은 일찌감치 국가로 발전하면서 중후반기 왕조부터 스스로를 '태양의 아들, 파라오'라 칭하며 하늘에서 뜻을 받아 내려온 자라고 어필하기 시작하지요.

반면 드넓은 아시아에서는 지역별로 다양한 형태가 나타납니다. 북쪽 초원 유목지역에서는 땅은 척박하고 이동이 많다 보니 정복자는 홀연히 나타나기 마련이어서, 스스로를 하늘에서 내려온 사람이라고 하거나 아버지가 하늘에서 내

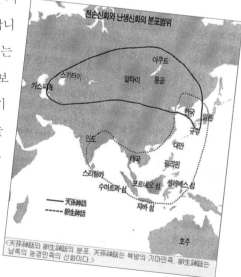

아시아 북방 천손신화와
남방 난생신화 분포도
(구글 이미지)

〈天孫神話와 卵生神話의 분포, 天孫神話는 북방의 기마민족, 卵生神話는 남쪽의 농경민족의 신화이다.〉

려온 자라고 칭하는 경우가 많았습니다.

또 인더스 문명을 이어받은 남쪽 인도와 이의 영향을 받은 동남아 지역에서는 우주는 거대한 알에서 시작되었다고 하는 빅뱅 이론급의 우주관이 존재했기에 위대한 건국자들은 알에서 나왔다고 알리기 시작합니다. 그리고 중부 아시아 지역에서는 절대자 신이 흙에서 사람을 만들었고, 그중 선택받은 자가 권력을 쥐게 된다는 이야기가 중동, 중국 등 각 지역에서 유행하기 시작하죠. 🐻

이런 상황 속에서 아프리카를 지나 머나먼 여정 끝에 동아시아의 끝자락에 정착한 최초의 우리 조상님들은 요하강과 만주 벌판에 우선 자리를 잡고 한반도에 이르기까지 여러 부족으로 나뉘어 살고 있었는데, 어느 날 느닷없이 말을 타고 청동기 무기와 최첨단 바이오 신기술인 쌀농사 기술을 지닌 낯선 이들이 북쪽에서 찾아오니, 우리 민족의 역사가 비로소 시작됩니다.

기대하시라~, '라이즈 오브 단군 할배' 개봉 박두~!

02
우리 역사의 출발 – 알아보자, 단군 할배

드디어 우리나라 역사 이야기로 넘어오네요. 🐻

이야기를 시작하기 전에 독자 여러분들께 한 가지 부탁드릴 것은, 이 책의 이야기를 '역사를 이런 식으로도 해석할 수 있구나.' 하는 마음으로 봐주십사 하는 겁니다.

그럼, 우리 민족의 첫 국가를 여신 시조, 단군 이야기부터 시작해야겠네요.

매년 10월 3일 개천절이 되면, 한민족의 시조이자 고조선을 건국하신 단군 할아버지를 기리는 개천절 경축식을 통해 '우리 모두는 한겨레이며 단군의 자손'이라는 민족적 자긍심을 고취합니다. 이 같은 자긍심은 우리 역사서에 단군의 건국 이야기가 당당히 실려 있기에 가능한 것인데요. 단군 신화는 여러 형태가 존재합니다만 가장

숫자로 보는
단 군
개천절 기념 단군신화 제대로 알자~

▶ TMI : 태국기 게양 시간
오전 **7**시 ~ 오후 **6**시
태국기 훼손 위험 날씨에는 게양 X

단군조선 건국
기원전 **2333**년
'홀딕인간·환인입보 고조선 건국
통해는 단기 4356년

웅녀가 사람이 되기까지
21일
100일 동안 쑥과 마늘만 먹으면서
사람이 된다고 했지만
환웅이 데려온 신하
3000명
환웅이 거느린 신하

고조선이 다스린 기간
1500년
환웅 함께로 본

신선이 된 나이
1908세
단군신화 해석으로 본

그림 박현의 한국의

단군 할배 분석
(© 데이터브루, 〈중앙일보〉)

널리 알려진 《삼국유사》 버전으로 분석해보죠. 《삼국유사》에 실린 이야기를 압축하면 이렇습니다.

머언 옛날, 하늘나라를 환인(桓因)이란 신이 다스리고 계셨는데, 그에게는 환웅(桓雄)이라는 서자(庶子)가 있었답니다. (워워~ 릴렉스. 단군의 아빠가 서자 출신이라고 너무 열 받지 마세요. 뒤에 설명이 있어요.)

환웅은 하늘나라보다는 저 아래 인간 세계에 더 관심이 많았기에 인간 세계를 교화하고자 한다고 청하니, 아버지 환인이 이를 가상히 여겨 천부인(天符印) 3개(청동검, 청동거울, 청동방울)를 주며 그곳을 다스리도록 했고, 이에 환웅은 3000명의 무리를 이끌고 태백산 꼭대기 신단수 아래로 내려와 그곳을 신시(神市)라 불렀다고 합니다. 환웅이 풍백(風伯), 우사(雨師), 운사(雲師) 등 신하를 거느리고 곡식, 운명, 질병, 형벌, 선악 등을 주관하던 어느 날, 함께 살던 호랑이와 곰이 찾아와 인간이 되기를 청합니다. 이에 환웅이 신령한 쑥 한 줌과 마늘 20매를 주며 "100일간 햇빛을 보지 않으면 인간이 될 것"이라 하니, 둘 다 동굴에 들어갔으나 호랑이는 못 견디고 뛰쳐나가고 곰은 21일 만에 사람이 되자 환웅이 웅녀라는 이름을 지어주었지요. (저기요? 애초 말한 날짜보다 너무 빠른 거 아닌가요?)

하지만 결혼을 못 한 웅녀가 박달나무 아래에서 아이 가지기를 바라며 계속 기도를 올리자 이에 환웅이 감복해 그와 혼인해 아들 단군왕검(檀君王儉)을 낳았습니다.

이후 단군이 평양성에 이르러 드디어 나라를 여니, 나라 이름을 조선(朝鮮, 고요한 아침)이라 지었고, 이후 아사달로 도읍을 옮겨 1500여 년간 나라를 다스린 후, 주나라 무왕이 기자를 조선에 봉하자 단군은 장당경으로 옮겼다가 아사달 산으로 들어가 신선이 되셨다고 하네요. (역시 우리 민족의 시조는 반인반신이셨어.)

그리하여 단군왕검이 우리 민족 최초의 국가, 고조선을 세웠다고 기록되어 있습니다. 그러나 이 단군 할배의 건국 이야기 속에는 가리지날 정보가 너무 많아요. 🐻 자~, 하나하나 살펴볼까요?

환웅이 서자라는 의미

일부에서 단군 신화 첫머리에 환웅이 서자라고 써진 것을 보며 "어째 우리 민족은 단군 아버지부터 첩의 자식이냐, 시작부터 꼬였다, 당시에도 이미 중국에 밑지고 들어간 증거"라고 자학하는 멘트를 하는 것도 보았는데요.

서자가 '첩의 자식'이란 개념은 가리지날입니다. 🐻

원래 서자(庶子)는 집안을 승계하는 장자 이외의 아들을 의미했던 것으로, 본처가 아닌 이에게서 난 반쪽짜리 아들이란 개념은 고려시대까지는 없었습니다. 그때는 처와 첩을 구분하는 개념도 없었고 자식들을 차별하지도 않았습니다. 실제로 고려를 세운 왕건은 지방 유력 호족들의 군사력을 바탕으로 통일에 성공했고, 이들 개국공신 호족의 딸들과 잇따라 혼인함으로써 정국을 안정화시켰기에 모든 부인에게 동등한 처우를 보장할 수밖에 없었습니다. 또한 기인제도를 통해 호족의 자식을 수도 개경으로 불러 일종의 인질로 잡고 늘 견제했기 때문에 유력 귀족들은 어릴 적부터 고향과 개경을 오가며 살았습니다. 그러니 본거지엔 본처(향처, 鄕妻)를 두고 개경에는 현지처(경처, 京妻)를 두는 두 집 살림을 하는 경우가 일반적이어서 두 부인 모두 정실로 인정하고 두 부인의 자식 모두를 친자식으로 인정했다고 하네요. 🐼 따라서 고려 말기 공민왕을 도운 아버지를 따라 출세하게 된 이성계 역시 본처(신의왕후 한씨)는 고향에 두고 개경 집에는 두 번째 부인(신덕왕후 강씨)과 살림을 차립니다. 그러다가 첫 부인은 남편이 왕이 되는 것을 보지 못한 채 사망하고, 조선이 건국되자 이성계는 두 번째 부인이지만 첫 정식 왕비가 된 신덕왕후에게서 얻은 막내아들 방석을 세자로 세웠다가 첫 부인의 자식들이 일으킨 왕자의 난을 두 번 겪게 된 겁니다.

그러니 배다른 동생을 죽이고 왕권을 차지한 태종 이방원으로서는 방번, 방석 형제를 첩의 자식, 서자로 규정해 적자인 자신이 왕이 되는 것이 정당하다는 것을 널리 알려야 했고, 그의 아들인 세종에 이르러서는 아예 서자에 대한 차별을 법률로 못박아버린 겁니다.

따라서 150여
년 뒤 서자의
개념이 그렇게
바뀔 것이라
곤 알 수 없었
던 고려의 일
연 스님이 '환

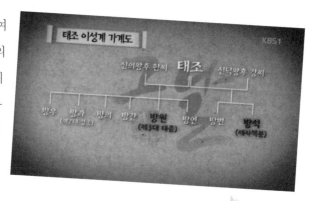

조선 태조 이성계 가계도
(KBS '역사저널 그날' 캡처)

웅은 서자'라고 쓴 것은, 그저 하늘나라를 이
을 첫아들이 아니어서 지상으로 올 수 있었다
는 배경 설명일 뿐이에요. 그러니 자학은 이제
그만~. 끄읕! 🐻

단군 이름의 유래

'단군(檀君)'이란 이름도 실은 가리지날입니다.

이걸 한문 뜻 그대로 해석해 '박달나무 임금'이란 것이 어떤 의미
인지 찾거나, 혹은 중국에 사대해 임금 호칭부터 '군(君)'으로 격하
한 것이니 '단제(檀帝)'라고 격상해야 한다는 등 여러 의견들이 있
지만, 실제로 단군이란 명칭은 '제사장, 하늘'이란 의미인 '탱그리
(Tengri)'란 북방 유목인 단어를 한자로 표현한 겁니다. 그리고 왕검
(王儉)이란 명칭은 임금을 부르던 옛 우리말을 한자로 표기한 것이

청동기시대 부족장
필수템 3종 세트
(구글 이미지)

라는 것이 학계의 의견입니다. (혹시나 해서 대학원 교양 강좌 수업 때 성균관대학교 사학과 김영하 교수님께 여쭤본 바, 단군은 탱그리에서 유래했음을 확인해주셨습니다. 🐻)

지금도 터키어, 몽골어, 카자흐스탄, 우즈베키스탄 등 북방 유목계 언어권에선 부족장이나 무당을 '탱그리' 또는 '당골'이라고 부른다고 합니다. 청동기시대는 제정일치(祭政一致) 사회여서 부족이나 국가 지도자는 하늘에서 내려온 건국자의 자손으로서 하늘의 뜻을 이해하고 이를 전파하는 제사장 역할을 겸했기 때문에, 남들은 가지지 못한 청동검을 허리에 차고, 청동거울을 목에 걸고, 청동방울을 울리며 하늘에 제사를 지낸 것이죠.

따라서, 환웅은 당시 북방 유목민 사회에서 남하한 세력의 수장으로서 강력한 청동기 무기로 권력을 장악한 뒤, 기존의 원주민들에게 농사 기술을 가르쳐준 지배자였을 겁니다. 환웅과 함께 지상에 내려온 이들이 바람을 관장하는 풍백(風伯), 비를 다스리는 우사(雨師), 구름을 다스리는 운사(雲師) 등 기후와 관련된 직책을 가진 것을 보면, 이들이 중시한 것이 농업 기술임을 잘 알 수 있지요. 그래서 환웅이 해당 지역의 토착 부족 중 곰을 숭상하던 부족의 여인과 결혼한 뒤 본인의 뒤를 이은 후손들이 자기네 북방 유목 부족의 최고 권력자 명칭인 '탱그리' 즉, '단군'을 대대로 이어서 썼던 것이죠.

지금도 남아 있는 중앙아시아 유목민의 탱그리 신화에서 원래 탱그리는 우주를 만든 신으로 나옵니다. 태초에 어두운 안개와 성난 바다만 존재하던 세상에 밝은 원이 빛을 흩뿌리며 생겨나더니 황금알이 나타났고, 그 알 속에서 탱그리가 깨어나 하늘과 땅을 가르고 쇠로 만든 지팡이를 박아 다시 붙지 못하게 하고는 백마를 타고 하늘을 돌며 세상을 둘러보았다고 합니다. 이 같은 유목민의 탱그리 신화를 잇는 '탱그리 시즌2'로서, 세상의 탄생 이후 고조선을 건국한 단군 신화가 우리에게 남아 있는 겁니다. 🐻

반면 중국의 창조 신화는 북방 유목 민족의 창조 신화와는 다릅니다. 장자가 쓴 저서 《장자》에 수록된 이야기가 가장 유명한데요.

태초에 이 우주에는 세 신이 있었다고 합니다. 중앙의 신 '혼돈(混沌)'과 남쪽 바다의 신 '숙(儵)'과 북쪽 바다의 신 '홀(忽)'이었다지요. 이들은 서로 사이가 좋았는데 어느 날 혼돈이 두 신을 집으로 불러 성대히 음식을 대접했다고 합니다. 그래서 이에 감동받은 숙과 홀은 어떻게 보답할까 얘기했다지요?

> 중국의 고대 신, 혼돈
> (구글 이미지)

"누구에게나 보고 듣고 숨 쉬는 일곱 개의 구멍이 있는데, 혼돈은 달걀처럼 얼굴에 구멍이 하나도 없지 않은가? 우리가 불쌍한 혼돈에게 구멍을 내주면 어떨까?" 그리하여 하루에 한 개씩 일주일에 걸쳐 7개의 구멍을 내주었다고 합니다. 하지만 7개의 구멍이 열리던 날, 혼돈은 영원히 깊은 잠에 빠지면서 드디어 지금의 세상이 탄생했다고 합니다.

그러면, 이 일곱 개의 구멍은 무엇을 의미할까요? 바로 해와 달, 다섯 행성(화성, 수성, 목성, 금성, 토성), 즉 '음양오행'을 의미하는 것이죠. 그리고, 호의를 베풀다가 본의 아니게 세상을 만들어버린 두 신의 이름을 붙인 '숙홀(儵忽)'은 번개라는 의미로 쓰인다네요. 그리스 신화에서 제우스가 번개를 들고 다닌 것처럼 고대 중국인들은 번개가 혼돈에 구멍을 내어 해와 달, 행성들이 탄생한 것이라고 여긴 모양입니다.

그렇게 혼돈에서 탄생한 세상에 여와(女瓦)라는 여신이 나타나 흙을 빚어 사람을 만들어냈다지요. 여와는 흔히 복희와 남매로 묘사되는데, 특이하게도 상반신은 사람이고 하반신은 뱀의 모습을 한 두 남매가 서로의 꼬리로 똬리를 틀고 있는 모습이 많이 알려져 있습니다.

이 여신 여와가 만든 첫 번째 인간

복희와 여와
(국립중앙박물관 소장)

중국 신화 속
최초의 인간, 반고
(위키피디아)

을 '반고(盤古)'라고 하지요. 그는 2개의 뿔, 2개의 어금니, 많은 털을 가진 몸으로 알 속에서 튀어나와 하늘과 땅을 분리하고, 해와 달, 별을 제자리에 배치하고, 바다를 넷으로 나누고, 땅을 긁어 골짜기를 새기고 산을 쌓아 올렸다고 하지요.

그래서 일부 학자들은 중국 신화 속 '여와'라는 신과 이스라엘의 '여호와' 또는 '야훼'와의 발음이 유사한 것에 빗대어 중국과 중동 창조 신화의 유사성을 거론하고 있어요. 또한 여와의 하반신이 뱀인 모습으로 등장하는 것도 아담과 하와의 에덴동산 이야기와 유사한 의미가 있을 것으로 여기지요. 또한 그리스 신화에서도 기독교 성경 속 노아의 방주처럼 대홍수 당시 데우칼리온과 피라 부부가 제우스로부터 미리 언질을 받고 방주를 만들어 위기를 모면한 뒤 지상에 내려와 "어머니의 뼈를 등 뒤로 던져 새 인간을 만들라."는 명을 받고는 고민하다가 '어머니의 뼈'란 의미가 만물의 어머니인 대지의 돌임을 깨닫고 돌을 등 뒤로 던져 새 인간을 창조하는 장면이 나오는 등, 중국과 중동, 그리스를 잇는 지역에서는 흙에서 사람을 만든 것으로 이해했습니다. 이처럼 애초 중국 문명은 하늘에서 인간이 내려왔다는 북방 아시아 신화나 태초에 알에서 모든 게 비롯되었다는 남방 아시아 신화와는 출발점이 다른 문명이었음을 알 수 있습니다. 🐻

위와 같이 고대 중국 역시 창조신을 믿는 고대 신앙이 있었지만, 춘추전국시대를 거치며 혼란과 격변을 겪으며 기존 종교는 사라져 가고, 유가, 법가 등 제자백가의 시대가 되면서 현실적인 정치철학 위주로 바뀌어 갑니다. 그러던 중국인들도 황하 상류 지역에서 점차 영토를 확장하면서 북방 민족과의 교류를 통해 북방계 신화를 알게 되면서 이를 응용하기에 이르죠. 즉, 황제는 일반 백성과는 출신이 다른 신성한 존재라고 알리기에 '천손 사상'이 매우 적합하다는 것을 깨닫고 황제를 하늘의 아들, '천자(天子)'라 부르고 하늘에 제사를 올리는 권리는 황제에게만 있으며, 제후국이 별도로 하늘에 제사를 지내지 못하게 중화사상으로 정립합니다.

건국 당시 총각이었던 단군

또한, 우리가 흔히 단군 할배라 부르며 친근감을 표시하지만 단군은 결코 할배가 되어서 나라를 건국한 건 아닙니다. 쌩쌩한 총각 때 건국했어요. 🐻

단군 신화를 소개한 여러 문헌에는 단군이 건국한 후 결혼해 자식을 얻은 이야기도 나옵니다. 그런데 이게 왜 잘 안 알려졌느냐 하면, 단군의 아내가 송화강을 다스리는 하백의 딸, 유화부인으로 나오는 등 설명하기 아주 곤란한 관계도를 보여주거든요. 🐻

우리에게 유화부인은 고구려를 건국한 주몽의 엄마로 잘 알려져 있고, 단군의 첫아들 이름마저 부루예요. 이는 동부여 금와왕의 아버지 해부루왕과 이름이 같습니다. 그래서 일연 스님은 《삼국유사》 단군 신화 말미에 "그래서 부루와 주몽은 형제"란 결론을 냅니다만, 단군의 아들과 주몽과는 2300여 년 차이가 있는데 형제라니요. 🐻

그리고 해부루왕은 주몽의 양아버지인 금와왕의 양아버지이니 주몽에겐 할아버지인 분이라 그 기록을 그대로 믿기엔 아주 곤란한 상황이 되어 잘 소개하지 않지만, 그렇게 적힌 이유는 바로 뒷장 고구려 주몽 이야기에서 제가 설명드릴게요. 🐻

단군의 네 왕자

이후 단군은 네 아들을 낳았고 여덟 신하가 이들을 잘 보위해 나라가 발전했다고 합니다.

이 이야기는 동양에서 예전부터 숭상해 온 절대수, 4와 8을 통해 국가의 신성함을 표한 것입니다. 여기서 4(四)가 죽음을 의미하는 '死'와 발음이 같아 불길하게 여기는 것은 가리지날입니다.

중앙아시아와 동아시아 지역에서는 예전부터 동서남북 4방향이 있고, 하늘에도 4방향이 있기에 4와 8이란 숫자를 신성히 여겼습니다. 그래서 고조선의 법률은 8조법이 되었죠. 또한 인간의 운명은 이 '팔자(八字)'에 달려 있다는 점술이 지금껏 내려오고, 유학자들은 4대조 상상까지 제사를 올리고, 문방사우(붓, 먹, 종이, 벼루)를 곁에 두고, 추운 겨울을 이기고 피어나는 4가지 식물, 매난국죽(梅蘭菊竹)을 4군자라 부르며 즐겨 그림을 그렸지요. 🐻

그러던 것이 후대에 이르러 중국 민중들 사이에서 발음이 '죽을 사(死)'와 유사하다는 이유로 숫자 4를 멀리하는 미신이 나타났고,

45

이게 우리에게도 전파되어 괜히 4를 불길하게 여겨 층수를 표시할 때 4층을 아예 빼거나 F층이라고 쓰는 경우가 많아요.

이처럼 4를 신성하게 여긴 것은 《신약성경》을 편찬하던 히브리 학자들도 마찬가지였습니다. 메소포타미아 지역에서 절대수로 여긴 12에 맞춰 예수님의 수많은 제자 중 12명만 주요 제자로 규정했듯이, 예수님의 일생을 다룬 제자들의 저서 중 4개 복음, 즉 마태, 마가, 누가, 요한복음만 추리고 그외 기록 등 27권을 《신약성경》 정경으로 인정하기로 397년 카르타고 종교회의에서 결정한 것이죠.

우리 역사는 반만년일까요?

또 단군조선이 기원전 2333년에 시작되었다고 하는 건 엄밀히는 가리지날입니다.

우리가 단군조선의 건국 연도를 BC2333년이라고 하는 건 일연 스님의 《삼국유사》 기록이 아니라 그 후에 나온 《제왕운기》, 《동국통감》 기록에 근거한 것입니다. 왜냐고요? 그래야 《삼국유사》 기록에 따른 BC2311년보다 22년 더 전에 나라를 열었다고 주장할 수 있기 때문이에요. 🐻

하지만 우리나라 역사학계에선 국가의 출현은 청동기 문명과 함께 시작된다고 여기기에 한반도에 청동기 문화가 보급되는 기원전 8~10세기 무렵에야 진정한 국가 체계가 갖추어졌다고 보고 있습니다. 반면 북한에서는 기원전 12세기부터 시작되었다고 연대를 올려 잡고 있는데, 둘 다 문헌 기록에 비해 기간을 짧게 잡고 있는 것이니, 우리가 자랑스레 말하는 반만년 역사보다는 사실 짧아요. 그리고 반만년 역사도 우리끼리 잘 기념하면 되지 외국인에게 자랑할 필요도 그다지 없어요. 🐻

베트남 시조 홍브엉
(구글 이미지)

아시아권에서 베트남만 봐도 건국 시조 홍브엉이 나라를 연 때는 무려 BC2919년이라는 신화가 존재하거든요. 단군 할배보다 580여 년 앞섭니다. 중국도 우리보단 앞서고요.

그리고, 제주도 탐라국을 연 고을나(高乙那), 양을나(良乙那), 부을나(夫乙那) 세 시조가 땅에서 솟아났다고 하는 삼

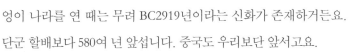

제주도 삼성혈
(위키피디아)

47

성혈(三姓穴) 신화 역시 단군 할배보다 4년 더 빨라요.(BC2337년)

제주도의 건국 신화 속 세 시조 역시 한반도를 거쳐 내려온 북방계 유목민 정복자들이었을 겁니다. 이들이 종자를 가져와 농사를 시작하게 해준 벽랑국 세 공주를 맞이해 결혼했다는 혼인지 신화는, 이들 건국 부족이 외부에서 온 농경 세력과 합쳐진 것을 의미하는 것으로 풀이되죠. 그러나 세계 최초의 문명을 만들고 명확한 역사 기록도 남아 있는 이라크, 이집트, 인도 사람들이 보기엔 우리나라 역사나 베트남이나 다 고만고만하게 보이겠지요. 🐻

또, 양력 10월 3일에 개천절을 기념하고 있긴 한데 이 역시 가리지날입니다. 기록대로 한다면 음력 10월 3일이어야 하지요. 설날도 오랜 논란 끝에 다시금 음력설로 되돌아갔고, 추석 등 우리 고유의 명절은 다 음력을 기준으로 삼는데, 왜 개천절과 한글날은 양력으로 기념해야 하는지 국가와 사회의 검토가 절실히 필요해 보입니다. 국경일 산정에 원칙이 없잖아요, 원칙이. 🐻

우리나라 첫 국가 이름은 고조선이 아닌 '조선'

아직 끝이 아닙니다. 우리가 첫 국가 이름을 '고조선'이라 부르는 건 가리지날입니다.

원래 이름은 그냥 조선(朝鮮)이에요. 글자 뜻 그대로 보면 '고요한(鮮) 아침(朝)의 나라'. 이성계의 조선을 원래 단군이 세운 조선과 구

분하려고 과거에 중국이
나 일본에서 이씨조선(李
氏朝鮮), 줄여서 이조(李朝)
라고 많이 불렀지요. 격하
하려는 의미로 이해해 우
리나라에선 요즘 거의 안
쓰지만, 원래는 동일한 국

은(殷)과 주(周)의 교체

기자의 이동

은의 영역

주의 영역

사마천 사기
조선열전

은나라 왕족이었던 기자
가 무리를 이끌고 동쪽
으로 이주했다.

기자의 이동
(구글 이미지)

호를 쓰는 왕조를 구분하기 위한 명칭이었을 뿐
이에요.

우리가 정작 이 최초의 국가 이름을 조선 대
신 고조선이라 부르게 된 건 일연 스님이 《삼국유사》를 쓸 때, 이미
기자조선, 위만조선과 구분하고자 그보다 옛날 조선이란 의미에서
고(古, old)＋조선이라고 썼기 때문입니다. 흔히 알려졌듯이 이성계
의 조선과 구분하려고 쓴 것이 아니에요.

국내 사학계에서 그 존재가 부정되고 있지만, 중국 사서 《사기》
등 여러 문헌에 "은나라의 왕족이자 주나라 무왕에게 통치법을 가
르친 기자가 조선으로 가서 조선후(朝鮮侯)로 책봉되었다."라고 적
혀 있기 때문에, 일연 스님 이전에는 '기자조선'이 우리 역사의 본격
적인 시작이라고 생각했답니다.

그런데 기자가 봉토를 받은 곳은 단군조선 영토의 남서쪽인 북경
과 요하 사이 대릉하 지역, 그곳의 옛 명칭인 '조선'에 땅을 받은 것
인데, 인접한 단군조선과 똑같은 명칭으로 인해 후대에 와서 오해

한 것이라고 하지요. 실제로 AD3세기 중국 위촉오 삼국시대를 끝내고 통일한 진나라(서진, 西晉) 시절을 다룬 역사서 《진서(晉書)》에도, "요하 지역 선비족 출신 모용외 장군이 끊임없이 공격해 오자 그를 달래려고 조선공(朝鮮公)으로 봉했고 이를 아들 모용황이 승계했다."고 나옵니다. 그리고 이 모용황이 그 '조선' 땅을 기반으로 세운 나라가 5호16국시대의 '전연(前燕)'이었고, 그 영토는 대릉하 지역이었지요.

따라서 단군이 세운 조선이란 국호는 단군 본인이 지은 이름이 아니라, 중국이 새로 인지한 동북방 오랑캐 나라를 자기네 입장에서 '동쪽 끝 조선'이란 지명을 넣어 부른 것이 기록으로 전해지는 거지요. 그러다가 그 오리지날 중국 '조선' 땅 이름은 잊혀지고, 그보다 동쪽 한반도 지역이 새롭게 '조선'이라 인식되었다는 겁니다. 🐻

다만 이후 중국에서 피난 온 위만 등 이민 세력이 철제 무기를 바탕으로 왕위를 찬탈하면서 위만조선이 된 것은 정설로 인정받고 있습니다. 이때 단군의 후손인 준왕은 한반도 남쪽으로 도망쳐 삼한의 왕이 되었다고 하며, 고조선은 왕위를 뺏은 위만의 손자, 우거왕 때에 이르러 한나라 무제의 침공에 맞서 1년여간 저항했으나 끝내 내부 반란으로 수도 왕검성이 함락되며 조선의 역사가 막을 내리니, 이때가 BC108년이었습니다.

단군 신화는 왜 《삼국유사》에 처음 소개되었나?

우리 모두가 단군 할배로부터 이어진 단일민족이란 건 사실 가리지 날입니다. 😈

　고조선의 영토는 요하 지역에서부터 압록강을 건너 대동강까지 였고, 한반도 남쪽은 엄연히 '진국(辰國)'이라는 별개의 나라가 존재 했습니다. 다만 한무제가 고조선을 침략해 멸망시킬 당시의 명분이 "남쪽의 진국 등과 무역을 하는 데 조선이 방해했다."는 것 말고는 구체적인 기록이 없는 상황이에요. 🐻

　다만 최근의 유적 발굴을 통해 이 진국의 권력 중심지가 지금의 충청남도 부여 송죽리 지역이라는 정도는 파악이 되고 있지요. 따라서 일단 한반도 남쪽은 단군이 조상이 아닌 셈이긴 한데……, 나중에 단군 후손인 준왕이 내려와 다스렸기에 하나의 역사로 묶일 수 있는 거예요.

　실제 역사 문헌과 언어학적 분석, 유전체 분석 등을 통해 종합해보면, 우리 민족은 크게 예족(고조선), 맥족(부여, 고구려, 백제), 한족(진국, 삼한) 등 세 집단이 한반도에 유입되어 하나로 합쳐졌습니다. 뒤에 자세히 설명하겠지만 여러 차례 한반도에 유입된 이들은 통일 왕조 등장 이후 한반도에 갇히면서 오랜 기간 동일한 언어, 문화, 사회적 관습을 공유하면서 하나의 민족이란 의식으로 결합된 것입니다.

　그럼 한민족이라는 의식이 보편화된 결정적 계기는 무엇이었을까요?

그것은 신라의 삼국 통일이 아니라 실은 고려 중기 1231년부터 30년간 이어진 몽골 침략이라는 사상 초유의 비극이 그 원인이었습니다. 🐻

고조선이 멸망한 후 맥족이 중심이 된 부여, 고구려, 백제는 물론 신라까지 삼국시대엔 그 어느 왕조도 단군을 시조라고 여기지 않고 자기네 건국자를 추앙했습니다. 고려 역시 강력한 불교 국가로서 태조 왕건과 기자를 숭상한 가운데 각 지방별 호족의 힘이 강해 지역별로 각자 신라의 후예, 백제의 후예, 김알지의 후손 등등 지역별, 가문별 의식이 강했고, 고려 중기까지도 가야, 신라, 백제 독립을 주장하는 반란이 심심찮게 발생하지요. 그러다가 30여 년간의 몽골 침공 속에 나라는 물론 백성들마저 다 사라질 위기 상황에 처하면서 비로소 하나의 민족이란 공동체의식이 형성됩니다.

《삼국유사》(위키피디아), 일연스님 상상도(인각사 소장)

이 위기의 시절에 일연 스님(1206~1289)이 1281년 75세 고령의 나이로 《삼국사기》에 빠져 있던 내용과 불교계 전승을 모아 《삼국유사》를 편찬하면서 첫머리에 우리 민족의 시조로 단군을 소개했고, 이 책을 국가 차원에서 공인하고 발간하면서 비로소 한민족의 조상

이라는 상징성을 전
백성이 공유하기 시
작한 겁니다. 젊은
시절부터 고스란히
몽골 침략의 현장을
바라봐야 했던 일연

스님이 단군을 구심점으로 내세우신 것이죠. 사실
그 이전에는 단군은 평안도 지역 주민들 말고는 잘
몰랐다네요. 🐻

　실제로 많은 분들이 단군을 소개한 《삼국유사》를 쓴 일연 스님을
찬양하며, 단군을 누락한 《삼국사기》를 쓴 김부식은 사대주의자라
고 비난하는데, 《삼국사기》와 《삼국유사》란 책이 써진 시대적 배경
을 먼저 생각해봐야 합니다.

　흔히 김부식 혼자 《삼국사기》를 썼다고 생각하시는데, 그는 고려
인종의 명령을 받아 직전 왕조의 역사를 정리하는 '국정 역사서 제
작 TF' 11명 중 책임자로서 공동 집필에 참여해 1145년에 책자를 발
간했습니다.

　원래 새 나라가 건국되면 그 직전 국가의 역사를 정리하는 것이
동양 왕조들의 의무사항이었어요. 이를 통해 하늘의 뜻에 따라 정당
하게 정권을 이양받은 새 왕조의 정통성을 주장할 수 있었지요. 그
러니 《삼국사기》는 후삼국시대를 종결한 고려로서는 당연히 직전의
왕조인 신라 역사를 정리해야 했고, 그러려면 신라가 시작된 삼국시

대 초기부터 통일신라를 거쳐 후삼국시대까지 1000여년의 역사를 집필해야 했던 겁니다. "어이쿠야! 너무나 길잖아. 중국은 보통 300년마다 왕조가 바뀌던데 1000년이라니……." 이런 막막한 심정이었겠지요. 그래서 신라 이전의 역사는 저술 범위가 아니므로 굳이 넣을 이유가 없었던 겁니다. 그때까지만 해도 '고려 이전의 모든 역사'를 편찬하는 게 목적이 아닌 거예요. 🐻

조선 역시 왕조 초기에 고려왕조 시대를 정리한 《고려사》를 정통성 차원에서 집필한 것이고, 심지어 일제시대에 조선총독부가 주도해 《고종실록》, 《순종실록》을 완성한 것도 같은 이유였습니다. 그러나, 고려 초기는 왕권이 불안정해 4대 광종이 되어서야 안정되지만, 이후 거란과의 세 차례 전쟁을 겪게 되고 그중 거란의 2차 침공 당시 잠시 개경이 점령당하면서 다수의 사서가 불타버리는 바람에 건국한 지 200여 년이 지나 17대 인종 때인 1145년에야 비로소 《삼국사기》를 편찬하게 됩니다. 이는 그 직전인 1135년 서경(평양)으로 천도해야 나라가 부흥한다며 일어난 '묘청의 난'을 진압한 후, 인종 자신의 정통성을 부각할 필요까지 더해진 것이라 국가사업으로 편찬하게 된 것이고, 그 책임자로 김부식이 지목된 겁니다. 신채호 선생이 '조선 제1대 사건'이라 부른 묘청의 난을 일으킨 서경 북벌파가 몰락하면서, 고려 태조 왕건부터 내려온 고구려 계승 의식 대신 신라를 중심으로 한 삼한일통(三韓一統) 의식으로 전환하는 시기와도 마침 맞물리면서 《삼국사기》는 신라-고구려-백제 순으로 정리된 것이죠.

게다가, 김부식과 관련 학자들이 참고할 만한 국내 역사서가 거의 없었다는 점도 문제였어요. 고구려의 《유기》, 《신집》, 백제의 《사기》, 신라의 《국사》 등의 공식 역사서는 이 당시에도 이미 존재하지 않았습니다. 아마 패망하는 상황에서 사라졌거나 거란 침공 시 불타 버렸을 겁니다. 일부에선 일제 시기 초기에 총독부가 10만 부가 넘는 옛 사서를 압수해 고대의 찬란한 역사서는 다 불태우고, 가장 졸렬하게 저술한 《삼국사기》와 《삼국유사》만 남겼다고 주장하는 경우도 있는데……, 그것도 가리지날입니다. 당시 태운 책의 총 수량이 10만 부이지 10만 가지의 책을 태운 것도 아니고, 당시 압수한 책자의 목록도 다 기록되어 있는데, 의미 있는 고대 사서는 없고 대부분 일본을 비판한 저술이거나 미풍양속을 해치는 도서들이었어요. 그러니, 김부식이 편찬할 당시에도 이미 국내 사료가 절대 부족한 상황이어서 결국 대부분의 사료는 중국 역사책에 의존할 수밖에 없었기에 중국 시각이 반영된 사서를 만들 수밖에 없었던 거지요. 🐻

지금도 그때와 사정은 다르지 않아 삼국시대 초기 역사는 《삼국지 위지 동이전》 등 중국 사서에 크게 의존하고, 삼국시대 후기 역사는 《일본서기》 등 일본 사서와 《수서》 등 중국 사서를 상호 대조해서 빈자리를 메꾸고 있습니다. 요즘은 많이 개선되었다고는 하나 예전 제가 학창시절때만 해도 국정 역사 교과서의 삼국시대 초기 내용은 중국 사서에 나오는 내용이 더 많이 인용되어 만들어졌어요. 특히 부여나 옥저, 동예 등은 전적으로 중국 기록입니다. 🐻

하지만 사대주의자라 알려진 김부식은 남아 있던 우리나라 옛 기

록과 중국 기록을 대조해 내용이 겹치면 우리나라 기록을 우선 채택하고 나머지 빈 영역은 중국 사서를 인용하는 등, 우리 기록을 우선해 집필했고, 그때까지 우리 기록엔 남아 있지 않던 을지문덕과 장보고 관련 자료를 찾아 되살려 내면서 "당태종을 물리친 안시성주의 이름은 끝내 알아내지 못해 안타깝다."고 기술하지요.

실제로 안시성주가 양만춘이란 정보 역시 가리지날일 확률이 높습니다.

우리 기록에 처음 나오는 것은, 임진왜란 당시 윤두수의 동생, 윤근수가 파병 나온 명나라 장수 구정도에게서 《당서지전통속연의》 소설에 그렇게 기술되어 있다는 얘기를 듣고 쓴 《월정만필》이란 저서에서 출발합니다. 그후 현종 시절 송준길의 《동춘당별집》이란 책에서는 현종 10년 경연 도중 임금이 안시성주의 이름을 묻기에 '양만춘'이라 답하자 다시 출처를 물었고, 이에 "명나라 사신으로 다녀온 윤근수가 중국에서 들었습니다."라고 답변했다고 하니 내용에서 다소간의 차이는 있긴 하지만 윤근수가 들은 내용에서 출발한 것은 맞는 것이죠. 그후 박지원의 《열하일기》에서도 이 기록에 따라 안시성주는 양만춘이라고 적었지요. 그러나 문제는 그 중국 장수가 말한 책자가 현재 존재하지 않는 소설이어서 과연 양만춘이 진짜 이름인 지는 지금도 알 수 없답니다.

그리고, 김부식 본인도 이해가 잘 안 되는 부분은 각주를 통해 "다른 의견도 있다. 앞뒤가 안 맞다. 이해가 되지 않는다."는 솔직한 의견을 기입합니다. 또한 삼국의 임금들은 모두 중국의 황제와 동일하게 '본기(本紀)'에 서술해 우리 역사가 중국과 대등하다고 기술 했는데, 다음 왕조인 조선은《고려사》를 편찬하면서 고려 임금들을 '본기'가 아닌 제후 열전인 '세가(世家)'로 기술해 중국의 제후국으로 스스로 격하하지요. 그랬기에 유학자들이던 조선 역사가들은 감히 삼국시대 임금을 중국 황제와 대등하게 적은 김부식을 '사대의 예를 따르지 않은 인물'이라고 비판했는데, 정작 지금에 이르러서는 김부 식을 오히려 사대주의자라고 욕하니 지하에서 엄청 억울해하실 겁 니다. 🐻

그리고 실제 김부식도 단군이란 존재를 알고 있었고《삼국사기》 에도 살짝 등장합니다.

응? 그런 얘긴 못 들어봤다고요? 🐻

《삼국사기》'고구려본기' 동천왕 21년 기록에, 위나라 관구검의 침략으로 잠시 평양성으로 도읍을 옮긴 것을 기술하면서 '平壤者 本 仙人王儉之宅也(평양은 원래 선인왕검(仙人王儉)이 살던 곳)'이라고 적었 습니다.

그런데 왜 단군을 선인왕검이라고 불렀을까요? 그건 단군왕검은 1500여 년간 고조선을 다스린 후 신선이 되었다고 알려졌기에, '선인(仙人)'이라고 불리고 있었거든요.

그럼 왜 이때 김부식은 그저 무심하게 평양을 수도로 한 건국자 정도로만 기술했을까요? 앞서 설명드렸듯이 김부식이 사대주의자라서 그런 게 아니라, 이때만 해도 고려 왕실이건 귀족이건 다들 보편적으로 건국 시조는 '기자(箕子)'라고 생각했거든요. 그래서《삼국사기》에도 "해동에 나라가 있은 지 오래되었는데, 기자가 주 왕실로부터 봉작을 받으면서 시작되었다."고 서술했습니다. 실제로《고려사》문종 9년(1055), 거란에 보낸 국서에도 "우리나라는 기자의 나라를 계승했다."는 문장이 나옵니다.

지금 시각에선 황당하지만 우리 조상들은 '중국 은나라 왕족이 직접 나라를 여신 이곳은 여타 오랑캐와 달리 글로벌 중심인 중국 문화를 일찌감치 수용한 넘버2 국가'라는 자긍심을 갖고 있었죠. 이는 조선말 흥선대원군 시대에 이르기까지 '소중화(小中華)'라는 자부심의 원천이 되었습니다. 지금 상황에 빗대면 미국의 도널드 트럼프 대통령의 선거 구호였던 'America First'에 이은 'Korea Second'란 자부심이 있던 것이죠. 🐻

이처럼 아직 고려가 강성하던 시기에《삼국사기》가 편찬되었고, 130여 년 뒤 몽골의 침략을 받는 암담한 시기를 맞게 되는데, 토호세력이 강성해 지역별 정체성을 가지던 고려인들이 드디어, 공동의 적 앞에서 하나의 공동 운명체라는 인식을 강하게 느끼게 됩니다. 이에 민족적 자긍심을 되찾자고 생각한 일연 스님이 새로이《삼국유사》를 편찬하면서 비로소 단군을 우리 민족 첫 건국자로 기록하

며 우리 역사가 중국에 맞먹는 독자적 전통을 가졌음을 강조한 것이니, 암울한 상황이 낳은 시대적 산물인 것이지요. 이후 서서히 단군에 대한 인지도가 높아지기 시작하나, 정작 고려 말기까지는 여전히 기자 사당인 숭인전(崇仁殿)만 있었을 뿐 단군은 그만큼의 대접을 못 받습니다. 🐻

그러던 것이 조선왕조가 건국된 뒤, 비록 명나라에 사대는 할지언정 민족적 자부심을 가진 관학파 대신들이 단군을 추앙하기에 이릅니다. 태종 16년(1416년) 6월 1일, 변계량은 "우리 동방은 단군이 시조이며 하늘에서 내려오셨다고 합니다. 천자가 분봉한 나라가 아니니 우리도 하늘에 제사를 지내야 합니다."라고 간언했고, 드디어 세종 11년(1429년)에 평양에 숭령전(崇靈殿)이란 단군 사당을 세워 기자 사당인 숭인전과 나란히 두니 단군조선은 물리적 시조로, 기자는 정신적 시조로 삼아 제를 올리는 이중 시조 개념을 지니게 됩니다. 우리가 사대주의의 끝판왕이라 여기는 조선시대 때 오히려 단군의 위상은 올라갔으니 아이러니하네요. 🐻

하지만 성종 이후 사림파가 득세하면서 성리학을 제외한 모든 사상을 이단으로 배격해 다시금 기자 숭배가 극대화됩니다. 그러던 것이, 구한말 나라를 빼앗길 위기에 처하자 다시금 민족주의 역사가들이 중국인 기자를 조상으로 모시는 것을 부끄러이 여기고 단군을 통한 민족적 자긍심을 고취하게 됩니다. 그런 자주 사상이 너무 강화되다 보니 일부에선 단군조선은 광대한 영역을 가진 잊혀진 제국이며, 그 위대함은 바로 고유한 문화와 대륙을 호령한 민족정신에서 비롯되었다고 강조하면서 각광 받기에 이르렀지요.

현재 우리 역사학계는 공식적으로 기자는 부정하고, 단군만을 우리 민족의 시조로 인정하고 있습니다. 이는 유물 등 다양한 분석을 통해 그 논리가 입증된 것입니다. 🐻

그런데…… 고조선의 중심지는 어디였을까요? 과거 우리 역사 기록이나 지금 북한의 주장대로라면 평양이지만 이는 고조선 후기의 수도였고, 단군 할배가 처음 나라를 연 곳은 지금의 요하(랴오허강) 지방이란 설이 대세입니다.

기록보다 더 명확한 팩트는 유물의 존재 여부인데, 고조선의 상징적인 무기인 비파형 청동검이 집

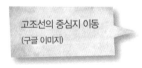

고조선의 중심지 이동
(구글 이미지)

② 고조선의 성립

1 : 22,000,000   0   200 km

동이족의 분포 지역
고조선의 세력 범위
고조선의 진출 방향

고조선의 발상지

고조선 후기의
정치·문화 중심지

발해만

황검성(랴오닝)

산둥 반도

황해

동해

진

비파형 동검 출토 지역,
비파형 청동검
(중학교 역사 교과서 캡처)

중적으로 출토되는 지역이 바로 요하 지역입니다. 이후 기원전 3세기 무렵 중국 전국시대 7웅(7대 강국) 중 가장 북쪽에 있던 연(燕)나라의 공격에 밀려나 대동강 평양으로 수도를 옮기게 되고, 이 과정에서 기존 고조선의 중심 민족이던 예족이 만주 중앙부 거주자인 맥족과 섞이면서 예맥족이라고 불리게 됩니다.

그런데도 북한은 한발 더 나아가 요서 또는 요동 지방에서 고조선이 시작되었다는 역사적 사실을 무시하고 단군이 나라를 연 곳은 평양이고, 그후 신선이 된 곳은 묘향산이라고 한다고 합니다. 🐻 게다가 고조선이 독자적인 대동강

평양 단군릉
(위키피디아)

문명을 이룩했다고도 하며, 1993년에는 단군의 무덤을 발견했다고 거대한 단군릉을 조성하며 기원전 30세기에 청동기 문화가 시작되었고 우리 민족의 출발점이 평양이니 북한이야말로 정통이라고 주장하는 근거로 활용하는 상황입니다. 이렇게 민족이란 명분으로 역사가 또 하나의 이데올로기로 변질된 현실은 안타까울 뿐입니다. 🐻

우리는 어떻게 하나의 민족이 되었나?

이처럼 단군에 대한 인식 변화를 쭈욱~ 훑어 왔는데요. 그러면 과연 우리는 어떻게 하나의 민족이 되었을까요?

앞서 우리 민족은 원래 여러 갈래의 집단이 모여 이루어졌다고 설명했는데, 이는 문헌적으로, 언어적으로, 유전학적으로도 사실로 증명되고 있답니다.

우선 문헌에 따르면 세 부족이 우리 민족의 주류가 되었습니다. 실제 한반도는 과거에 수많은 종족이 모인 격동의 땅이었습니다. 북방에서 내려온 두 종족 중 고조선 계열인 예(穢)족과 부여 및 고구려 계열인 맥(貊)족, 그리고 고조선 시기에 한반도 남쪽에 존재한 진국(辰國)을 구성한 한(韓)족이죠. 그리고 여기에 간헐적으로 북방 유목민(스키타이, 흉노 계열), 여진족, 중국인, 일본인 일부가 합쳐지면서 우리 민족이 형성되어 온 것입니다. 실제로 광개토대왕비의 마지막 부분에 묘지 관리 규정이 적혀 있는데 그 내용을 보면, "대왕이 잡아

온 예인과 한인들에게 대대로 이곳을 관리토록 하라."고 나올 정도로 같은 민족이란 개념은 당시엔 없었습니다.

이 같은 다양한 종족의 결합은 언어학적으로도 우리 말이 상당히 특이한 형태가 되는 근본 원인이 됩니다. 요즘은 학교에서 어떻게 가르치는지 모르겠지만, 예전 제가 학교 다닐 때에는 우리말은 '우랄알타이어족 퉁구스어 계열'이라고 배웠습니다.

그러나 한국어가 우랄알타이어 계통이란 건 가리지날입니다. 🐻 최근 언어학계에서 이 이론은 폐지되었습니다. 그럼 우리 말은 어느 어족에 속하냐고요?

그게……, 한국어는 기존의 어느 어족에도 속하지 않는다고 합니다. 완전히 독립된 한국어족이라네요. 어족 독립 만세~! 🐼

어족(語族)이란 한 조상에서 여러 자손들이 나오듯이 하나의 공통 조상언어에서 여러 언어가 갈라져 나온 유래를 찾아 묶은 것인데요. 문법이나 발음이 유사하면 같은 어족으로 인식한다고 여기기 쉽지만 가장 중요한 것은 기초 단어 중 동일한 조상을 가진 단어가 있느냐고 합니다. 우리말이 우랄알타이어 계열이라고 잘못 알려진 건 19세기 당시 서양 학자들이 한국어 단어를 면밀히 분석하지 않고 어순이 우랄알타이어 계통과 닮았다는 이유로 한데 묶었던 것에서 비롯된 거예요.

그런데…… 퉁구스어 계열엔 어떤 언어들이 있는지 아세요? 중국 북방 여러 유목 민족 언어가 퉁구스어입니다. 만주어도 남퉁구스어파에 속하지요. 🐻 19세기 당시 상황은 이랬다고 합니다.

유럽 학자 : "여~, 청나라 나으리, 우리랑 토킹 어바웃 좀 하자유럽."

청 학자 : "안녕들 하신누르하치? 뭐가 궁금하만주?"

유럽 학자 : "너네 만주족 말은 한족 말이랑 완전히 다르더라유로파. 근데 저 동쪽 끝 조선이랑 일본말은 어순이 너네랑 비슷하더리아?"

청 학자 : "그렇청. 우리 고귀한 만주족은 고유한 말을 오랫동안 써왔홍타이지. 조선이랑 일본은 보다시피 쩌리들이니 위대한 우리 조상님 한테 배웠을뉘피셜."

유럽 학자 : "아, 그렇겠구니케이션. 너네 만주족 말은 퉁구스 계열이라 부르기로 했으니 조선말, 일본말은 퉁구스어 계열로 정리하면 끝이겠피날레~."

이는 문장구조가 우랄알타이어족과 동일하게 주어＋목적어(보어)＋서술어 순으로 되어 있어 중국어나 인도유럽어족과는 확연히 다르고, 나는(주격), 나의(소유격), 나를(목적격) 등 교착어(단어가 활용될 때 단어의 어간과 어미가 비교적 명백하게 분리되는 언어) 형태였기에 초기에는 우랄알타이어족으로 묶였던 겁니다.

그런데 이들 19세기 유럽 학자들이 우랄알타이 계통 언어를 연구할 당시엔 만주인들이 지배하는 청나라 시절이었는지라 당시 조선과 일본은 청나라에 비해 약소국이었으므로 만주족의 퉁구스어에서 한국어, 일본어가 파생되었다고 여긴 거지요. 🐻

하지만 이후 연구가 거듭될수록 한국어가 다른 아시아 언어들과 계통으로 이어지기 어렵다는 사실이 밝혀지면서 현재는 한국어와 제주어는 별도의 '한국어족'으로 분류되고 있고, 한발 더 나아가 제주어는 2010년 유네스코에서 지정한 '소멸이 우려되는 언어'로 지정되기까지 하지요.

이처럼 오랫동안 우리 민족의 근원은 우랄알타이어족 계통이라는 초기의 언어학적 분석과 과거 역사 기록에 근거해 북방계 아시아인이라고 생각해 왔습니다. 하지만 소수의 학자들이 언어의 특성을 근거로 우리 민족의 조상이 북방 아시아가 아니라 남부 아시아 계통이라는 주장을 했지만 제대로 인정받지 못했습니다.

그러던 중 2017년 2월 울산과학기술원 게놈연구소와 영국, 러시아, 독일 등 국제 연구팀은 충격적인 결과를 발표합니다. 유전자 분석 결과 한민족은 3만~4만 년 전 동남아~중국 동부 해안을 거쳐

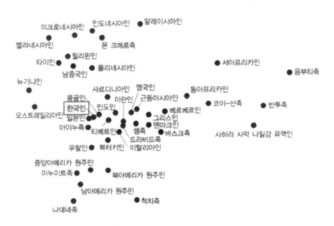

도표 5-5_ 인류 개체군의 유전자 변이. 120개의 대립형질에 근거해 오늘날 인류의 42개 지역 개체군을 나타낸 유전자 거리 지도. 전체적인 모습은 도표 5-2와 같지만 더 세분화되어 있다. 자료 출처 : Cavalli-Slorza et al. (1994).

극동지방으로 흘러들어와 북방인이 된, 남방계 수렵 채취인과 신석기시대가 시작된 1만 년 전 같은 경로로 들어온 남방계 농경 민족의 피가 섞여 형성됐다는 겁니다. 즉 우리 민족의 뿌리는 북방계가 아니라 혼혈 남방계라는 것이죠. 이미 2009년 울산과학기술원은 한민족이 동남아시아에서 북동쪽으로 이동한 남방계의 거대한 흐름에 속해 있다고 〈사이언스(Science)〉지에 발표한 바 있는데 이제 더 구체화된 것입니다.

이 같은 결과는 러시아 블라디보스토크 위쪽 프리모레 지역에 있는 '악마의 문'이란 동굴에서 발견된 7700년 전 20대와 40대 여성의 두개골에서 추출한 DNA 내 미토콘드리아 유전체 분석에 의한 것이었습니다. 이 분석은 모계 유전자 분석에 대한 것인데 여성 유전자는 대부분 남방계인 반면, 아버지로부터 아들에게만 전달되는 Y염색체 유전체 분석에선 북방계 2종(O2b 37%, O3 40%) 및 남방계 1종(C3, 10%)이 주류를 이루고 있어 여성과 반대로 북방계가 80%에 이르는 것이고, 지역별로도 큰 차이가 없었습니다. 이 같은 결과는 일본 학자들의, 한강 이남은 남방계, 한강 이북은 만주계(북방계)라는 '이원적 종족설'이 거짓이란 것도 증명하지요. 심지어 이들은 백제는 남방계라 한강 이남에 수도를 두었지만, 조선은 이성계가 만주계라서 한강 이북에 수도를 두었다는 말도 안 되는 주장을 지금도 하고 있습니다. 👹

이 같은 유전적 분석은 앞서 소개한 문헌상 예, 맥, 한의 3종족과도 일치하고, 골상학에서 북방계(예족, 맥족) 70%, 남방계(한족) 30% 정도라고 분석해 온 결과와도 거의 맞아 떨어집니다. 🐻

즉, 지금까지의 연구 결과를 종합해보면, 구석기시대에는 동남아시아에서 이동해 온 남방계 한(韓)족이 주류가 되어 한반도에 살았습니다. 빙하기 시절 한반도는 초원이 우거진 마른 땅이었지만, 이후 간빙기가 되면서 기온이 올라 구석기 말기에는 잠시나마 매머드와 코뿔소가 뛰어놀던 아열대우림 지역으로 변해 해안가를 제외하고는 사람이 살기 힘든 곳이었기에, 강가나 해안가에서 조개 잡아먹고 고인돌을 올리면서 부족생활을 했습니다. 당시 이들 한반도의 선주민들의 흔적이 바로 고인돌과 돌하르방이지요.

이 거대한 돌무덤과 수호신은 인도 남쪽 타밀 지역과 동남아시아에 이어 한반도까지 집중적으로 발견되는데, 한반도는 전 세계에서 고인돌이 가장 밀집한 지역이기도 합니다.

이때 당시는 중국 양쯔강에서 시작된 벼농

한반도 고인돌 분포도
(구글 이미지)

고인돌(위),
제주도 돌하르방(아래)
(위키피디아)

사 기술을 습득한 후
발 농경민들이 중국
북부를 거쳐 만주를
지나 시베리아 바이
칼 호수 지역까지
농사를 짓고 부락
을 형성할 수 있을
정도로 온화한 날씨였
는데, 3000여 년 전 다
시금 지구가 서서히
냉각되면서 고위도 지역까지
올라갔던 정착민들은 농사를 지을 수 없게 되
자 어쩔 수 없이 다시 남쪽으로 이동하게 됩니
다. 이에 중원에서는 흉노와 중국 간의 투쟁으
로 인해 만리장성을 쌓게 되었지요.

같은 시기 우리 민족의 70%를 차지하게 될 북방계 예족, 맥족이
바이칼호 호수 근처까지 북상해 살던 중 만주와 한반도로 내려오게
된 것도 다 지속적인 기온 저하 때문이었습니다. 이때 중앙아시아로
부터 청동기 지식을 습득한 북방계 조상들은 월등한 청동 무기로 무
장한 채 침략해 기존 남방계 남성들을 몰아내며 만주와 한반도의 남
방계 여성과 혼인하는 식으로 혼합이 됩니다.

따라서 북방계 지배층이 기존 정착했던 남방계의 인도유럽어족 계열 단어를 차용해 우랄알타이 계통의 문장 구조로 소통하면서 우리말이 형성되었던 것입니다. 정복자 남편은 자기 식으로 소통했겠지만, 남방계 엄마가 키운 2세대부터는 주로 어머니로부터 익힌 남방계 명사 단어를 혼용했을 겁니다.

그동안 세계 언어학계에서 그 유래를 알기 어려웠던 한국어의 비밀은 인도유럽어족 단어와 우랄알타이어족 문장구조가 융합된 독특한 언어라는 게 이처럼 밝혀지고 있는 것이고, 이는 우리 민족이 남방계와 북방계 아시아인이 결합되어 형성된 결과인 것이죠. 🐻

이처럼 언어 면에서도 보이듯, 우리 역사 초기에 요동 및 만주 등 북쪽 지역에서 먼저 고조선, 부여 등의 국가가 성립된 것도 이미 정착생활을 통해 사회화가 이루어진 집단이 남하했기에 가능했던 것이고, 이후 기온이 더 낮아지면서 만주 지역의 논농사는 어려워진 반면, 한반도가 농사에 적합한 지역이 되면서 우리 역사의 중심이 남쪽 한반도로 서서히 내려오게 되는 겁니다.

실제로 우리 민족 여러 고대 건국 신화에서도 북방계 '천손신화(하늘의 자손)'와 남방계 '난생신화(알에서 태어남)'가 존재하는 반면, 중국 등 유라시아 내륙 지방 민족들의 창조 신화인 신이 흙을 빚어 사람을 만들었다는 이야기는 존재하지 않아 태생이 다르다는 것이 알려져 왔죠. 뿐만 아니라 북방계 고인돌과 남방계 고인돌이 혼재하는 등 신화, 역사 유물, 언어에서 여러 문화가 융합되었던 증거에 이어, 유전학적 팩트까지 더해지면서 우리 민족의 근원에 대한 의문도 서서히 그 구름이 걷히고 있습니다. 🐻

단군 신화, 현재 우리에게 어떤 의미일까?

앞서 설명한 이 같은 여러 팩트를 토대로 단군 신화를 다시 들여다 보면, 북방계의 정복 역사가 보입니다. 즉, 신석기시대 석기를 무기로 삼아 수렵과 채집 생활을 하던 남방계 한(韓)족들 앞에 청동기로 무장하고 논농사라는 첨단 농사기법을 보유한 북방계 예족이 들이 닥칩니다. 당시 원주민 한족들은 사물을 숭배하는 토템 문화를 갖고 있어 종족에 따라 호랑이를 모시거나 곰을 모셨겠지요. 보통 그 지역에서 가장 강하고 무서운 동물을 숭배하는 경향이 있는데, 만주나 한반도에서 가장 무서운 맹수가 바로 호랑이와 곰이거든요.

그런데, 새로이 나타난 북방계 예족과 맞닥뜨린 이들 원주민은 월등히 앞선 첨단 청동 무기와 새 기술 앞에서 저항하거나 굴복하는 두 가지 선택밖엔 없었을 겁니다. 이에 호랑이를 숭상하는 부족은 저항하다가 철저히 멸망해갔고, 곰 숭상 부족은 이들의 지배를 받아 들였을 겁니다.

이에 새로이 지배자가 된 북방계 이주민은 피지배 계층이 감히 저항하지 못하게 종교지도자와 통치자 두 가지 역할을 맡은 그들의 수장인 '탱그리'가 하늘나라에서 내려온 천손(天孫)임을 내세워 지배해 나간 것이죠.

비록 애초에는 고조선 지배층의 지배 이데올로기였을 건국 시조 단군 이야기는 요동과 평안도에 이르는 지역에서 지속적으로 구전되어 내려오다가 드디어 몽골 침략기 이후 일연 스님에 의해 국가 공식 역사서에 기록되고, 이후 한반도 전역으로 확산되어 여러 차례 국난 극복 과정에서 민족의 시조로서 위기 극복을 위한 구심점이 되어 왔습니다. 이처럼 이 세상 모든 민족의 건국 또는 시조 신화는 대부분 이 같은 과정을 통해 민족이라는 이름으로 사회 구성원들을 하나로 묶는 정신적 토대 역할을 수행해 왔습니다. 즉, 민족은 혈통으로 구분되는 것이 아니라 같은 언어와 문화를 공유하는 공동체라는 점을 이해해야 합니다.

우리 민족이 세 종족이 한데 모여 구성되었다고 해서, 우리 민족의 가치나 독자성이 훼손되는 것은 아닙니다. 하나의 민족이라는 가치관과 문화를 공유하면서 내부 갈등을 최소화할 수 있었기에 국가와 사회 유지에 큰 기여를 해 왔으니까요. 실제로는 이 세상 어느 국가도 단일민족으로 이루어지지 않았습니다.

하지만 의학적 측면에서 보면 우리나라는 매우 단일한 혈통을 가진 국가입니다. 혈액암 환자 치료를 위한 '조혈모세포이식(stem cell transplantation)'이라는 치료법이 있습니다. 흔히 골수이식이라고 부르는 이 치료를 위해서는 환자와 조직형이 일치하는 사람을 찾아야 하는데, 부모나 형제 중 일치자가 없으면 기증희망자 중에서 찾아야 합니다. 이런 경우 우리나라나 일본에선 조직형이 일치하는 사람을 찾을 확률은 2만 분의 1 정도이지만, 다인종 국가인 미국은 200만 분의 1 정도라고 합니다. 하지만 혈통이 그나마 단일하다는 것 자체가 더이상 자랑일 수는 없습니다. 글로벌시대에 여러 해외 이주민들과 함께 살아가고 있는 대한민국이 단일민족 이데올로기를 더이상

강하게 내세우는 것은 큰 의미가 없습니다.

또한 거대한 영토를 가지고 주위를 호령한 과거를 가져야 위대한 것도 아닙니다. 이탈리아인들이 과거 로마제국의 위대함을 언급하며 자랑한다고 주변 유럽인들이 고개를 끄덕이며 존경해줄까요? 우리 민족의 위대성은 아시아에서 수천 년간 초강대국 지위를 누려 온 중국이라는 거대한 문명권 바로 옆에서 끝까지 살아남았다는 그 사실 자체가 위대한 것입니다. 한때 중원을 차지해 영광을 누리던 다른 민족들이 거대한 중국 문명에 흡수되어 소멸했지만, 우리는 굳건히 단군이라는 우리 마음속의 구심점을 통해 고유한 문화를 지켜왔기에 그 역사에 대해 당당하고 자랑스럽게 이야기할 수 있는 것입니다. 🐨

따라서 단군 신화는 우리에게 소중한 문화유산으로 삼아 자긍심은 지켜가면서도, 다문화 가정을 꾸린 외국인과 그 자녀들도 대한민국 국민으로 잘 융화시켜 다 함께 발전하는 나라여야 합니다.

이야기가 너무 거창했나요? 이제 삼국시대 건국자들의 이야기로 넘어가보겠습니다. 🐨

03

고구려의 건국 – 고주몽이 동명성왕이라고 요?

고조선의 멸망

쓰다 보니 단군 할배 이야기가 길었네요. 이제 고조선의 멸망과 삼국시대의 시작 이야기를 할까 합니다.

고조선은 단군 할배의 후손인 준왕이 통치하던 BC194년, 혼란기 중국에서 피난 온 위만 세력에게 나라를 빼앗기고 맙니다. 🐻 이때 중국은 진시황이 천하를 통일해 춘추전국시대가 끝났지만 불과 3대, 15년 만에 망하고 초나라 항우와 한나라 유방이 천하를 놓고 싸우다가 한나라 유방이 다시 천하를 통일하던 격변기였습니다. 유방은 통일 후 한신 장군 등 자신을 도운 신하들을 토사구팽하기 시작했는데, 당시 전국시대 연나라 지역을 통치하는 제후, 연왕(燕土)으로 봉해진 노관 역시 숙청을 두려워해 흉노로 망명하자, 그를 따르던 위만은 1,000여 명의 무리를 이끌고 고조선으로 망명합니다. 애초 우수한 철제 무기를 가진 이들을 눈여겨본 준왕은 연나라 접경지대에 이들을 살게 하지만 세를 키운 위만은 오히려 쿠데타를 일으켜 본인이 스스로 고조선 왕이 되고 맙니다. 🐻

지금 시각에서 보면 중국인들에게 나라를 빼앗긴 것이 원통하지만, 막상 당시 기록을 보면 발달된 철기 무기를 보유한 이들 세력은 중국에 맞서 조선을 위해 최선을 다합니다. 게다가 일부에선 위만이 살던 지역이 원래는 연나라에 빼앗긴 조선 땅이었기에 중국인이 아니라 조선인 후손이었을 것이란 주장도 있답니다.

어쨌거나 위만 왕조는 진번, 임둔 등 주변 지역을 장악해 고조선의 영토를 크게 넓히고 더욱 세련된 문화로 바꾸는 한편, 중국 한나라와 한반도 동쪽, 남쪽 여러 나라와의 중개무역을 통해 이익을 취하며 한 단계 성장한 시기였습니다.

벗뜨, 그러나⋯⋯, 혼란기를 극복한 중국 한나라는 최고 전성기를 구가하게 됩니다. 한무제(BC157~BC87)는 그동안 조공을 바치던 흉노와 싸워 대승을 거두게 됩니다. 원래 중국 말(馬)은 중앙아시아 말에 비해 작고 힘도 달렸는데, 당시 흉노 내부의 갈등 때문에 한나라에 투항한 흉노 기병 부대를 이용해 흉노 본토를 치는 이이제이(以夷制夷) 전략이 성공하면서 BC115년 실크로드의 출발점인 둔황 일대를 점령해 4군을 설치하니, 이를 고조선 땅에 설치한 동쪽의 한사군과 구별해 '한서사군(漢西四郡)'이라 부르죠.

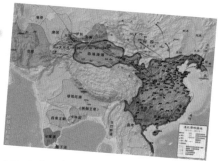

한무제 시절 한나라 영토
(구글 이미지)

이로써 자신감을 갖게 된 한무제가 중국 변방의 오랑캐 영토 중 쓸만한 영역을 공격하기 시작합니다. 이에 BC111년 지금의 홍콩, 마카오, 하이난섬 등을 포함한 광동성 일대와 베트남 북부에 위치했던 남월(南越)을 멸망시키고 한구군(漢九郡)을 설치한 뒤 1000년간 지배하기 시작합니다. 그리고, 드디어 BC109년 고조선을 침략합니다. 한반도 동남쪽 여러 나라의 한나라 조공을 방해했단 말도 안 되는 트집을 잡아 침공한 한나라 군대는 흉노와 베트남을 무너뜨린 강군이었기에 고조선도 쉽게 멸망시킬 줄 알았다지요? 그러나 쉽게 끝날 줄 알았던 정복 전쟁은 고조선군의 분전으로 인해 1년여를 끌게 되고 지휘관들마저 내분에 휩싸이지요. 그러나, 벼슬과 땅을 내어주겠다고 꼬드기는 중국 특유의 심리 전술에 말려든 고조선의 신하들과 왕자까지 배신하면서 위만의 손자인 우거왕과 성기 장군이 암살당하는 비극적 결말로 고조선은 허무하게 막을 내리고 맙니다. 🐻

이에 BC 108년 만주와 한반도 북부에 한사군(漢四郡)이 설치되는데, 일부에선 한사군 위치에 대해 한반도가 아닌 만주, 요동 지역이라고 주장하지만, 평양 일대에서 나온 낙랑 유물이 너무 많기에 낙랑군은 고조선 후기 수도인 평양 지역임은 명백한 사실입니다.

19세기 일본은 이 역사를 부각시키며 "한반도는 예전부터 중국과 일본의 식민지였다데스. 그러니 조센징은 니쁜 제국의 지배를 받는 것은 역사적 필연이다구라."라며 식민 지배의 정당성을 주장했지만, 실제로는 전쟁 후 한나라 장군들은 처형당하거나 유배를 간 반면, 항복한 고조선 신하들과 왕자가 4군의 지배자로 임명되어 고조선 유민들의 자치를 허용하고 세금만 걷어가는 느슨한 형태로 지배했지요.

그럼에도 기존 주민들의 거센 저항을 받은 한사군은 평양 일대 낙랑군을 제외하고는 점차 그 세력이 약해지면서, 만주와 한반도 북부에 새로이 우리 조상들이 건국한 여러 국가가 탄생하고, 그중 고구려가 독보적인 존재로 커져 이후 마지막 남은 낙랑군, 대방군을 몰아내며 당당히 만주와 한반도 북부의 패권자가 됩니다. 🐻

고구려의 시조, 주몽

그런데, 고구려의 시조는 누구인지 아시죠? 네. 다들 아시다시피 주몽(朱蒙)입니다. 아, 송일국 님이라구요? 네네. 🐻

주몽의 고구려 건국 신화는 너무나 잘 알려져 있습니다. 이야기가 아주 풍부하지요.

《삼국사기》에도 고구려 초기의 기록은 아주 풍부하게 남아 있습니다. 《삼국사기》 전체를 보면 신라 기록이 가장 많지만, 통일 이전 기록은 오히려 고구려 내용이 신라보다 더 많답니다. 김부식은 그저 억울할 뿐…… 🐻

앞서도 설명했지만 김부식은 가급적 우리 사료가 남아 있으면 다 수록하려고 노력했는데 아마도 고구려 시절 만든 역사서 일부가 그 때까지 남아 있었던 것 아닐까 추정된다고 하지요. 특히 동명성왕, 유리왕, 대무신왕 등 초기 3대 왕들의 기록은 후대에 비해 아주 상세하게 적혀 있습니다.

주몽의 고구려 건국 이야기는 다들 아실 테지만 《삼국사기》 기록 을 간략히 정리해볼게요.

부여 왕 해부루가 아들이 없어 산천에 제사를 드리러 다녔는데 어느 날 그가 탄 말이 연못가 큰 돌을 보고 울기에 그 돌을 옮기니 어린아이 가 있었는데 금색의 개구리를 닮았기에 금와(金蛙)라 이름 짓고 태자 로 삼았습니다.

이후 재상 아란불이 "일전에 하느님이 내게 내려와 '장차 내 자손이 여기에 나라를 세우게 할 것이니 너희는 동쪽 바닷가 가섭원이라는 땅에 가라'고 하셨다."며 도읍을 옮기길 권해 나라를 동쪽으로 옮겨 동부여라고 했고, 기존 부여 땅에 천제(天帝)의 아들 해모수(解慕漱)가 나타나 새로이 부여를 여니 이를 북부여라 부르게 됩니다.

그후 금와가 동부여의 왕이 되었는데, 순행 중 태백산 남쪽 우발수에 서 한 여자를 발견하고 물으니 "저는 하백의 딸, 유화입니다. 여러 동생과 놀고 있는데 한 남자가 스스로 천제의 아들 해모수라 하면서 저를 웅심산 아래 압록수 강가 집으로 꾀어서 사통하고는 돌아오지 않았습니다. 부모는 나를 책망하여 여기에서 귀양살이 중입니다."라고 말했다네요. 이에 금와는 이를 불쌍히 여겨 유화를 궁으로 데려왔는데 햇빛이 유화가 머무는 방에 쫓아와 계속 비추더니 임신을 하여 알을 낳았다고 합니다. 이에 금와왕이 알을 버렸으나 개, 돼지 모두 먹지 않았고 길가에 버려도 소나 말이 피했다네요. 이에 들판에 버려도 새가 날개로 덮어주기에 왕이 알을 쪼개려고 했으나 깨어지지도 않자 마침내 어머니에게 돌려주었고, 유화부인이 알을 따뜻한 곳에 두었더니 한 남자아이가 껍질을 깨고 나왔는데 골격과 외모가 빼어나고 기이했다고 합니다. 그 아이의 나이가 겨우 일곱 살이었을 때 스스로 활과 화살을 만들었고 쏘면 백발백중이었다고 합니다. 부여의 속어에 활 잘 쏘는 것을 주몽(朱蒙)이라고 하였으므로 이것으로 이름을 삼았고, 금와왕의 일곱 아들과 같이 성장했는데 그 기예와 능력이 모두 주몽에게 미치지 못했다고 합니다. 결국 맏아들 대소(帶素)가 왕에게 말하길 "주몽은 사람이 낳은 자가 아니어서 사람됨이 용맹스럽습니다. 만약 일찍 일을 도모하지 않으면 후환이 있을까 두렵습니다. 청컨대 없애버리십시오." 라고 했으나 왕은 듣지 않고 말을 기르게 했다고 합니다. 그러자 주몽은 날랜 말을 알아내어 먹이를 적게 주어 마르게 하고, 둔한 말은 잘 먹여 살찌게 했는데, 왕은 살찐 말을 자신이 타고 마른 말을 주몽에게 주었다지요. 그후 사냥할 때 주몽이 활을 잘 쏘기 때문에 화살을 적게 주었어도 짐승을 매우 많이 잡아 능력을 드러냅니다. 이에 왕자들과 여러 신하가 또 죽이려고 꾀하자, 어머니 유화부인이 눈치채고 "나라 사람들이 장차 너를 죽일 것이다. 너의 재주와 지략으로 어디를 간들 안되겠느냐? 지체하여 머물다가 욕을 당하느니 멀리 가서 뜻을 이루는 것이 나을 것이다."라며 탈출을 권합니다. 이에 주몽은 오이, 마리, 협보 세 친구와 함께 탈출해 강(엄시수)에 다다라 건너려 하였으나 다리가 없어 추격병에게 잡히게 될 것이 두려워 물에게 고하기를 "나는 천제의 아들이요, 하백의 외손이다. 오늘 도망가는데 추격자들이 다가오니 어찌하면 좋은가?" 하자 물고기와 자라가 떠올라 다리를 만들어 건널 수 있었고, 물고기와 자라가 곧 흩어지니 추격하는 기마병이 건널 수 없었다고 합니다. 이에 드디어 졸본 땅에 이르러 나라를 건국합니다.

이게 고구려를 세운 주몽 신화인데요. 실은 이 신화는 팩트로는 가리지날이에요. 이보다도 2000여 년 전 지금의 이라크 지역 기록에 남은 최초의 건국 신화, 사르곤 신화의 아류작입니다. 🐻

이스라엘, 로마, 부여, 고구려 건국 신화의 모델, 사르곤 신화

BC2330년경 역사적으로 한 인물이 스스로를 스토리텔링한 것이 고구려 건국 신화에도 영향을 미치게 되니, 그는 수메르 북쪽 아카드 제국의 황제로서 수메르 도시국가를 정복한 남자, 사르곤1세 황제

였지요. 🐻

그가 정복한 수메르 도시국가들은 지금의 이라크 남부 티그리스-유프라테스강 유역에서 발생한 최초의 도시국가들로서 이를 수메르 문명이라 부르지요. 일부에선 이 수메르 문명이 원래 환국 12국 중 막내인 '수밀이국'이었다고 주장을 합니다만……, 수메르란 이름은 사실 가리지날입니다.

이는 수메르 북쪽에 살던 아카드 민족이 BC2330년경 수메르의 사륜마차보다 더 빠른 공격 무기인 이륜마차를 개발해 침략하여 수메르 문명을 흡수한 후에 아카드족 언어로 'Su(남쪽)+Mer(사람)'란 의미로 부른 기록만이 남았기 때문이에요. 그후 Su(남쪽)는 영어의 south, 독일어의 süd, 프랑스어 sud로 이어지고, mer는 영어의 men, 독일어 Mann, 프랑스어 monde(세상), mere(어머니) 등으로 변형되지요. 따라서 원래 이들 수메르인들이 스스로를 뭐라고 불렀는지는 아직 밝혀지지 않

았어요. 🐻

이들 수메르 도시국가들을 무너뜨린 아카드제국 사르곤1세는, 애초 메소포타미아 중부의 도시국가 키쉬(Kish)의 왕이었으나 이륜마차 부대를 동원해 페르시아만부터 지중해 연안까지 당시 메소포타미아 문명권 전체를 다스리는 제국의 황제로 등극하게 됩니다.

그는 아카드제국의 지배를 받게 된 타 도시국가 주민들을 효과적으로 다스리기 위해 본인 스스로를 신성한 존재로 부각시키는 최초의 프로파간다(정치선전)인 자신의 출생 신화를 퍼뜨리게 합니다.

사르곤 1세 : "여봐라르곤. 제국의 새 백성들은 세금 꼬박꼬박 잘 내고 있나카드?"

신하들 : "황제 폐하~. 암 쏘 쏘리 벗 알러뷰 다 거짓말~. 다들 개기고 있다포타미아."

사르곤 1세 : "뭣이라르곤? 내가 다른 왕과 달리 신이 축복한 신성한 황제란 사실을 널리 알려 돈을 거둬라카드!"

신하들 : "리얼리? 신성한 존재라니그리스? 쿠데타 일으킨 왕인 거 우리가 다 아는데프라데스."

사르곤 1세 : "너무 많은 걸 알고 있다르곤. 만나서 더러웠고 더이상 보지 말자키쉬. 저 넘들 목을 쳐라리아."

그래서……, 그가 스스로 퍼뜨린 내용은 이렇습니다. 🐻

"위대한 황제, 사르곤1세는 여사제의 사생아, 즉, 처녀의 몸에 신의 뜻으로 잉태된 아이였다네요.

신성한 존재여야 할 여사제는 아이를 낳은 사실이 드러날까 봐 갈대 바구니에 넣고 물이 새지 않도록 역청을 발라 유프라테스강에 띄워 보냅니다. 그런데 키쉬 왕의 정원사가 강물에 떠내려온 이 바구니를 발견해 아이를 정성껏 키우게 되고, 어느 날 이슈타르 여신이 나타나 이 아이는 '산의 신' 아들이라고 축복을 줬답니다. 이 광경을 본 키쉬 왕이 여신이 축복한 아이, 사르곤을 왕국의 후계자로 정합니다. 이후 사르곤은 키쉬 왕국의 왕이 되었고 이슈타르 여신의 의지를 받들어 메소포타미아 지역의 도시국가를 통합한 제국을 만들어 평화를 실현했다."라고 널리 알리게 됩니다.

그는 왜 이런 신화를 만들었을까요? 추정해보면 사르곤1세는 키쉬 왕국의 주요 귀족 출신이었는데, 어느 날 세력을 모아 기존 왕을 무너뜨리고 권력을 차지했을 겁니다. 그런 뒤 본인 특유의 친화력과 든든한 군사력을 바탕으로 주변 지역을 무력 정복하는 데 성공했겠지만 복속 당한 백성들의 반발이 만만찮았겠지요. 이에 본인의 어두운 과거를 덮고 신성함을 드러내야 통치가 가능하리라 여기고 성공 스토리를 만든 겁니다. 그래서 친아버지는 흔적을 없애고 대신 신과 여사제가 신성한 결합을 통해 나온 아들이었지만 이런저런 사정으로 인해 왕가에 위탁되어 키워지다가 신의 축복을 받아 기존 왕으로부터 평화롭게 정권을 물려받았다는 신분 세탁을 감행한 것이 진실이지 않을까요? 🐻

어쨌거나 역사상 첫 제국을 건국한 황제의 탄생 스토리텔링이 먹혀들어 가면서 제국 전역이 안정되는 효과를 가져오자, 그 후부터 새로운 나라를 건설한 정복자들이 이를 벤치마킹하고 본인 현실에 맞게 살짝살짝 각색하기에 이릅니다. 어이 이봐요들~! 사르곤 황제에게 저작권료는 내고 쓰셔야죠. 🐻

이 같은 변주 중 가장 유명한 건 아무래도 성경 속 모세 이야기일 겁니다. 아, 모세 이야기를 잘 모르신다고요? 🐻

《구약성경》첫 권 '창세기'에 이은 두 번째 권 '출애굽기(Exodus, 탈출기)'에 나와요.

짧게 줄이면, 유대인의 조상인 아브라함은 아들 이삭을 낳고, 이삭은 아들 야곱을 낳고, 야곱은 다시 요셉 등 12 형제들을 낳았는데, 요셉이 이집트에서 장관으로 출세합니다. 역사적으로 당시 이집트는 중기 15대 왕조 시기였는데, 이때 중동 지역의 힉소스족이 이집트인들을 정복해 통치하던 때여서 힉소스인들과 이웃사촌인 유대인들도 통치 계급이 될 수 있었던 것이죠. 마치 몽골족이 중국 송나라를 정복한 후, 서역 색목인들을 제2계급으로 삼아 중국인을 다스린 것과 같은 상황이었습니다.

이에 권력자 요셉이 이들 형제들을 초청해 12형제는 가나안 땅에서 이집트로 집단 이주해 잘 살았고 거대한 이주민 집단으로 성장했지만, 세월이 흘러 다시금 이집트인들이 권력을 잡게 되자 그만 유대인들은 노예 신세가 됩니다. 그후 히브리인이라 불리며 새 수도 건설 사업에 강제 노역을 하던 암담한 상황이었는데, 이집트의 왕자였지만 유대인으로 밝혀진 모세가 지도자가 되어 홍해를 가르고 집단 탈주를 감행해 원래 고향으로 돌아가게 되지요.

여러 의견이 존재하지만 역사학자 중 다수는 이 사건이 BC1260년경 람세스2세 시절에 일어났을 것으로 추정한다네요. 실제로 영화 '십계'에서도 그 시기로 간주하지요. 🦉

그런데 성경의 첫 5권(창세기-출애굽기-레위기-민수기-신명기) 즉, '모세 5경'은 모세가 직접 작성했다고 알려져 있으나 이는 가리지날~. 역사학자들의 분석에 따르면 이 초기 《구약성경》 서술 시기는 바빌로니아에 의해 이스라엘 왕국이 정복되어 다시금 피지배 신분이 되었던 BC6세기경 유대인 종교지도자들이 이 고난을 극복하고자 과거의 위대한 탈출을 기술해 민족의 단합을 도모하면서 작성되었을 것이라고 합니다. 🐻

이때 이들 저술가들은 유대 민족의 구원자 모세를 설명하면서, 사르곤 황제 탄생 신화를 차용합니다. 당시 파라오가 히브리인들을 절멸시키기 위해 모든 유대인 사내아이는 태어나면 죽이라고 명령했는데, 모세의 어머니는 제례를 담당하는 레위지파 여인인지라 차마 아들을 죽일 수 없어 갈대 바구니에 물이 새지 않도록 역청을 바르고 아기 모세를 태워 나일강에 흘려보냈답니다. 그런데 우연히도 아이가 없던 이집트 공주가 강에서 목욕을 하다가 이 바구니를 건져내어 양자로 삼아 모세는 이집트의 왕자로 성장했는데, 청년이 된 뒤 자신의 출생의 비밀을 알게 되자 왕자 신분을 버리고 광야로 도망갔다가 야훼 하나님의 계시를 받아 히브리인의 지도자가 되지요. 이에 배다른 형제였던 파라오에 맞서 10가지 재앙을 일으켜 히브리인의 이주를 승인받지만, 뒤늦게 파라오가 후회하고 군대로 쫓아오자 홍해를 갈라 무사히 탈출한 뒤 시나이산에서 10계명을 받고, 젖과 꿀이 흐르는 가나안 땅을 향해 무려 40년이나 고행을 하다가 후계자 자리를 여호수아에게 물려주고 눈을 감았다는 장대한 이스라엘 건국 신화로 기록됩니다. 즉, 모세의 정당성을 부여할 탄생 신화를 만들 때 사르곤의 신화가 유용하게 쓰인 것이죠. 🐻

참고로, 숫자로 해석해보면, 원래 메소포타미아 문명권에서는 12가 '절대수'여서 요셉 등 12형제가 나오지만, 태양과 10을 신성시한 이집트 문명권에 거주하면서 10가지 재앙과 10계명을 받은 후, 다시금 가나안 땅에 들어오면서 12개 지파로 거주지를 분할하는 것으로 나와, 각 문명에 따른 상징 체계의 변화도 고스란히 보여준답니다.

이 같은 전통은 BC573년 로마를 건국한 로물루스, 레무스 형제 신화에도 고스란히 차용됩니다. 🐨

원래 로마 근처에 알바롱가 왕국이 있었는데, 이 나라는 그리스 연합군의 트로이목마 기습 작전에 의해 멸망한 트로이에서 탈출한 아이네이아스와 난민들이 세운 나라였다지요. 당시 알바롱가 왕국 누미토르왕의 외동딸인 레아 실비아 공주가 전쟁의 신 마르스와 사랑에 빠져 쌍둥이 아들 로물루스, 레무스를 낳게 되지만, 권력을 빼앗은 삭은 아버지 아물리우스가 이 쌍둥이에게 귀좌를 빼앗길 것을 우려해 바구니에 실어 테베레강에 버리게 합니다. 이에 강을 따라 내려가던 바구니는 로마 인근 강변에 도착했고 이를 불쌍히 여긴 늑대가 젖을 물려주고, 딱따구리가 물어준 음식을 먹고 살아남게 되지요.

로마 건국자 로물루스
와 레무스 조각상
(위키피디아)

지금 우리가 봐선 늑대
와 딱따구리가 우습게 보
이지만, 당시 남부 유럽에선 사자 등 맹수가 없어져 늑대가 가장 무
서운 맹수였고, 하늘과 땅을 오가며 신의 뜻을 알리는 전령 역할을
하는 새가 지켜주었다는 이야기는 이들이 신성한 존재임을 나타내
는 데 그만큼 좋은 배경이 없었던 겁니다.

하지만 계속 늑대 젖을 먹고 살았으면 송중기처럼 늑대소년이 되
었겠지만……, 🐻 다행히 양치기 목동에게 발견되어 목동들의 우두
머리로 성장했고, 출생의 비밀을 알게 되자 알바롱가로 쳐들어가 삼
촌 아물리우스왕을 죽이고 그들의 본거지로 주민들을 옮겨오니 그
때부터 로마가 시작되었다고 하는 기록이 남아 있습니다. 🐻

하지만 두 형제는 테베레 강변 일곱 언덕 중 어느 언덕에 도시를
세울 것인지 언쟁을 벌이다가 독수리 점을 통해 결정하기로 했는데
먼저 동생 레무스 머리 위로 6마리의 독수리가 날아가지만 형 로물
루스는 머리 위로 12마리의 독수리가 날아갑니다. 이에 서로 먼저
본 사람이 우선이냐, 더 많이 본 사람이 우선이냐 언쟁을 벌이다가
결국 서로 전투를 벌여 동생 레무스가 죽고 형 로물루스가 나라를
건국했으니, 이에 나라 이름도 로물루스의 이름을 줄여 로마라고 하

게 되었다는 것이죠.

아마도 원래 이 형제는 그저 로마 언덕 주위의 청년 세력을 모은
지도자였겠지만 이후 로마사 작가들이 건국자들의
신성함을 강조하기 위해 과거 최초의 제국을 건설
한 사르곤1세의 신화를 차용했을 겁니다.

그리고 이 신화에서 보듯, 아직 로마는 중
동 메소포타미아 문명권의 영향을 더 많이
받던 시기였습니다. 이는 로마의 스승이자
유럽의 첫 문명국가였던 그리스 사람들도
올림포스 12신을 숭배하는 등, 메소포타미
아 문명을 먼저 받아들여 전해주었
기 때문이지요. 🐻

이에 로마 역시 하늘과 땅을 연
결하는 신성한 존재이자, 페르시아
에서 시작한 조로아스터교의 창조
주, 아후라마즈다 신이 타고 다닌 독
수리를 권위의 상징으로 내세우고,

완전수 12마리의 출현을 강조해 로마 건
국의 정당성을 나타냅니다. 이후 실제
로도 첫 로마법은 12항목으로 구성되었
지요.

그리고, 로마 군단의 상징으로 차용된 독

수리는 이후 동로마제국, 신성로마제국, 러시아제국, 독일제국, 오스트리아제국 등 로마제국의 후계자라고 자처한 유럽 강대국의 주요 상징물이 되었고, 이후 로마 후계자는 아니지만 세계 최강대국이 된 미쿡도 국가의 상징으로 독수리를 사용하고 있습니다.

어째 얘기하다 보니 조금 엇나갔네요. 🐻

고대 중동과 유럽 국가들의 건국 신화까지 듣고 보니 주몽 신화가 매우 비슷하다는 느낌이 들지 않나요? 남다른 출생, 탈출……, 네 맞아요. 앞서 소개한 사르곤1세 건국 신화와 모세 신화 등이 중앙아시아를 거쳐 아시아 동쪽 끝에서도 유용하게 쓰인 것이죠. 다만 저쪽은 강을 가른 반면, 동아시아 버전에선 견우와 직녀를 위해 은하수 위로 까마귀와 까치가 다리를 만들었듯이 강 위로 물고기와 자라가 올라와 다리를 만들어주었다는 차이가 있지요. 🐻

그리고 이 사르곤 신화는 20세기 들어 태평양을 건너 미쿡에서 재활용되기에 이릅니다. 🐨

무슨 소리냐고요? 1938년 탄생한 '슈퍼맨' 이야기가 바로 사르곤1세 신화의 변형이에요. 크립톤 행성이 멸망하게 되자 왕과 왕비는 갓난아기를 우주선에 태워 지구로 보냈고, 마침 농사를 짓던 부부의 밭에 떨어져 이들 부부가 키웠는데, 엄청난 힘을 가진 아이로 자라났고 이후 세상을 구하는 영웅이 되었던 것입니다. 🐻

사르곤 도대체 당신이란 인물은 얼마나 위대한 작가이신 겁니까?

동명왕은 원래 부여의 건국자

그나저나……, 우리는 고구려 시조를 동명성왕(東明聖王)이라 알고 있습니다.《삼국사기》'고구려본기 동명성왕 편'에도 첫 문장에 "시조 동명성왕(東明聖王)은 성이 고(高)씨이고 이름은 주몽(朱蒙)이다. 추모(鄒牟) 또는 중해(衆解)라고도 한다."라고 적혀 있습니다.

그런데……, 주몽이 동명성왕이란 건 가리지날입니다. 🐻 고구려의 시조이니 후대인들이 이를 높여 '동방의 밝은 임금' 동명성왕이라 시호를 붙였구나라고 생각하시겠지만, 실은 '동명'은 주몽보다 200여 년 전 부여 건국 시조의 이름입니다. 그렇다면 동명은 과연 어떤 사람일까요?

《논형》,《후한서》,《삼국지 위서 부여전》등 중국 사서에 부여의 건국자 동명의 이야기가 나옵니다.

북쪽 오랑캐(北夷) 탁리국(또는 고리국) 왕의 시녀가 임신했습니다. 왕이 노여워하며 그 시녀를 죽이려 하니 대답하기를 "달걀만 한 기가 하늘로부터 내려온 까닭에 제가 임신했습니다."라고 답해 목숨을 구합니다. 그 후에 아들을 낳자 돼지우리 안에다 버렸더니 돼지가 입김을 불어주어 죽지 않았고, 다시금 마구간 안으로 옮겨 말에게 깔려 죽게 했으나 말도 입김을 불어주어 죽지 않았다지요. 이에 왕은 하느님의 아들이라 여겨 그 어미로 하여금 거두게 하고 아이의 이름을 동명(東明)이라 짓고 말과 소를 기르게 했는데, 동명이 활을 잘 쏘자 왕은 나라를 빼앗길까 두려워 동명을 죽이려 합니다. (하느님의 아들로 생각했는데 말이나 키우고 죽이려 하다니…… 앞뒤가 안 맞잖아요. 🐻)

이에 동명은 남쪽으로 도망하여 강(엄호수)에 이르렀는데, 활로 물을 치니 물고기와 자라가 떠올라 다리를 이루었고 동명이 건너가자 물고기와 자라가 흩어져버려 추격병은 건너지 못했다고 합니다. 이에 강을 건넌 곳에 도읍을 정하고 부여(夫餘)의 왕이 된 까닭에 북이(北夷)에 부여국이 있다고 기록은 전하고 있습니다.

이 부여 건국 신화는 앞서 본 주몽 건국 신화와 거의 똑같습니다. 신성한 출생, 활 잘 쏘는 신동, 시기를 받아 강을 넘어 탈출해 국가 건설 등. 뭐 이건 복사한 수준이죠. 🐻 또한, 고구려 중반기에 적힌 《후한서 동이전》, 《삼국지 위오환전》에도 부여 건국 신화로서 동명 신화는 적혀 있지만 고구려 주몽 신화는 없습니다. 하지만 부여 멸망 이후 고구려 후반기에 만들어진 중국 사서 《위서 동이전》, 《주서 동이전》, 《북사 동이전》에서는 동명 신화가 아닌 주몽 신화가 적혀 있습니다. 즉, 주몽의 고구려 신화는 동명의 부여 건국 신화를 그대로 베낀 것입니다. 🐻

이미 200여 년 전 실학자 정약용(1762~1836)은 이 사실을 간파해 《아방강역고》란 책에 "부여가 망한 뒤 그 건국 신화가 거룩한 것을 알고는 그 이야기를 표절하고 동명이란 이름마저 빼앗았다."라고 강한 어조로 비판한 바 있습니다.

또한 이 같은 사르곤1세 건국 신화를 응용한 것은 비단 부여와 고

구려에서만 일어난 일도
아닙니다. AD2세기 중엽
동북 초원 부족을 통합해
동쪽 부여에서 서쪽 돈황
에 이르는 광대한 지역을
다스린 선비족의 영웅 단

정약용의 《이방강역고》 내용
(KBS 뉴스 화면 캡처)

부여가 망하자 고구려 사람들이
(부여 건국신화가) 거록되
상서롭다는 것을 알고는
그 이야기를 표절하고
동명이란 이름마저 빼앗았다
이방강역고》 - 정약용

석괴(檀石槐, 탱스퀘이, 137~181)의 탄생 설화 역시, 동명 신화와 거
의 동일합니다. 또한 그의 이름을 보면 탱그리, 단군(檀君)과도 유사
한 것을 알 수 있지요. 이처럼 동북아시아 건국 신화는 서로 유사한
점이 많습니다. 그만큼 서로의 문화가 밀접하게 연결되었다는 증거
입니다. 🐻

이후 실제 고구려인들의 기록인 광개토대왕비가 19세기 말에 발
견되었는데, 여기 비문에도 동명성왕이란 시호 대신 추모왕이라고
나옵니다. 즉, 장수왕 당시만 해도 시조 이름인 '추모(鄒牟)'를 그대
로 사용했지 동명성왕이라 부르지 않았던 것입니다. 그리고 비석에
적힌 건국 이야기는 후대 기록에 비해 단출해요.

옛날 시조 추모왕이 나라를 창조하시었다. 북부여에서 나왔는데, 천
제의 아들이요, 어머니는 하백녀이다. 알을 깨고 세상에 나시니, 나면
서부터 성스러움을 지니고 계셨다. 수레를 타고 남으로 순행하다가
길에서 부여의 엄리대수에 이르렀다. 왕이 나루에 이르러 말하길, "나
는 황천의 아들이고, 어머니는 하백녀인 추모왕이다. 나를 위해 갈대

를 엮고, 거북은 떠올라라." 하니 소리에 응하여 갈대가 이어지고, 거북이 떠올랐다. 그러한 연후에 건너가 비류곡의 홀본 서쪽의 성 위에 도읍을 정하였다. 세상에서의 위치를 즐기지 않아, 황룡을 아래로 보내어 왕을 영접하니, 왕이 홀본 동쪽에서 용의 머리에 올라타고, 하늘로 승천했다.

이때까지는 해모수라든지, 알에서 출생, 활을 잘 쏘는 신동, 왕자들의 시기, 대소왕자 등의 추격전 이야기는 빠져 있고, 강을 스펙타클하게 건넌 이야기만 기록되어 있다가, 동명 신화와 겹쳐지며 후대에 이야기가 확장되었음을 알 수 있는 것이죠.

또한 고구려 당시의 기록인 모두루의 묘지 속 기록에도 고구려 건국 신화가 기록되어 있는데, 모두루는 북부여자사라는 벼슬을 했던 신하로, 광개토대왕 당시부터 장수왕까지 모신 인물입니다. 따라서 그의 기록 역시 장수왕 때의 고구려인들의 건국 신화 이해도를 잘 보여주는데, 그 기록은 이렇습니다.

하백의 손자이며 해와 달의 아들이신 추모성왕께서는 원래 북부여에서 나오셨도다. 천하 사방이 이 나라가 최고로 성스러움을 알았다.

이 기록 역시 당시까지는 추모성왕이라고 불렸지 동명성왕이라고 부르지는 않았음을 알려줍니다.

《삼국사기》에서도 태조왕 이전 고구려 임금들은 '유리왕'처럼 본명 뒤에 '왕' 칭호만 붙였기에 동명성왕은 매우 이례적인 이름인 걸 알 수 있는 것이죠. 게다가 《삼국사기》 기록인 '주몽'보다는 고구려인들이 스스로 부른 '추모왕'이 고구려의 건국자로서 더 정확한 표현입니다. 🐻

부여 역사까지 합치려 한 고구려의 역사관

그럼 왜 고구려의 시조를 부여의 시조 이름인 동명성왕이라고 붙이는 역사 왜곡이 벌어진 것일까요? 🐻

북부여는 광개토대왕비를 세운 장수왕 시절까지도 남아 있다가 장수왕의 아들인 문자왕에 의해 최종 정복당하는데, 그 이후에 고구려 왕실은 부여 백성들을 동화시키기 위해 무던히 애를 썼습니다. 그래서 이들을 포용하기 위해 부여 시조, 동명의 건국 신화를 따와서 주몽의 신화로 새롭게 포장하며 명칭도 동명성왕으로 바꾸어 부여와 고구려의 일체감을 강조했던 겁니다.

이에 실제《삼국사기》기록에 나오듯 고구려가 멸망하던 AD668년, 즉 BC37년 건국 후 700여 년 경과 시점인데도, 당시 고구려인들이 "나라를 건국한 지 900년 만에 멸망하는구나!"라고 탄식한 이유가 이처럼 부여의 역사까지 고구려 역사로 이해했기 때문에 200년 오차가 발생한 겁니다. 하지만 이처럼 두 나라의 역사를 합칠 정도로 공을 들인 부여는 야속하게도 당나라의 고구려 침공 시 당나라에 투항해 고구려의 멸망을 가속화시키고 말지요. 🐻

또 하나, 한사군의 핍박 속에서 민족 자주독립의 뜻을 이어받은 주몽이 옛 땅을 되찾는다는 다물 사상을 가지고 부여를 떠나, 단군의 옛터를 찾아내어 고구려를 건국했다고 이해하는 것도 후대의 착각입니다. 요하에서 압록강 유역에 걸쳐 살던 예족의 나라가 '조선', 그 북쪽 송화강 일대와 연해주에 살던 맥족의 나라가 '부여'로 원래 연관성이 없는 나라들입니다.

실제로도 동명이 송화 강변 길림에 부여를 세울 BC230년경, 당시는 그 남쪽에 단군조선이 엄연히 존재하던 때였고 아직 위만이 등장하기도 전이었습니다. 따라서 주몽은 북부여에서 나온 사람이므로 단군이 세운 조선을 조상 나라라고 생각하지 않았습니다. 부여 남쪽의 옛 조선 땅에 힘의 공백이 생겼기에 그 지역을 차지한 것일 뿐이었습니다.

이규보(1168~1241)가 1193년 작성한《동명왕편》기록에서도, 주몽이 고구려를 세운 직후 옆 나라 비류국 송양왕이 찾아와 나라를 합치자고 제안하면서 "나는 선인(仙人)의 후손"이라고 지칭합니다. (선인은 단군을 의미합니다.) 하지만 이에 대해 주몽은 "나는 천제의 손자"라면서 어디서 선인 따위 자손이 자랑질이냐며 비류국을 합병하고, 송양왕을 다물후(多勿侯)로 임명합니다. 중간에 두 임금이 서로 여러 동물로 변신하면서 힘겨루기하는 장면은 뽀나스~ 재미. 🐻

즉, 맥족 계열 고구려인들에게 예족의 건국 시조 단군은 다른 나라 조상이었고, 자기네는 하늘나라 천제의 아들인 해모수의 아들인 추모로부터 시작되었다는 독자적 역사 인식을 가지고 있었지만, 고구려가 멸망한 뒤 세월이 흘러 만주와 한반도 북부 영토를 공유한 단군조선과 부여, 고구려의 역사까지 한데 묶어서 이해하기에 이릅니다. 그래서 앞에서 언급한 것처럼 단군의 부인은 유화부인, 아들은 부루(동부여의 해부루왕)라고 옛 역사가 압축되면서 단군조선에서 부여로, 다시 고구려로 이어지는 단일한 역사로 재해석한 것입니다.

어쨌거나, 동명성왕이라 잘못 알려진 추모왕은 부여에서 탈출한 뒤 졸본부여 땅에 이르러 소서노라는 걸출한 여인을 만나 700여 년 이어진 고구려의 첫걸음을 내딛고, 2000여 년 뒤 후손들에게도 존경을 받고 있습니다. 🐻

하지만, 고구려의 건국은 그리 순탄하지는 않았습니다. 그 이야기는 뒤이어 설명해야겠네요.

04

백제의 건국 – 유리왕의 등장이 낳은 새로운 건국 이야기

앞서 주몽 이야기를 들려드렸는데요.

건국 신화를 재해석해보면 아마도 주몽은 부여의 왕족 출신이었을 겁니다. 어떤 이유에서인지 주몽이 부여 왕실에서 축출당하자 자신을 따르던 무장 세력들과 함께 남쪽으로 이동하던 중 졸본 땅에 이르렀는데, 이곳의 지세가 좋고 한나라 세력도 미치지 않는다는 것을 알았던 것 같습니다. 부여는 아직 국가로서의 체계가 덜 정비되어 느슨한 부족 연합체 성격을 지니고 있었기에 같은 부여족 계통이던 졸본부여 왕의 딸인 소서노를 부인으로 맞아 두 세력이 힘을 합쳐 새로운 국가로 독립한 뒤, 낯선 임금을 맞게 된 백성들에게 "새임금의 아버지는 신의 아들, 어머니는 송화강 화백 신의 딸이며 자라와 물고기가 만든 다리를 건너오신 신성한 존재"라고 알리며 권력을 차지했을 것이라 여겨지지요.

그런데, 소서노에게는 비류와 온조라는 두 아들이 있었습니다. 역사서에 따라서는 전 남편, 북부여 해부루왕의 손자인 우태(優台)의 아들이란 기록도 있고 주몽의 아들이란 기록도 있지요. 기존 지배 세력인 소서노 집안은 주몽을 임금으로 추대했기에 당연히 장남 비류가 고구려 2대 왕이 될 것이라고 기대했지만, 어느 날 청천벽력같은 소식을 듣게 됩니다. 주몽이 실은 부여에서 이미 결혼했고, 얼굴도 보지 못한 아들이 찾아왔다는 겁니다. 이건 또 무슨 시츄에이션? 🐻

유리왕자의 등장

순서상 백제 건국을 유발한 고구려 2대 왕이 된 유리(琉璃)왕자를 먼저 살펴봐야겠네요.

그런데…… 이 유리란 이름은 주몽과 마찬가지로《삼국사기》기록에 따른 것인데, 이후 발견된 고구려 당시의 기록인 광개토대왕비에는 '유류(儒留)왕'이라고 나오지만, 워낙 유리왕이란 이름이 보편적이라 그대로 쓰겠습니다. 유리의 이야기도 주몽 못지않게 아주 극적입니다. 🐻

《삼국사기》에 이르길,

주몽이 부여를 떠나기 전 예씨와 결혼해 임신한 상태에서 남쪽으로 피신하면서 칼을 반으로 쪼개어 숨기며 "만약 아들이면 칼을 찾아 나에게 오게 하라."고 했습니다. (저기요~, 딸을 낳으면 그냥 무시하시게요?)

철부지로 살면서 사고를 치던 방황 청소년 유리는 실수로 물을 긷던 아낙네의 항아리를 깨뜨렸고 "아비 없이 자라 이 모양"이란 핀잔을 듣자 어머니에게 울며 아버지가 누구인지 묻게 되고, 실은 아버지가 남쪽 나라 임금님이 되셨다는 이야기를 듣게 되지요. (그런 중요한 이야기를 아들이 18세가 될 때까지 안 해주시다니…… 🐻)

이에 아버지가 떠나며 남긴 말처럼 '일곱 모가 난 돌 위 소나무 아래'에 감춰진 칼을 찾기 위해 방방곡곡을 헤매다 지쳐 집에 와 기둥에 기대어 쉬다가 이상한 소리가 들려 아래를 보니, 마침 집 주춧돌이 일곱 모가 난 것을 알고 기둥 아래를 뒤져 칼을 찾아내어 옥지, 구추, 도조 등 세 동료와 함께 아버지를 만나러 졸본으로 갑니다. (엄마도 같이 가야 하는 거 아닌가요?)

주몽 앞에 나타난 유리는 부러진 칼을 내밀고 이를 받은 주몽이 갖고 있던 칼 조각과 맞추니 이어져 하나의 칼이 되자 임금이 기뻐하며 드디어 태자로 세우게 되었고, 왕위를 잇게 되었다고 합니다.

라고 적혀 있습니다. 그리하여 유리가 BC19년 고구려 2대 왕이 됩니다.

너무나 드라마틱하지 않습니까? 예전에 이 이야기를 읽으며 "우와~! 이런 극적인 이야기가……."라고 감동했으나 서양 사학자들 눈에는 이 스토리가 너무 익숙한 겁니다. 즉, 유리왕 등극 이야기는 그리스 신화 속 테세우스 신화의 변형인 것이죠.

아, 테세우스가 누구냐고요? 🐻 테세우스는 그리스 신화에 나오는 아테네의 전설적인 왕인데, 그의 이야기는 다음과 같습니다.

아테네의 왕 아이게우스가 아들이 없자 신탁을 받으러 델포이에 갔다가 본국으로 넘어오는 길에 친구인 페테우스왕이 다스리던 트로이젠 궁전에서 머물게 됩니다. 그곳에서 트로이젠의 공주 아이트라와 사랑에 빠져 지낸 아이게우스는 아테네로 떠나면서 혹시 아들을 낳으면 자신을 찾아오게 하라고 하지요. (어이, 여기도 아들만 챙기는 건가요?)

이후 아이트라는 사내아이를 낳았고, 아이는 청년이 되었을 때 어머니가 일러준 대로 큰 바위를 들어 올려 그 밑에 아버지 아이게우스가 숨겨 둔 왕가의 증표인 칼과 샌들을 찾아낸 뒤 아버지를 찾으러 갑니다. (아마 샌들은 한정판이었나 봅니다. 🐻)

그 과정에서 산길을 넘다가 철로 만든 침대에 사람을 눕혀 다리 길이를 억지로 맞춰 사람을 죽이는 괴인 프로크루스테스를 퇴치하는 등, 온갖 역경을 물리치고 아버지 아이게우스에게 당도하여 부러진 칼을 내밀어 왕자로서 인정을 받지요.

그러나, 당시 아테네는 크레타섬에 예속된 처지여서 그리스인들을 제물로 바치도록 강요당하는 것을 알고는 스스로 인질로 자청해 크레타섬에 잠입했는데, 그의 용모에 반한 크레타의 공주 아리아드네로부터 실타래를 받아 미로에 들어가 소의 머리를 한 괴물 미노타우로스를 물리치고 아리아드네와 함께 고향으로 돌아가게 됩니다. (역시 잘생기고 봐야……. 🐻)

그러나, 아리아드네를 데려가면 나쁜 일이 생긴다는 예언을 듣고 그녀를 버리고 귀향하는데, 살아서 돌아오면 흰 돛을 올리고 죽었으면 까만 돛을 올리기로 한 약속을 잊고 까만 돛을 올리고 들어오자 아버지 아이게우스왕은 항구에서 들어오는 배를 보다가 아들이 죽었다고 생각해 그만 바다에 뛰어들어 자살해버리고 맙니다. (테세우스의 기억력은 안 좋았던 걸로…….)

이에 테세우스는 아테네의 왕이 되고 북쪽 아마조네스(여인왕국 아마존, 스키타이족)를 정복하여 아테네를 최강의 폴리스로 발전시켰다지요. (그 덕에 쫓겨난 아마조네스 부족의 후손이 신라까지 오게 되었지요.《알아두면 쓸데 있는 유쾌한 상식사전》'일상생활 편' 선덕여왕 이야기에 나와요. 🐻)

유사하죠? 앞서 소개한 동명, 주몽 건국 신화처럼 이 이야기 역시 먼 옛 날 중앙아시아와 중동 지역에서 유래 된 이야기가 초원의 길을 따라 서쪽 으로는 그리스로, 동쪽으로는 우리 나라 땅까지 전파된 사실을 보여주 는 것이죠.

'테세우스와 아이트라', 1635년경 프랑스 로랑 드 라 이르 작품 (부다페 스트 박물관 소장, 위키피디아)

'일상생활 편'에서 우리 고유의 전통 설화로만 알고 있던 '금도끼 은 도끼'에 나오는 산신령이 실은 그리스 신화의 헤르메스 신이었다고 소개한 거 기억하시나요? 🐻

실제 삼국시대 초기 유물에선 중국보다는 북방 유목 민족과의 교 류가 더 활발했던 증거들이 나오고, 금관과 스키타이식 황금 보검에 이어 동로마와 페르시아 유리병까지 신라시대 유물로 출토되고 있 습니다. 이처럼 사람들의 교류를 통해 여러 물품과 함께 그리스 신 화와 유사한 수많은 이야기들이 유라시아대륙에 전파되었을 겁니 다. 젓가락은 동양 고유의 식사 도구이지만, 숟가락은 그리스 스푼 에서 유래했다고 하지요.

우리나라가 본격적으로 중국화의 길을 걷게 된 것은, 삼국시대 후반, 중국 수·당 시대부터 중국 본토 세력이 모든 교류 통로를 장 악해 중화 문명에 압도되면서 그 이전의 북방 전래 문명이 약화되었

엑스칼리버를 뽑는 아서왕,
영화 '킹 아서'의 장면
(구글 이미지)

기 때문입니다. 이 테세우스 신화처럼 잃어버린 아버지를 찾아 등극한 임금 전설은 영국에도 전파되니, 그 유명한 아서(Arthur)왕의 이야기가 이 같은 스토리 구성을 띠고 있습니다.

5세기 영국 전설인 아서왕 이야기는, 평범한 소년이었지만 알고보니 아버지가 우서(Uther)왕이었던 소년 아서가 다른 용사들이 모두 뽑지 못하던 바위에 꽂힌 칼을 뽑아 영국 왕으로 추대되었다는 것으로 시작되지요. 테세우스나 유리왕자는 모두 바위를 들어 칼을 찾아낸 데 반해, 영국 버전은 아예 돌에 박힌 칼을 뽑았다는 게 다르다고나 할까요? 🐻

아 참! 많은 분들이 아서가 뽑아 든 칼을 전설의 명검, '엑스칼리버'라고 아시는데 그건 가리지날~.

초기 전승본에선 바위에서 뽑은 칼은 이름이 없었고 전투 중에 부러져버립니다. 이후 연못에서 나타난 '호수의 요정' 비비안이 전해준 칼이 엑스칼리버였는데, 13세기 이후부터 바위에서 뽑아 든 첫 칼이 엑스칼리버라고 하는 버전이 등장했다네요. 이는 12세기 십자 군전쟁 중 이탈리아 기사 '갈가노'가 전쟁을 참회하며 자신의 칼을 바위에 꽂았는데 이후 이 칼이 뽑히지 않았다는 이야기에서 유래한 것으로 추정되는데, 바위에서 뽑는 게 더 인상적이다 보니 우리가 다들 그렇게 아는 것이죠. 뭐 중요한 건 아닙니다만……. 🐻

어쨌거나 역사학자들 중에는 아서왕이 원래는 로마제국 속주민 기마부대장이었는데, AD410년 로마군이 본국 보호를 위해 영국에 서 철수하고 앵글로색슨 야만족이 유럽대륙에서 쳐들어오자, 주위 동료들과 함께 기존에 배워두었던 로마식 전법으로 야만족들을 물 리치고 영국 왕에 오른 후 이와 같은 엑스칼리버 신화가 만들어졌을 것으로 보는 견해가 우세합니다. 아서왕과 원탁의 기사들이 쓰는 무 기로 묘사되는 장검과 원형 방패는 로마 속주민 보조병 무기와 동일 하거든요. 로마 시민군은 글라디우스 단검과 직사각형 방패를 썼다 지요. 이야기가 잠시 영국으로 샜습니다. 🐻

그러면, 왜 아버지 찾아 길을 나선 왕자 이야기를 전파해야 했을 까요? 이는 기존 졸본부여 땅에 살던 주민들에겐 주몽에 이어 또다 시 북부여 출신의 낯선 이가 왕위를 잇는 데 대한 반감을 줄이기 위 해 '선택받은 계승자'라는 이미지를 심어주기에 이보다 더 좋은 스 토리는 없었기 때문일 것입니다. 그래서 일부에선 유리왕이 실제는 주몽의 아들이 아니었을 것이란 과감한 주장을 합니다. 유리는 주 몽의 성공 소식을 듣고 졸본 땅에 찾아온 북부여의 다른 일파였고,

유리는 그 세력의 수장이었는데 고구려에 도착한 후 처음에는 주몽 세력의 환영을 받았으나 얼마 지나지 않아 주몽을 몰래 죽인 후 왕위에 오른 뒤, 본인이 원래 주몽의 아들이므로 정당한 승계였다고 주장하기 위해 이 신화를 차용했을 가능성이 있다고 여기고 있습니다.

광개토대왕비 비문에서도 추모왕에 대한 설명 마지막에 "세상에서의 위치를 즐기지 않아, 황룡을 아래로 보내어 왕을 영접하니, 왕이 홀본 동쪽에서 용의 머리에 올라타고, 하늘로 승천했다."고 적혀 있습니다. 이런 식으로 기술한 경우는 뭔가 냄새가 나는 겁니다. 즉, 시체를 못 찾은 경우에 기술하는 방식입니다. 🐻 아무리 의학 기술이 발달하기 전이라지만, 건장한 체력에 잘 먹었을 주몽이 41세에 큰아들을 만난 뒤 바로 사망했다는 게 이상합니다.

실제로 로마의 시조인 로물루스도 "폭우가 쏟아지던 날 로마 시민군 사열식을 받던 중 천둥 번개와 함께 짙은 안개가 생겼다 걷힌 후에 보니 사라졌더라."라고 기록되어 있는데, 이 역시 역사가들은 그날 사열식을 받던 중에 귀족들에 의해 살해당한 후 버려졌을 것이라고 해석합니다.

즉, 아서왕이나 유리왕 모두 비정상적인 상황에서 왕위에 오르면서 자신의 정당성을 드러내기 위해 그리스의 극적인 왕위 계승 스토리를 응용한 것이죠. 아 물론, 이 그리스 신화 이야기도 그보다 더 먼저 있었을 원조 이야기의 변형일 가능성이 크답니다. 안드로메다, 오리온 등 상당수의 그리스 신화 속 이야기는 메소포타미아 신화에서 차용해 온 것이거든요. 🐻

상황이 이렇고 보니, 새 나라를 건국했더니만 엉뚱한 자가 나타나 나라를 빼앗기게 된 소서노와 두 아들 비류, 온조는 눈물을 머금고 이주할 수밖에 없었는데, 그 피난길에 수많은 백성들이 따라나섭니다. 땅 자체가 자산의 대부분인 농경 사회에서 왕자 간 승계 싸움 정도였다면 그토록 많은 백성이 조상이 남긴 자신의 농토를 버리고 천리가 넘는 길을 따라갔을까요? 무언가 큰 정변이 있었기에 어쩔 수 없이 땅을 버리고 같이 피난 갔다고 보는 것이 상식적입니다.

과연 유리왕의 왕위 등극엔 어떤 팩트가 숨겨져 있는 걸까요?

백제의 탄생

그러다 보니 삼국시대 건국자 중 유일하게 건국 신화가 없는 분이 바로 온조왕이지요. 느닷없이 나타난 유리왕자에게 고구려 왕위를 빼앗긴 비류와 온조는 유리왕 등극 1년 뒤인 BC18년, 백성 1,000여 명과 함께 한강 유역까지 내려와 각각 미추홀(인천 유력)과 하남위례성(서울 송파구 풍납토성 추정)에 나라를 세웁니다.

그런데 이들의 이동 경로는 명확히 알려진 바가 없습니다. 《삼국사기》에 추가로 실린 비류 시조 기록엔 패수(浿水)와 대수(帶水)를 건너 미추홀로 갔다고 하는데, 이동 자체도 쉬운 경로가 아니거니와 당시 그 지역은 여전히 낙랑군, 대방군이 버티고 있었기에 무력 충돌 없이 돌파하기가 어려웠습니다. 후대 중국 사서 중에는 "백제(百濟)란 나라 이름은 '백가제해(百家濟海)'에서 유래했다며, 배를 타고 황해를 통해 미추홀(인천)에 도달했을 것"이라고 기술했는데, 당시 중국 측에선 이 이동 루트를 정설로 여긴 듯합니다. 그 이야기는 백제 멸망 이야기에서 설명할게요.

어쨌거나, 마른하늘에 날벼락처럼 유리왕자에게 왕위를 빼앗긴 이들 형제는 왜 한반도의 한강 유역으로 이동했을까요? 그것은 당시 상황에서 한강 하류 지역은 낙랑, 대방군과 마한 간의 국경으로

서 힘의 공백 지역이었기에 가능했습니다. 🐻

지금은 한강 유역이 한반도의 중심이고, 삼국시대에도 워낙 치열하게 영토 쟁탈전이 벌어졌던 곳임을 생각하면 언뜻 이해가 안 되겠지만, 기원 전후 한반도는 수많은 소국들이 나뉘어 있던 격동의 시기였습니다. 그중 가장 강한 세력은 여전히 평안도와 황해도 지역을 차지한 낙랑군, 대방군이었습니다. 쌀농사가 가능한 평야지대와 철광석 산지가 영토 중 가장 중요한 요건이었는데, 당시 동북아에선 요하 지역과 대동강 유역이 가장 먼저 발달했기에 한무제 때 결국 고조선을 무너뜨리고 이 지역까지 손에

백제 건국 당시 각 세력 영역
(ⓒ KBS '역사저널 그날' 캡처)

넣었던 겁니다. 당시만 해도 지금의 곡창지대인 전남 나주 지역과 경남 김해 지역 등은 아직은 개간이 덜 되어 다도해 바다였던 시절이었거든요. 🐻 이에 낙랑군, 대방군 주변으로 북쪽에서부터 부여, 고구려, 옥저, 동예, 삼한(마한, 진한, 변한)이 이를 에워싸는 형태로 세력권이 형성되어 있었습니다.

그러니, 유리왕을 피해 새로운 나라를 건설하려고 한 비류, 온조로서는 서쪽으로 가면 한나라 땅이고, 북쪽은 여전히 강성한 부여에서 벗어나면서도 국가를 세울 곳을 찾아봐야 했습니다. 그러다 보니 동남쪽 함경도, 강원도 지역은 농지가 없으므로 결국, 낙랑과 마한

이 서로 접하고 있어 모두가 살기 원하지 않던 한강 하류 국경선 평야 유역을 최적지로 꼽았을 겁니다.

실제로도 조선 말기, 일제 초기까지 한양을 포함한 경기도 지역 인구는 경북, 전남, 경남에 이어 4번째에 불과해 남부 지방에 비해 여전히 인구가 적은 곳이었습니다. 이는 경기 지역 날씨는 쾨펜기후대 기준으로 냉대 기후대이고, 농사 역시 남부 지방에 비해 생산력이 떨어졌기에, 교통이 원활하지 않던 옛날에는 한반도 중북부 지역은 식량 부족으로 인구 증가에 애로가 많았습니다. 이처럼 왕이 거주해 권력의 중심이던 지역임에도 인구밀도가 낮았던 한양, 경기 지역이, 채 100년도 안 되어 교통의 발달과 정치, 경제, 문화의 집중화로 대한민국 인구 절반 이상이 모여든 중심지로 변한 것이죠. 🐻

하여튼 비류, 온조 세력이 마한 국경에 도착해 경기, 충청, 전라도 지역에 분포한 마한 54개 나라 중 가장 강성했던 목지국(目支國) 왕에게 "우리를 받아주면 낙랑 세력을 막는 최전방 연맹이 되겠다."라고 요청하고, 마한 목지국 왕으로서는 북방 이주 세력과 싸우기보다는 접경 지역에서 방어막이 되어줄 것이란 기대감에 이들을 받아들인 것이지요.

잠시 부연하자면, 고조선이 존재할 때 한반도 남쪽엔 진국(辰國)이 존재했다고 중국 사서에 전하고 있는데, 한반도 남쪽 삼한 부족국가들을 통칭하는 의미로 쓰인 것으로 보입니다. 대대로 목지국 왕이 진국을 대표하는 진왕(辰王)이 되었다고 하거든요. 확정적이진 않지만, 목지국은 천안에 있던 부족국가로 추정되지요.

우리나라는 단군의 후손이라고 주장하고, 중국에선 기자의 후손이라 주장하는 고조선 준왕이, BC194년 위만에 의해 왕위를 빼앗긴 뒤 남쪽으로 내려가 마한의 왕을 격파하고 한왕(韓王)이 되어 삼한을 지배했다고 《후한서》에는 기록되어 있네요. 이를 통해 고조선과 삼한이 하나의 역사로 이어지게 되지요. 이 기록이 맞다면, 당시 목지국 왕은 고조선 준왕의 후손일 것입니다.

그런데……, 이 장면 어디선가 본 것 같지 않습니까? 네, 위만이 고조선에 들어올 때 서쪽 접경 지역에서 중국을 막아주겠다며 눌러 앉은 것과 똑같죠. 결국 그 결과도 동일하게 되었습니다. 준왕에 이어 후손 목지국 왕 역시 똑같이 외래 세력에게 나라를 빼앗기게 된 겁니다. 🐻 다들 아시다시피 백제는 원 주인인 마한을 남쪽으로 계속 몰아내고 북으로는 황해도로 진출하면서 결국 경기도에 이어, 충청도, 전라도 일대를 차례로 손에 넣게 되었으니까요.

그런데, 백제는 정착 초기부터 비류와 온조 세력이 갈립니다. 두 형제가 서로 갈라선 이유는 영원히 알 수 없겠지요. BC18년, 비류는 미추홀(인천)을 도읍으로 삼지만, 온조는 처음에는 하북위례성(서울 광진구 아차산 인근 추정)에 도읍을 정했다가 다시금 한강을 건너 하남위례성(서울 송파 풍납토성, 몽촌토성)으로 옮깁니다. 낙랑 세력을 막기에는 한강이야말로 최적의 천연 방어선이었을 테니까요. 이 한강 방어선은 그후 490여 년간 낙랑에 이어 고구려와의 투쟁에서 제 구실을 합니다.

온조는 도읍을 정한 뒤 동명왕 사당을 지었기에 많은 이들이 얼마 전 돌아가신 아버지 주몽을 추도하는 공간으로 지었다고 여겼지만, 앞서 설명한 대로 장수왕 때까지도 주몽은 동명이라 불리지 않았으므로, 이때 지은 동명왕 사당은 아버지 주몽이 아니라 200여 년 전 부여의 건국자인 동명왕을 모신 것이니, 백제는 부여족의 왕조라는 정통성을 드러낸 것입니다.

이 같은 부여 계승 의식은 이후 성왕 대에 이르러 더욱 극대화됩니다. 당시 북부여, 동부여가 모두 고구려에 멸망한 현실에서 부여 왕조의 정통성은 백제로 넘어왔다는 생각에 사비성으로 도읍을 옮긴 뒤 국호를 남부여로 바꾸게 되었고, 사비로 불리던 마지막 백제 수도는 현재 충청남도 부여군이 되어 여전히 부여라는 이름을 남기고 있지요. 🐻

이처럼 두 도읍으로 나뉜 형제의 갈등은 결국 비극으로 끝납니다. 역사책에서는 비류가 짠 바닷물에 농사가 제대로 되지 않자 본인의 실수를 깨닫고 자살해 온조가 흡수하는 것으로 나오지만, 그건 승리자의 기록이고 《삼국사기》에는 이상한 묘사가 나옵니다.

온조 13년(BC5년) 봄 2월에 서울에서 늙은 할미가 남자로 둔갑했고, 다섯 마리의 호랑이가 성 안에 들어왔다. 왕의 어머니가 사망했다. 나이 61세였다.

이 같은 이상한 표현은 소서노가 자연사한 것이 아니라 살해당했다는 우회적 표현이란 의견이 있습니다.

즉, 늙은 할미가 남자로 둔갑한 것은 "소서노가 권력을 잡았거나, 반란을 주도해 갑옷을 입었다."는 의미이고, "다섯 마리의 호랑이가 성 안에 들어왔다."는 것은 반란군이 공격했다는 의미로 받아들인 다면, 어쩌면 소서노는 큰아들 비류와 함께 온조를 공격하는 전투에 참여했다가 사망한 건 아닐까 하는 슬픈 추측도 가능하답니다.

과연 이 가족들에게 무슨 일이 벌어진 것인지 사회의 관심과 배려가 필요해 보입니다만…… 🐻 "삼국 건국자 중 가장 알짜배기 부동산인 서울 강남 일대를 일찌감치 알아본 선견지명을 가졌다."는 우스갯소리도 듣는 온조왕은,《삼국사기》기록에 따르면 등극 27년째인 AD8년에 마한에 대한 대대적인 공격으로 2개 성을 제외한 마한 전체를 병합한 것으로 나옵니다. 하지만 당장 2대 다루왕 기록부터는 마한과 낙랑 양쪽에 시달리며 위례성 일대를 지키기에 급급한 상황인 것으로 보아, 백제의 초기 역사를 모두 온조왕의 업적으로 몰아서 기록한 게 아닐까 하지요.

실제로 고고학적 분석 결과, 마한은 백제에 밀려 그 중심지가 천안에서 익산, 나주로 계속 밀리긴 했지만, 백제의 최고 전성기였던 근초고왕 때에도 전남에서 독자적으로 세력을 가지고 있었고, 결국 6세기 무령왕 대에 이르러 소멸된 것으로 밝혀집니다. 따라서《삼국사기》의 온조 기록은 전혀 근거가 없으며, 심지어 온조란 인물이 과연 존재했느냐는 의문까지 제기되는 상황입니다. 🐻

일부에서는 원래는 형제가 아니라 졸본부여에서 두 세력이 같이 남하했고, 그중 한 쪽이 마한 54개국 중 하나이던 백제국(伯濟國)의 권력을 차지한 후 마한 목지국 왕에게 충성을 맹세한 뒤, 미추홀에 자리한 또 다른 부여 세력을 무찔러 인천 지역까지 차지하면서 마한의 강대 세력으로 부상한 역사적 사실을 형제 설화로 압축한 것이 아닐까 추정하고 있습니다.

그러다 보니 한때 '비류백제설'이 유행하기도 했지요. 비류가 백제 시조였고 전기 백제 왕조를 이루었는데, 고구려 광개토대왕의 공격을 받아 왕조 자체가 일본 열도로 이주하여 현재 일본 왕가를 이루었고, 한반도에 남은 온조백제가 후기 백제 왕조로서 자기네 시조 온조가 백제를 건국한 것으로 역사 기록을 바꿨다는 설인데, 문헌이나 유물상 그런 가능성은 거의 없다는 것이 학계의 정설입니다. 🐻

그런데 한인(韓人)들이 살던 지역을 점거한 북방계 지배층인 백제 귀족 부여인들은, 그후 멸망할 때까지 700여 년간 피지배층과 서로 섞이지 않습니다. 626년《주서 이역전 백제조》기록에 따르면, "왕의 성은 부여씨이고 이름은 '어라하(於羅瑕)'라고 하는데 백성은 '건길지(鞬吉支)'라고 부른다. 이것은 한자로 왕(王)과 같다."라고 하여 서로 언어가 달랐다고 나옵니다. 백제가 건국한 지 600여 년이 지난 상황에서 말이죠. 이 같은 지배-피지배 간 구분과 함께 지역 갈등은 이후 백제 멸망 시 급작스럽게 허물어지는 단초가 됩니다.

그러나저러나, 기록에 근거해 온조를 평가한다면, 유리왕자가 나타나지 않았거나 비류와 다투지 않았다면 그저 평범한 일생을 살았을 수도 있었던 왕자였으나 위기 상황에서 냉철한 결단력으로 나라를 건국한 영웅이라고 평가할 수 있겠습니다. 🐻

한편 고구려 유리왕은?

이처럼 비류와 온조가 남쪽으로 내려가 부여족의 새 나라, 백제를 건국하며 아웅다웅하는 사이, 고구려 2대 왕 유리왕은 그 나름대로 아주 골치 아픈 사적인 문제가 발생합니다. 백제가 건국되던 BC18년, 재위 2년째를 맞은 유리왕은, 주몽왕 때 굴복한 송양왕(다물후 송양)의 딸과 결혼하나 이듬해 사별하고 다시금 부여족 여인 화희, 중국 한족 출신 여인 치희 2명을 왕비로 맞았는데, 사냥을 하러 간 사이 두 부인이 싸우다가 결국 중국인 아내, 치희가 가출해버린 것이죠. 뒤늦게 소식을 듣고 달려갔건만 끝내 중국인 부인은 돌아오지 않고, 쓸쓸히 돌아오던 유리왕은 꾀꼬리 한 쌍이 지저귀는 것을 봅니다.

> 훨훨나는 저꾀꼬리 암수서로 정답구나
> 외로워라 이내몸은 뉘와함께 돌아갈꼬

이처럼 《황조가》를 지어 부른 유명한 일화를 그린 그림들을 보면, 수염 긴 임금이 나무를 쳐다보며 읊는 장면으로 묘사되는데……, 당시 유리왕의 나이 불과 21세였어요. 🐻

하지만 그후 부인 화희와 금슬이 좋았는지 아들을 6명이나 낳습니다. 그러나 장남이 일찍 사망해 둘째 해명이 태자가 되었는데, 황룡국에서 보낸 활을 부러뜨린 행위를 질책하며 왕이 자결을 명령하

니 해명태자는 스스로 땅에 박아둔 칼 위로 몸을 던져 자결하고 맙니다. 🐻

이는 조선 후기 영조가 사도세자를 뒤주에 가둬 죽인 일보다 1700여 년 앞선 사건이었는데, 《삼국사기》를 기술한 김부식도 "고작 그런 일로 아들을 죽이는 건 너무했다."고 비판했을 정도였지요.

또한 그의 막내아들 역시 유리왕 말년에 사고사 하니 그는 살아생전 아들 6명 중 3명을 먼저 보내는 아픔을 겪게 됩니다.

아 글쎄, 유리왕은 할배 임금이 아니었다니까요. (구글 이미지)

그런데 유리왕 기록에는 이 같은 가족사 말고 유념해서 봐야 할 사건이 2개 있습니다.

그중 하나는 재위 22년인 AD3년에 수도를 국내성으로 이전한 겁니다. 주몽은 졸본 땅에서 건국했는데 이곳은 지금의 만주 길림성 환인현 오녀산성(五女山城)으로서, 방어에는 유리하나 교통이 불편한 산악지대 오지였지요. 이에 그나마 지리적으로 교통이 좀 더 좋은 압록강 가에 위치한 국내성(및 환도성)으로 천도하게 됩니다. 원래 땅을 기반으로 한 귀족 연합체 사회이던 고대 왕조에서 수도를 옮긴다는 것은 왕권이 위협받는 위험천만한 모험이기도 했습니다. 그래서 일부에선 유리왕이 원래 국내성을 기반으로 한 부여 일족이 있는데 졸본까지 가서 왕위를 찬탈한 뒤 통치가 안정화되자 드디어 본거지인 국내성으로 천도한 것이 아닐까 짐작하기도 하지요. 기록 상에도 국내성 천도 직전에 주몽과 함께 부여를 탈출한 개국공신 협보가 "그만 좀 사냥 다니고 민생안정에 힘쓰라."고 간언하자 내칠 정도로 내분이 심했던 정황이 보입니다.

하지만 국내성도 압록 강변에 일부 평지가 있을 뿐 첩첩산중에 둘러쌓인 분지였습니다. 게다가 겨울 추위도 만만치 않아 생산되는 곡물도 아주 제한적이었죠. 따라서 지도로만 보면 고구려 영토의 중심지로서 최적의 위치인 것 같지만 워낙 산속이라 육로로는 물자의 대량 수송이 어려워 압록강을 따라 작은 지류들을 통해 배로 물자를 수송해야 하는 곳이었습니다. 뭐 그 덕분에 일찌감치 고구려 수군이 강군이 되는 장점이 있기는 했으나, 후대에 국토가 크게 확장된 상황에서 산속 오지 국내성에서 제대로 통치하기 어려워졌고 결국 장수왕이 영토 내 최대 평야 지역인 평양성으로 다시 수도를 옮길 수밖에 없었던 것이죠. 이처럼 역사를 공부할 때 단순히 지도만 보는 게 아니라 해당 지역의 지리와 기후 등 여러 특성을 고려해야 합니다. 🐨

또한 주목할 만한 두 번째 내용은 한나라 고구려현을 정복한 사실입니다. 으잉? 고구려가 고구려현을 정복했다는 게 무슨 말이냐고요? 🐱

유리왕 재위 시절 중국 한나라에 큰 재앙이 터집니다. 전한 말기 재상 왕망이 황제를 내쫓고 스스로 황제가 되어 새 나라 이름을 말

115

그대로 '신(新)'이라고 칭하지요. 새 황제의 이름이 '망'이라 그랬는지 곧 망하긴 하지만요. 🐻 하지만 망하기에 앞서 유리왕 31년(AD12년)에, 새 황제 왕망은 오랑캐 정벌에 필요하니 군대를 파병하라고 고구려에 명령합니다.

나중에야 만주벌판 말 달리며 중국과 맞짱 뜨는 강대국이 되지만, 당시엔 부여에도 쩔쩔매던 약소국이었던 고구려는 이에 어쩔 수 없이 군대를 보냅니다. 뭐 그 이후에도 고려시대엔 원나라가 일본 친다고 군대 동원시키고, 명나라는 후금이랑 싸운다고 군대 보내라고 하고, 청나라는 러시아랑 싸운다고 군대 보내라고 하고……. 이 같은 약소국의 비애는 반복되지요. 🐢

그런데 아뿔싸, 이들 고구려 병사들이 도망가서 도적이 되었고 오히려 현도군을 습격해 신나라 관리를 죽였다고 중국 사서는 전합니다. (너네가 오죽 괴롭혔으면 집단 탈영했겠니. 남의 나라 전쟁에 끌려간 것도 억울한데……. 🐻)

이에 신나라에서 군대를 보내어 고구려 대장군의 목을 쳐 승리했다고 하네요. 중국 측 기록이니 자기네에게 유리하게 썼을 것이니 저 기록을 다 믿을 순 없지요. 하지만 2년 뒤 왕망이 사망하고 다시금 후한이 서는 혼란기를 맞자 유리왕은 과감히 군사 2만 명을 동원해 한나라의 고구려현(高句麗縣)을 습격하여 차지했다고 합니다.

뭔가 이상하죠? 고구려가 고구려현을 차지했다?

그래서 일부에서는 애초 주몽이 나라를 세울 때 고구려라고 나라 이름을 짓지 않고 졸본 땅에 있던 부여의 위성국 '졸본부여'란 명칭을 계속 쓰다가 유리왕이 고구려현을 차지한 것을 계기로 중국 측에서 이 신생 국가를 자기네가 익숙한 지명을 따서 '고구려'라고 불렀고, 이후 이것이 고구려 측에 알려져 국호로 정착된 것 아니냐는 의견도 존재합니다. 따라서 엄밀히 보면 주몽은 환웅처럼 연결고리일 뿐이고, 유리왕이야말로 고구려의 건국자가 되는 셈입니다. 🐻

다시 《삼국사기》 기록을 보면 "주몽은 고구려를 건국한 뒤 성을 고(高)씨로 했다."고 나오는데 이는 후대의 기록일 것입니다. 주몽의 아버지는 해모수(解慕漱)입니다. 즉 해(解)씨죠. 아들 유리부터 8대 모본왕에 이르기까지는 또다시 성이 해씨입니다. 9대 태조왕 대에 이르러서야 성이 고씨로 나오니, 실제로는 모본왕 이후 무언가 알 수 없는 극심한 혼란기를 거친 뒤 고씨 집안 태조왕이 등극한 뒤 고구려 초기 기록을 정리하면서 이전 왕가와의 혈통을 잇는다고 주장하고자 건국 시조 주몽의 성씨도 고씨로 바꾼 것이라고 주장하는 '해씨고구려설'이 존재합니다.

반면 백제 왕족은 초기에는 해씨를 쓰다가 후대에 이르러 부여씨로 바뀝니다. 이 역시 중간에 왕가가 바뀐 것이란 주장이 있지요. 그래서 배우 성유리가 드라마 '천년지애'에서 "나는 남부여의 공주 부여주이다."라고 외친 거고요. 🐻

이처럼 유리왕은 불행한 가정사에도 불구하고 고구려라는 국호와 국내성이라는 새 수도를 건립하여 이후 강대국으로 가는 기반을 닦았는데, 그의 셋째 아들이 그 유명한 무휼, 즉 3대 왕 대무신왕이 됩니다.

김진 만화가의 《바람의 나라》
(구글 이미지)

무휼은 불과 9세에 고구려 대장군이 되어 학반령 전투에서 부여군을 대파하고, 11세에 왕이 된 뒤 16세 나이에 부여 정벌에 나서 할아버지 주몽 때부터 괴롭힌 '장수만세' 부여왕 대소를 죽인 이야기 역시 스펙타클하지만, 이 또한 너무나 많은 신화 같은 이야기로 점철되어 있지요. 그 이야기를 다 다루려면 너무 분량이 넘치니……, 김진 선생님의 만화《바람의 나라》나 드라마 또는 뮤지컬을 참고하세요~. 🐻

게다가 대무신왕의 아들이 또 그 유명한 호동왕자. 낙랑공주를 꼬드겨 자명고 북을 찢게 만들어 최씨 낙랑국을 멸망시킨 그 이야기도 우리에겐 무척 친숙하고 고구려의 스펙타클한 초기 역사를 잘 보여주지만……, 이 스토리 역시 그리스 신화에 거의 동일한 이야기가 나오죠.

그건 바로 이아손(Iason)이 이끈 그리스판 어벤저스, 아르고 원정대 이야기 중 일부입니다. 이아손의 영어식 발음은 제이슨(Jason), 미국의 싱어송라이터 팝스타 제이슨 므라즈(Jason Mraz)가 바로 이 이름을 썼어요. 🐻

그리스 폴리스 중 이올코스(Iolcos)에는 이아손 왕자가 살고 있었어요.

원래 아버지가 왕이어
서 왕위 계승자였지만
삼촌인 펠리아스가 권
력을 찬탈하고는 왕위
를 빼앗으려고 조카 이아손을 죽이기 위해 "동쪽 콜키스 땅에 가서 용
이 지키고 있는 황금양털을 구해 오라."고 명령을 내렸다지요? 그러
나 이아손을 불쌍히 여긴 헤라 여신의 축복을 받아 헤라클레스, 오르
페우스, 테세우스 등 40여 영웅들의 대표가 되어 아르고호라는 대형
배를 타고 에게해를 지나 흑해로 나아갑니다. 여러 우여곡절 끝에 콜
키스 왕국에 도착한 이아손은 메데이아 공주를 꼬드겨 마법의 약으로
용을 잠재우고 황금양털을 탈취하는 데 성공하지만 왕위를 주지 않
자, 메데이아 공주가 마법으로 펠리아스왕을 죽였는데 이것이 들통나
서 결국 왕위를 잇지 못하지요. 그러자 권력에 눈이 먼 이아손은 메데
이아를 배신하고 코린토스의 공주와 결혼해 코린코스의 왕이 되려 하
지만, 이에 분노한 메데이아가 코린토스 공주와 이아손이 낳은 두 아
들을 죽이고 도망가는 비극으로 치닫게 되고, 이아손도 왕이 되지 못
한 채 쓸쓸히 최후를 맞아요.

다만 차이라면 낙랑공주는 아버지 최리에게 죽게 되지만 메데이아는 아테네로 도망가서 아이게우스왕과 결혼했다고 하지요. 하지만 신혼 기쁨도 잠시, 신랑 아이게우스왕 앞에 나타난 이는 바로 잊혀졌던 아들, 부러진 칼을 들고 나타난 테세우스였으니⋯⋯. 🐻 대체 테세우스는 아버지 찾으러 몇 년이나 돌아다닌 건지? 어쨌거나 이아손과 함께 황금양털을 찾으러 갔기에 그동안의 일을 알고 있던 테세우스의 분노로 인해 메데이아는 고향으로 쫓겨났는데, 가서 보니 황금양털을 빼앗기고 난 뒤 아버지가 왕위도 잃은 상태였다네요. 그러자 아버지와 화해하고 다시금 마법을 써서 아버지를 왕으로 되돌려 놓았다고 합니다. 대단해요! 🐻

호동왕자 역시 최씨 낙랑국을 멸망시키는 대업을 완성하나, 결국 계모의 모함과 대무신왕의 방관 속에 자살로 생을 마감하고 맙니다. 🐻

이 두 사람의 행적은 정상적인 왕위 계승자가 아닌 방계 왕자가 왕위를 얻기 위해 주변 국가 공주의 힘을 빌리고선 은혜를 갚지 않아 결국 왕이 되지 못한 사연을 담고 있는데, 과연 역사적 사실인지는 여전히 미스터리입니다.

이처럼 《삼국사기》 초기 이야기에는 역사와 신화 등이 뒤엉켜 있어서 고고학적 발굴과 기록이 일치하는 3세기 이후 문헌만이 제대로 인정받는 상황이에요.

그럼 이제 슬슬 한반도 동남쪽 이야기로 넘어가야겠네요.

05

신라의 건국 – 박·석·김, 세 가문의 나라

이야기의 흐름상 고조선에 이어 부여, 고구려, 백제 건국 이야기로 숨가쁘게 이어졌습니다.

이처럼 만주와 한반도 북부에서 치열하게 각국이 명멸하는 가운데, 한반도 남쪽에선 또 다른 세력들이 두각을 나타내게 됩니다.

신라 – 삼국 중 가장 먼저 건국된 나라

우리가 삼국시대를 말할 때 흔히 고구려–백제–신라 순으로 언급하지요. 하지만《삼국사기》기록을 보면 삼국 중 가장 먼저 건국된 나라는 뜻밖에도 신라였습니다. 🐻

주몽의 고구려 건국은 BC37년, 백제 건국은 BC18년인 반면, 신라는 BC 57년으로 더 빨라요. 이는 대륙의 선진 문물을 받아들이기에 불리한 지역에 위치해 가장 늦게 발달했던 역사적 사실에 비춰 보면 일단 석연치 않아 보이는 게 맞긴 합니다. 🐻 일부에선 김부식이 신라 정통론을 부각하고자 건국 연대를 왜곡한 것이라고 비난하는 경우도 있지만, 앞서 열심히 변호한 것처럼 김부식은 왕의 명령을 받은 공동 집필진 중 1명이었고 부실한 과거 기록 속에서도 최대한 충실하게 정리했기에 그가 임의로 왜곡했을 가능성은 매우 낮습니다.

실제로 신라가 고구려나 백제에 비해 건국이 앞설 수 있는 여지는 많아요. 고조선이 위만에 의해 찬탈당할 때와 멸망하던 때에 남쪽으로 내려온 고조선 유민 세력들이 많았고, 이들이 한반도 남쪽 원주민에 비해 상대적으로 우수한 철기 무기와 국가 운영 경험이 있었기에 여러 소국으로 나뉘어 있던 삼한 지역에서 한 지역을 장악하기는 쉬웠을 겁니다. 또한 철제 무기 유물과 무덤 양식에서 중국 영향을 강하게 받은 고구려나 백제에 비해 더 북방계 문화의 영향이 많이 나타난다는 점에서 더 초기에 남하한 집단이 신라의 지배층임을 알 수가 있지요.

그리고, 무엇보다도 박혁거세의 건국 신화가 이들이 북방계 유목 문화를 가지고 남하한 집단이란 사실을 강하게 암시합니다. 그럼 이제 본격적으로 박혁거세 이야기를 해야겠네요.

박혁거세의 등장

북쪽에서 고조선이 무너지고, 한나라가 대동강 유역까지 진출하던 격동의 시기에 남쪽 진국으로 피난 내려온 조선인들이 많았어요. 위만에 나라를 빼앗긴 고조선 왕 준왕은 목지국 군대를 격파하고 목지국 왕 자리를 차지했고, 일부는 진한(辰韓) 땅까지 더 내려와 사로국(지금의 경주)의 6개 촌으로 자리 잡습니다. 일부에선 원래 진국이 하나의 통일체였는데 이 같은 북방 세력의 남하로 인해 78개(마한 54개, 변한 12개, 진한 12개)의 소국으로 쪼개졌다고도 하지요.

《삼국사기》와 《삼국유사》에는 약간 다른 버전으로 신라의 건국 신화가 기술되어 있는데, 이를 간단히 묶어서 소개해볼게요.

박혁거세 기념 우표
(구글 이미지)

고조선 유민들이 내려온 뒤 세월이 흐른 BC69년 어느 날, 6촌 촌장이 모여 임금을 모시자고 논의했답니다.

그런데 산기슭에서 이상한 소리가 들려 찾아가 보니 숲속 나정(蘿井) 우물 옆에서 백마 한 마리가 울다가 날아가버리고, 그 자리에 자줏빛 알이 있어 깨뜨리니 한 남자아이가 나왔답니다. 그래서 여섯 촌장 중 가장 연로한 고허촌장 소벌공이 이 아이를 데려다 키웠더니 어른처럼 빨리 성장했다네요. 이에 모두 이 아이를 신성히 여겨 불과 13세 나이이던 BC57년에 왕으로 모시니, 표주박 같은 알에서 나왔다고 하여 성은 박(朴), 이름은 밝고 빛난다고 하여 혁거세(赫居世)라 이름 지었다고 합니다. 아마도 혁거세란 건 한자로 음차한 '밝다'는 의미의 옛 우리말이 아니었나 추정되지요.

그리고 그의 부인이 된 왕비 알영부인(閼英夫人) 역시 박혁거세가 태어나던 해, 닭 모양의 머리를 가진 용(鷄龍)이 알영정 우물가에 나타났고, 그 옆구리에서 아이가 태어났다고 하네요. 지나가던 할머니가 그 아기를 발견했는데 아기 입술이 닭 부리처럼 생겼더랍니다. 그래서 목욕을 시키니 부리가 빠졌고 그 우물 이름을 따 알영이라 이름 지었다고 하네요. 이후 혁거세가 왕으로 추대될 때 이 기이하게 탄생한 알영이 부인으로 간택되어 부부가 되었다고 합니다.

이 같은 전설에서 우리는 역사적 사실을 추론할 수 있습니다. 신라의 기초가 된 경주 사로국은 원래 청동기 기술을 가지고 남하한 고조선 유민이 세운 부족국가였는데, 이후 북방 유목계 철기문화를 가진 새로운 집단이 남하해 닭과 용을 숭상하는 부족과 힘을 합쳐 사로국을 평정하고 새로운 왕조를 세웠다는 것이죠.

앞서 단군 할배 이야기할 때 북방 유목민의 탱그리 천지창조 신화를 언급했는데, 하늘을 나는 백마, 알에서 태어난 신성한 아이는 탱그리 창조 신화의 핵심 아이템이기도 하지요. 즉, 북방에서 내려온 이들 부족은 이 탱그리 신화를 응용해서 박혁거세는 하늘에서 정한 신성한 임금이라고 어필했을 겁니다. 우리에게도 익숙한 경주 천마총 속 날개 달린 백마 그림 역시 신라 왕족의 상징 아이콘이었

경주 천마총에서 발굴된 천마도
(위키피디아)

겠지요?

이렇게 고조선 유민들이 주체이
던 사로국은 북방 유목계 이주자에게 종속되었는데, 건국 신화만 특이할 뿐 초기의 신라는 여전히 경주 일대만 지배하는 소국이었고, 스스로 아직은 왕이라 칭하지 않고 거서간, 차차웅, 이사금, 마립간 등 독특한 명칭을 사용하지요. 그런데, 박혁거세를 도와 외교를 담당하면서 마한 왕과 맞짱 뜬 명재상 호공(瓠公)은 뜻밖에도 일본에서 건너온 왜인이었습니다. 🐻

이처럼 신라는 진한 토박이들만 있던 낙후된 지역이었을 거라는 생각과 달리 건국 초기부터 고조선 유민(예족), 스키타이계 북방인, 말갈족, 일본인, 중국인도 섞인 대단히 다문화적인 사회였지요. 게다가 당시 경주 일대는 넓은 평야 지역이고, 산만 넘으면 동해 바다와 만나기에 농산물과 해산물이 풍부하고 교통이 편해 일찌감치 주변 진한 소국들보다 더 빨리 성장할 수 있는 환경을 가지고 있었습니다.

하지만, 이처럼 천년왕국 신라의 첫발을 내딛고 무려 60년 11개월간 다스렸다는 박혁거세 거서간의 최후와 관련해 《삼국유사》에는 매우 이상한 기록이 있습니다.

나라를 다스린 지 61년째 되던 어느 날, 혁거세가 하늘로 올라갔다가 8일 후에 몸뚱이가 땅에 흩어져 떨어졌다. 이어서 알영부인도 세상을 떠났는데 사람들이 이들을 함께 묻으려 했으나 큰 뱀이 나타나 방해함에 따라 머리와 사지를 제각각 장사지내어 오릉(五陵, 다섯 무덤)을 만들고 능의 이름은 사릉(蛇陵, 뱀무덤)이라고 했다.

참 이상한 내용이죠?

경주 박혁거세 오릉
(나무위키)

정설은 없지만, 《삼국사기》에 2대 남해 차차웅이 등극한 첫해 낙랑 군사가 쳐들어오자 "두 성인께서 돌아가시고 내가 나라 사람들의 추대로 외람되이 왕위에 있게 되니 조심스럽기가 마치 물을 건너는 것만 같다. 지금 이웃 나라가 침범해 오니 이 또한 내가 덕이 부족한 탓이다. 이 일을 어찌하면 좋겠는가."라고 발언했다는 기록에 근거해서 실제 혁거세와 알영부인은 내부 변고로 인해 토막살인 되고, 이후 이 사태를 수습한 박씨 세력의 제사장 (차차웅은 무당이란 의미) 남해가 왕위에 오른 뒤 혁거세의 아들로 기록된 것 아니냐는 주장도 있습니다. 고구려 건국자 주몽의 사망 의혹과도 유사하네요. 🐻

이처럼 신라 초기는 혁거세 거서간에 이어 남해 차차웅에 이어 한가위 명절을 만든 3대 유리 이사금까지 박씨 가문이 왕권을 이어가지만, 곧이어 석탈해라는 또 다른 세력으로 권력이 넘어갑니다.

외국인 임금님, 석탈해의 등장

신라는 다른 왕조와 달리 박, 석, 김의 세 성씨가 돌아가며 왕이 된 참 특이한 나라였어요. 2대 왕 남해 차차웅의 사위가 되었다가 유리 이사금 사망 후 석씨 왕조를 연 석탈해는 두 가지 버전의 신화가 내려옵니다.

그 중《삼국사기》버전부터 언급하자면, 원래 탈해는 다파나국에서 태어났다고 하는데, 그 나라는 왜국 동북쪽 1000리에 있다고 합니다. 왠지 나라 이름에서부터 엄청 해외 무역에 강했던 것 같은 느낌이 들지만……, 🐻 그곳이 어딘지는 지금도 의견이 분분하죠. 당시 왜 세력은 한반도와 가장 가까운 규슈에서부터 일본 본섬(혼슈)의 서쪽 오사카, 나라 일대 정도에 국한되었기에 일본 본섬의 북부

석탈해가 타고 온 배와 까치
(ⓒ ㈜ 현대공간조형 제작)

또는 북해도라는 설부터 더 멀리 캄차카 반도라는 설도 있고, 함경도 일대인 동예나 옥저라고 보는 견해도 있어요.

어쨌거나 그 다파나국 임금이 여인국 왕녀(여인국이란 이름에서 유추하면 시베리아까지 진출했던 스키타이족 아마조네스 부족 출신이었을 수도 있어요. 요새는 원더우먼의 고향으로 주목받지요.)를 아내로 맞이했는데, 임신한 지 7년 만에 큰 알을 낳기에 버리기를 명하자 부인은 비단으로 알과 보물을 싸서 궤짝에 넣어 바다에 띄워 보냈다고 합니다. (이젠 이 구도가 너무 익숙하지요? 🐻)

처음에는 금관국(금관가야, 김해)의 바닷가에 닿았지만, 금관국 사람들이 괴이하게 여겨 건지지 않아 다시 진한 아진포 어구에 이르렀는데, 한 할머니가 밧줄로 궤를 끌어당겨 열어보니 아이 하나가 들어 있어 키웠고, 까치 한 마리가 따라와 울었기에 까치 작(鵲) 글자를 줄여 석(昔)씨라 성을 짓고 궤를 풀고 나왔다고 하여 이름은 '탈해(脫解)'라 했다고 합니다. (알영부인에 이어 석탈해도 할머니가 건지셨

네요. 중동과 이집트 등에선 주로 공주님들이 건지셨는데……. 🐻)

그 후 할머니로부터 출생의 비밀을 알게 된 청년 탈해는, 일본에서 건너와 박혁거세로부터 인정받아 재상이 된 성공한 이주노동자, 호공을 찾아가 속임수를 써서 집을 빼앗습니다. 그러자 그 소식을 들은 2대 왕 남해 차차웅이 영특한 자라며 딸을 아내로 주었다지요. 그후 신라 정치에 깊숙이 참여했는데 남해 차차웅이 사망할 때 아들과 사위 중 어진 사람이 왕위를 잇게 하라고 유언합니다. 그래서 누가 더 어진지 떡을 입으로 물어서 이빨 수를 세었더니 아들인 유리 왕자가 이가 더 많아 3대 왕이 되었고 이에 따라 새로이 왕의 명칭은 이사금(이가 많은 임금 🐻)이 되었다네요.

그 후 유리 이사금이 사망하면서 자식이 아닌 동서 탈해에게 왕위를 물려주니, 박씨 가문에서 석씨 가문으로 평화롭게 왕권이 넘어옵니다. 하지만 이후로도 신라 초대 왕가 박씨 가문은 권력의 한 축을 차지해 영향력은 계속 유지합니다. 석탈해 이사금의 왕비는 남해 차차웅의 딸인 박씨였고, 이후 신라 멸망 시까지 박씨 가문은 왕비 자리를 독차지하게 되거든요. 드라마 '선덕여왕'으로 유명해진 미실 역시 박씨 가문 여성이라 풀네임은 박미실이에요. 🐻

그런데, 《삼국유사》에는 탈해에 대한 또 다른 이야기가 전해집니다.

탈해는 완하국 함달왕의 부인이 낳은 알에서 태어났다고 합니다. 탈해는 바다를 거쳐 가락국에 왔는데 대궐로 가 김수로왕에게 "왕의 자리를 빼앗으러 왔다."며 도술로 매가 되자 수로왕은 독수리로 변하는 등, 변신 대결을 펼쳤지만 결국 패배를 인정하고 배를 탔다네요. 이에 수로왕이 배 500척으로 추격하자 계림(신라) 땅으로 달아났다고 합니다.

즉, 앞서 《삼국사기》에서 "가락국 사람들이 떠내려 온 궤짝을 기이하게 여겨 건지지 않았다."고 한 구절이 여기에선 김수로왕에게 덤비다가 패배해 신라로 갔다고 나온 것이죠.

이 같은 이야기를 종합해보면, 바다를 통해 경상도 지역으로 들어온 석탈해 세력은 먼저 금관가야와 충돌했다가 패배한 후 신라 동쪽 해안가에 상륙해 일정 세력을 구축한 뒤 신라 왕가와 손을 잡은 것으로 여겨집니다.

기록 중 왜인 출신 호공의 집을 지혜로 빼앗은 뒤 왕의 사위가 되

김알지 신화를 그린 '금궤도', 조선 후기 조속 작품 (위키피디아)

었다는 구절 역시, 이주 집단인 호공 세력과 우선 손을 잡고 신라 왕가에 편입된 과정을 묘사한 것이겠지요.

실제로 탈해 이사금은 왜인 출신 호공을 가장 높은 재상인 대보로 계속 중용했고, 즉위 9년째에 서쪽 숲(시림)에서 닭이 우는 소리를 듣고 보낸 이 역시 호공이었어요. 이에 황금 궤짝에서 김알지를 발견한 후 그를 아들로 삼았다는 기록을 보면 호공-석탈해-김알지 세력이 순차적으로

신라 사회에 편입되었고, 이후 김알지의 후손인 미추왕이 신라 왕에 오르면서 박-석-김씨가 번갈아 신라 왕이 되는 특이한 역사가 시작된 것이죠. 🐻

김알지의 조상님은 누구?

이후 신라의 중추를 맡게 된 김알지의 후손들은, 중국의 전설적 임금들인 삼황오제(三皇五帝)의 오제 중 한 명인 소호금천씨(少昊金天氏)에서 시작하여 흉노 태자이던 투후(秺侯) 김일제(金日磾)를 거쳐 신라로 이어졌기에 성을 '금(김, 金)'이라 정하였다고 문무왕비 등 다수의 유적에 기록되어 있으니, 이들 역시 외부에서 신라로 유입된 세력임을 알 수 있어요. 게다가 최근 경주 유적지 유골에 대한 유전자 검사 결과 신라 지배층의 모계 DNA가 그리스 북방 초원지대 민족인 스키타이계 유전자와 거의 동일하다고 나오고 있기에 이들 신라 지배층은 스키타이계였을 가능성도 높습니다. 🐻

실제로 신라 중기 김씨 왕조 시절 금관 5개가 발굴되어 있는데, 황금 숭배와 동물 모티브의 장식물은 스키타이 문명권의 유물로서 흑해 연안 불가리아에서 초원의 길을 따라 중앙아시아, 돌궐, 흉노,

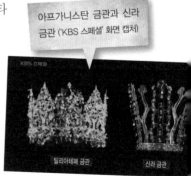

아프가니스탄 금관과 신라 금관 ('KBS 스페셜' 화면 캡처)

틸리아테페 금관   신라 금관

북만주, 신라에서만 발견되는 아주 희귀한 보물들이에요. 특히 황금 왕관은 전 세계에 10여 개에 불과한데 이중 절반이 신라 왕관이어서 전 세계 역사학자들에게 신라 황금관이 스키타이 문명권 유물 연대 측정의 기준이 되고 있으니 이 또한 역사학계의 한류라고 할 수 있겠지요. 🐻

최근 온라인상에서 일부가 신라 왕족이 흉노족 후예라고 비웃기도 하는데, 흉노가 야만족이라 여기는 것은 가리지날 상식입니다. 실제 흉노제국은 그리스 북부 스키타이 지역부터 만주 지역에 이르기까지 아주 넓은 영역을 가진 반농반목 사회로서 발달된 사회 체계를 가진 백인종-황인종 연합 세력이었어요. 중국이 오랜 기간 동안 흉노에게 조공을 바치는 쩌리 신세였기에 흉노를 아주 왜곡해서 썼는데, 우리가 이를 무비판적으로 수용하고 있는 겁니다.

이처럼 알고 보면 신기한 신라의 출발을 봤는데요. 삼국은 아니지만 또 하나의 큰 세력이었던 가야 건국자들의 이야기로 넘어가겠습니다.

06
가야의 건국 – 김수로와 이진아시

우리는 흔히 삼국시대라고 하면 고구려, 백제, 신라가 700여 년간 서로 피 튀기는 전쟁을 했던 것으로 상상하지만, 실제 세 나라만 있던 기간은 대가야까지 멸망해 가야 연맹이 사라진 AD562년부터 백제가 멸망한 AD660년까지 채 100년이 되지 않아요. 🦉 이처럼 500여 년간 한반도 세력 중 하나였음에도 제대로 조명받지 못하고 기록도 별로 없는 가야 역시 건국 설화가 매우 흥미롭습니다.

금관가야의 건국자 – 김수로, 하늘에서 내려오다

삼한 중 변한에서 발전한 가야의 시작은 《삼국유사》 '가락국기'에 나

김수로왕 기념 우표
(구글 이미지)

와요.

가야는 신라보다 99년 늦은 AD42년에 건국되었다고 합니다.

당시 김해 지역은 9명의 촌장(九干)이 다스리고 있었는데 어느 날 하늘에서 소리가 들렸다고 합니다. "여기에 사람이 있느냐? 내가 있는 곳은 어디냐? 하늘이 나에게 명하기를 이곳에 나라를 새로 세우고 임금이 되라고 하여 일부러 여기에 내려온 것이니, 너희들은 모름지기 산봉우리 꼭대기의 흙을 파면서 노래를 부르고 춤을 추면 임금을 얻으리라."라고 지시합니다.

이에 촌장과 주민들이 구지봉에 모여 "거북아, 거북아, 머리를 내밀어라. 내밀지 않으면, 구워 먹으리."라는 '구지가' 노래를 부르며 한나절 내내 춤을 추자 하늘에서 자줏빛 줄에 붉은 궤짝이 내려왔고 상자를 열어보니 6개의 황금알이 나왔다네요. 그중 가장 먼저 깨어난 이가 김수로왕이 되어 금관가야를 건국했고, 나머지 5알에서 태어난 동생들이 각각 나머지 5개 가야국의 임금이 되었습니다.

혹자는 우리나라 최초의 낙하산 인사 기록이라고 우스갯소리를 합니다만……, 🐻 '구지가' 전설 역시 북방계 천손신화와 남방계 알탄생 신화가 한데 어우러진 신화인 것으로 보아, 결국 해당 지역 출신이 아닌 외부에서 온 세력임을 알 수 있어요. 🐻

그리고 6년 뒤 김수로왕은 결혼하라고 성화를 부리는 아홉 촌장들에게 "귀인이 바다 건너올 것이다."라며 맞으러 나가게 합니다.

그러자 정말 붉은 돛을 단 배가 나타났는데, 왕이 직접 데리러 오지 않으면 내리지 않겠다고 버티자, 수로왕이 그 말이 일리가 있다며 직접 맞이하러 가니 허황옥이 "저는 인도 아유타국 공주로 성은 허이고, 이름은 황옥이며, 나이는 16세입니다."라고 밝혔다지요. 🐻

이에 결혼식을 올린 두 사람은 그 자리에 임시 궁궐을 마련하고 2박 3일간 지낸 후 김해로 되돌아와 알콩달콩 살며 무려 10명의 아들을 두었다는데, 태자 거등왕은 김해 김씨로서 후계를 잇게 되니 현재 대한민국 최대 가문 400만 명의 조상님이 되셨고, 두 아들은 어머니의 성씨를 따라 김해 허씨가 되고, 나머지 일곱 아들은 스님이 되었다고 합니다.

이 같은 허황후의 인도 공주 기록에 대해 오랫동안 학계는 불교가 도래한 뒤 가문의 신성함을 강조하고자 인도에서 왔다고 윤색한 것으로 추정했는데, 2009년 서울대 의대팀이 김해 이안리 고분 인골을 분석해보니 인도 남부인과 유사한 것으로 드러나 충격을 준 바 있고, 2019년 국립중앙박물관이 고려대학교 조호영 교수팀에 의뢰해 김해에 있는 파사석탑 재질을 분석해보니 우리나라 돌이 아니라는 것도 밝혀진 상황입니다. 따라서 허황옥 공주가 인도에서 온 것은 거의 확실해지고 있습니다.

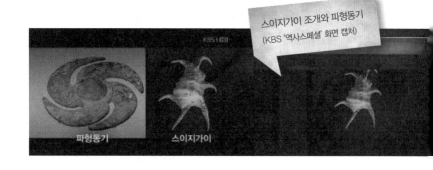

파형동기   스이지가이

이미 《삼국유사》에서 일연 스님이 김해 호계사 파사석탑의 유래를 설명하는 내용에 "허황옥 공주가 중국 동한 건무24년(AD48년) 서역 아유타국에서 싣고 왔다. 부모의 명을 받고 바다를 건너 가야로 오려고 했는데 풍랑이 심해 되돌아오자 아버지가 석탑을 싣고 가라고 명령해 배에 실으니 곧 바다가 잔잔해져 두 달여 만에 가야까지 왔다. 탑은 모가 4면에 5층이고 돌에는 미세한 붉은 반점 색이 있는데, 그 질이 무르니 우리나라에서 나는 돌이 아니다."라고 적었습니다. 그 사실을 700여 년 뒤 다시금 현대 과학으로 입증한 것이죠. 🐻

또한 인도에서 오키나와를 거쳐 일본 규슈, 우리나라 김해 가야 고분 등에서 재앙을 막아준다는 파형동기가 발굴되고 있는데, 이는 따뜻한 바다에서 잡히는 뾰족한 6개의 뿔이 달린 스이지가이 조개 모습에서 유래했다고 알려져 해

양문화가 전파된 '조개의 길'이 존재하기도 했다네요.

또한 인도인인데 왜 성이 허(許)씨냐고 반박하는 경우도 있는데

1959년 '벤허' 영화
포스터 (위키피디아)

……, 같은 시대 이스라엘 땅에 살던 귀족 가문도 허(Hur)씨였어요. 말도 안 된다고요? 아뇨, 진짜예요. 영화 '벤허(Ben Hur)' 보셨을 텐데요. 주인공의 성이 '허'씨예요. 유태인 중 '허'라고 불리는 가문이 있으니 한국과 이스라엘 사이에 있는 인도에 허씨가 없다고 할 수 있을까요? 🐻

이 같은 기록을 재해석해보면, 신라 혁거세와 마찬가지로 김해 지역에 나타난 북방 철기 세력이 기존 토착 세력을 아울러 금관가야를 세

윘으며, 뒤이어 인도에서 유래한 남방계 해양 세력이 도착해 두 세력이 권력을 나눠 가진 것으로 보입니다. 그러다가 뒤늦게 권력을 차지하러 온 탈해 세력과는 전투를 벌여 승리를 거두었고, 탈해는 다시금 신라로 가서 결국 왕위를 차지하게 되니 당시엔 금관가야가 신라보다 강했다는 걸 유추할 수 있는데, 실제 역사서에서도 수로왕이 신라에게 큰소리치는 게 나와요. 🐻

앞서 우리말의 특징을 언급하며 남방계 단어가 많은 특징이 있다고 했고, 고인돌과 돌하르방 등 남방계 문화가 우리 유적 곳곳에 있는 것도, 이 같은 인도로부터 이어지는 인적, 물적 교류와 연관되어 보여요. 이후 페르시아인들이 신라에까지 이르렀던 점을 보면, 인도에서 한반도까지 이어지는 남방 해양루트에 대해 지속적으로 새로운 연구 결과가 나올지 기다려봐야겠습니다. 🐻

가야의 흥망성쇠

이처럼 《삼국유사》에는 가야가 김수로왕과 다섯 동생이 건국한 6개국 연맹체(금관가야, 대가야, 소가야, 아라가야, 성산가야, 고령가야)로 나와 있고 여러 백과사전에도 가야를 6개 소국 연맹으로 소개하는데, 그건 가리지날! 여러 비문이나 외국 사서에서는 이들 6개국 이외에 다른 가야 소국도 다수 나오고, 현재 유물 조사로도 10개 이상은 되는 것으로 알려지고 있어 '6가야설'은 폐기되는 상황입니다. 3세기 중국 사서 《삼국지 위지 동이전》에는 24개국, 총 45만 호라고 적혀 있는데, 그중 하나가 광개토대왕비에도 언급되는 '임나가야'이긴 합니다. 🐻

아 그리고, 우리가 흔히 아는 '○○가야'라는 이름도 사실은 가리지날입니다. 당시 가야인들은 각자 고유의 나라 이름이 있었는데, 금관가야만 해도 가락국, 구야국, 금관국 등 다양한 이름으로 등장합니다. 특히나 소가야 같은 경우는 그들 스스로 부른 이름이 아니에요. 누가 스스로 자기 나라를 작은 나라라고 할까요? 🐻 하지만 주변 국가들이 지금의 만주 일대 여러 부여족 나라 이름들을 북부여, 동부여, 졸본부여 등으로 불렀듯이 가야라 불린 지역의 작은 나라 이름도 신라 등에서 자기네 방식으로 불렀습니다. 《삼국유사》에도 고려 태조 23년(AD940년)에 옛 다섯 가야 지역의 이름을 고쳐 금관, 고령, 비화, 아라, 성산으로 했다는 기록도 있어요. 이와 비슷한 예가 그리스입니다. 고대 그리스인들은 자기네 땅을 '헬라(Hella)'라고 불렀지만, 로마인들이 그리스라고 부른 게 지금까지 이어지는 것이니까요.

이처럼 가야는 얼마 안 되는 기록과 발굴 유물로만 추정해야 하는 터라 여전히 미스터리한 국가입니다.

현재까지 알려진 사실로는 2~4세기 초기에는 김수로왕에서 시작한 금관가야(금관국)가 주도했는데, 당시 해수면은 지금보다 5~6m 높았기에 김해평야는 물론 밀양까지 낮은 곳은 다 바닷물이 들어왔다고 합니다. 그래서 양산 물금 광산에서 채굴되는 우수한 품

질의 철을 바다와 접한 김해 항구를 통해 낙랑과 일본, 부여에까지 수출하면서 경제적 부를 쌓았고, 자기네 영토에서 나오는 우수한 철기 무기로 초기에는 신라보다 우위에 섰을 정도였지요. 하지만 중국 수출 창구였던 낙랑군이 AD313년 고구려에게 멸망한 이후부터 철 수출이 줄어들면서 쇠락하기 시작했고, 광개토대왕이 백제를 압박하던 AD399년 백제, 왜와 손을 잡고 신라를 공격하다가 광개토대왕이 신라를 구하고자 보낸 고구려군에게 대패하면서 큰 타격을 입게 되지요. 이후 6세기에는 금관가야 임금이 신라 왕궁에 입궐하는 등 조공국 신세가 되다가 결국 AD532년 마지막 임금 구형왕이 드디어 신라의 총공세에 항복하고 말지요. 그 구형왕의 증손자가 바로 삼국 통일의 주역 김유신 장군이니, 역사의 아이러니입니다. 🐻

대가야의 건국자 – 김수로왕의 형님, 이진아시의 등장

그래서 4~6세기 가야 연맹 후기 시절에는 고령에 위치한 대가야(반파국)가 가장 두각을 나타낸 나라였어요. 그러다 보니 또 하나의 가야 건국 신화인 '이진아시 신화'는 최치원이 썼다는 《석이정전》을 인용해 조선 《신증동국여지승람》에 기록되어 있는데, 구지가와 동일한 구조이지만 대가야 건국 시조인 이진아시(또는 뇌질주일)가 형이고, 금관가야 수로왕(뇌질청예)이 동생이라고 나온답니다. 🐻

실제로 경북 고령에 가면 대가야 무덤이 모여 있는 지산동 고분군이 있는데, 신라 고분릉과 맞먹을 정도로 거대한 무덤들이 줄지어 있어서 대가야의 번성을 확인할 수 있지만 그리 잘 알려져 있지 않지요.

고령 대가야 지산동 고분군. 경주 아니에요 (위키피디아)

가야의 영토는 오랜 기간 섬진강 동쪽 경상도 남서부 지방으로 알려졌는데, 최근 유물 발굴을 통해 전북 남원, 전남 여수 지방에서도 대가야 계열 유물이 발견되면서 가야의 세력권이 더 넓었다는 것이 알려집니다. 하지만 최근 들어 가야의 영토가 영호남을 아우른다는 이유만으로 지역감정을 해소하는 화합의 역사로 활용하는 건 넌센스입니다. 경상도와 전라도라는 지역 구분은 고려 초기 현종 임금이 1018년에 결정한 것이기에, 가야 시대 당시엔 영호남이란 지역감정은 존재할 리 없었거든요. 🐻

오묘한 사이, 가야와 왜

이처럼 가야의 건국 신화는 고구려, 신라와 유사하게 천손신화와 난생신화가 결합한 형태로 이어졌는데, 일부에선 아주 흥미로운 주장을 합니다. 즉, 일본 일왕(a.k.a 천황) 가문은 백제계가 아니라 가야와 밀접한 관계라는 것이죠. 일본의 건국 신화는 대단히 복잡한데, 그

KBS1한방

금동투조관모
金銅透彫冠帽

일본에서 국보로 지정된 '가야금관투
조관모' (KBS '역사 한방' 화면 캡처)

중 규슈 가고시마에 내려오는 신화에는 가야 구지가 신화와 거의 유사하게 태양의 남신이자 여신이기도 한 아마테라스가 손자인 '니니기노 미코토'를 보자기에 싸서 내려보냈다고 하는 천손 강림 신화도 존재하고, 가야 금동관을 국보로 지정하는 등, 가야와 일본과의 관계에 대해 많은 관심을 갖고 있는 건 사실이에요. 실제 역사적으로도 가야는 왜와 물자 교류뿐 아니라 공동 군사작전을 펼치는 등 아주 밀접한 관계가 있었기에 향후에도 이에 대한 연구가 지속되겠지요.

또한 일본 사서 《일본서기》와 《고사기》에 등장하는 '신들이 사는 낙원'이자 아마테라스가 주인인 고천원(高天原)이, 사실은 대가야 고령이란 주장도 있어요. 고천원은 그리스 신화로 치면 올림포스산과 같이 신들이 사는 천상낙원인데, 여기서 신이 하강하여 지상으로 내려온다는 거예요. 이처럼 일본 신화에도 그리스 신화와 유사한 내용이 많은데, 중앙아시아 지역을 지나 우리나라를 거쳐 일본까지 전해진 후 각색된 것이겠지요. 🐻

하지만, 가야와 왜의 관계를 악용한 일본은, 한반도 남부 가야 일대를 AD369년 또는 AD391년에 점령한 뒤 AD568년에 멸망했다는 소위 '임나일본부설'을 근거로 대한제국 침략을 정당화했고, 지금도

주장하고 있어요. 그러
나 당시 각국 역사 기
록과 발굴 유물 등을
종합해보면, 당시 왜
가 한반도에 식민지
를 운영할 능력이 없
었다는 것이 증명되
고 있지요. 2010년

일본 역사 교과서 상 임나일본
부설 (© 〈오마이뉴스〉 '가야사가
빠진 곳에 임나일본부설?' 기사 중)

한일역사공동위원회에서 임나일본
부 용어를 쓰지 않기로 합의했다고
해서 이 문제가 완전히 해결된 것으
로 아는 경우도 있는데, 이 위원회에 참여하지 않은 일부 일본 역사
학자들은 여전히 임나일본부설을 포기하지 않고 있어요. 🏯

참고로, 일본인들은 일왕이 한반도 출신이라는 주장을 대부분 불
쾌하게 여깁니다. 일본 왕가는 815년 사가 일왕의 명령으로 당시
1182개 주요 가문의 유래를 정리한《신찬성씨록》이란 책을 제작합
니다. 지금은 본문은 사라지고 목차만 남아 있으나 크게 셋으로 구
분했음을 알 수 있는데, 그중 첫째는 황별(皇別)이라는 일왕 가문의
후손 335가문을 정리한 깃이고, 두 번째는 신별(神別)이라 하여 하
늘에서 내려온 천신(天神)과 여기서 갈라진 천손(天孫) 가문, 토착
신 가문인 지지(地祉) 등 404가문을 정리하고, 세 번째로는 중국과
한반도에서 건너온 도래인, 제번(諸蕃) 326가문을 나열했는데, 그중

중국(漢) 163가문, 백제 104가문, 고려(고구려) 41가문, 신라 9가문, 임나(가야) 9가문이라고 구분해 놓았지요.

그래서 "진짜로 일왕가가 백제 출신이었다면 백제를 저렇게 중국 다음으로 놓진 않았을 것 아니겠느냐."고 하지요. 지난 2001년 아키히토 일왕이 본인의 생일 축하 기자회견에서 "나 자신으로서는 간무 일왕의 생모가 백제 무령왕의 자손이라고 《속일본기》에 기록되어 있어, 한국과의 인연을 느끼고 있습니다."라고 발언해 큰 화제가 된 바 있는데, 우리나라에선 이 발언을 근거로 일왕가는 백제계라고 스스로 인정했다고 생각합니다만……, 글을 다시 되새겨보면 그런 의미가 아님을 알 수 있습니다. 즉, 일왕가의 계보를 들여다보니 백제와 연계된 인물은 간무 일왕의 어머니뿐이고, 그 외 인물은 한반도와 무관한 '고유한 혈통'이라는 의미입니다. 아키히토 일왕은 2차대전을 직접 겪어보았기에 일본에게 피해를 입은 주변국에게 늘 사과하는 태도를 지녔고, 일본의 우경화를 극도로 우려한 평화주의자였기에 그런 표현을 쓰며 한일 간의 갈등을 줄이고자 한 것이지요.

일부에서 종종 금나라 황제의 8대조가 신라인 김함보이고, 청나라 역시 《만주원류고》를 통해 누르하치 조상이 신라 왕족이라고 밝혔다며 그 나라들도 우리나라 역사라고 주장합니다만, 그들이 어떤 역사관을 갖고 행동했는지가 더 중요합니다. 청나라가 두 번이나 우리나라를 침공해 인조가 항복하게 만들고 조선인들을 50만 명이나 끌고 간 건 뭐라고 설명할 겁니까? 🐗

지금 그들 만주족이 지리멸렬해서 문제가 안 될 뿐이지, 만약 청나라가 지금도 존재한다면 외교 문제가 될 뿐입니다. 마찬가지로 일본 왕계가 한반도 출신이라는 점을 인정시킨다고 해서 일본이 우리나라에 머리를 숙이고 더 잘해줄 것도 아닙니다. 일왕은 일본에게 가장 유리한 방식으로 행동할 뿐이에요.

실제 우리 역사에서도 고려를 세운 왕건이 내세운 혈통이 뭔지 아세요? 중국 당나라 숙종 황제가 태자 시절인 AD753년에 신라에 몰래 관광 왔다가 만난 여인에게서 낳은 아들, 작제건의 손자가 본인이라고 내세웠습니다. 즉 본인은 중국 당나라 황제의 후손이니 고귀한 인물이라고 어필한 것인데, 고려 태조가 중국 황제 후손이면 고려 역사는 중국 역사가 되어야 하는 걸까요? 그러나 실제 당숙종은 중국을 떠난 적이 없으므로 이 같은 잘못된 고려 왕실의 프로파간다는 그후 수백 년간 송나라와 원나라 학자들로부터 역사 왜곡이라고 비아냥을 샀습니다.

역사를 현재 기준으로 단정 짓고 이를 이용하려 들면 국가 간에 불행한 사태만 반복될 뿐입니다.

가야 역사를 이야기하다가 갑자기 이야기가 어두워졌네요. 🐻

이처럼 우리나라 역사의 출발점에서, 하늘에서 내려오거나 알에서 태어나는 등 부모 없이 태어난 신기한 건국자들의 이야기가 전해지고 있는 이유는, 다른 외국 건국 신화들과 마찬가지로 피지배층과는 다른 출생의 비밀을 통해 건국자를 드높이고자 한 이들의 노력이 들어 있는 것입니다.

이제 본격적으로 삼국시대 가리지날 정보를 풀어보겠습니다.

우리나라의 삼국시대는 참으로 다이내믹한 시대였습니다. 애초 한반도는 다양한 민족과 문화가 오가던 역동적인 공간이었으며, 우리 고유의 문화를 형성하고 영토 다툼을 벌이면서 삼국이 발전했습니다. 이에 전성기 고구려의 분투에서 신라의 통일 과정까지 살펴보면서 한반도뿐 아니라 중국과 일본 등 동아시아 전반의 국가 간 경쟁을 들여다보고자 합니다.

2부
치열한 경쟁 :
삼국시대

01
고구려와 백제의 전성기 – 광개토대왕의 최대 적은 어디였을까요?

광개토대왕 기념 우표
(구글 이미지)

우리 역사에서 가장 가슴 뛰는 자랑스러운 순간은 언제라고 생각하시나요?

예전부터 우리 한민족은 평화를 사랑하고 주변 국가들과 화목하게 지낸 민족이라고 자랑하지만, 사실 마음속으로는 우리도 세계를 호령하는 강한 나라이기를 은근히 희망하기에 가장 위대한 정복 군주인 광개토대왕의 영토 확장 시기를 손꼽는 분들이 많으실 것 같네요. 🐻

그러면서 중국의 후연(後燕), 만주의 동부여, 숙신, 거란 등을 격파하고 드넓은 만주 땅을 정복해 그전까지 그저 그런 동북아 여러 국가 중 하나이던 고구려를 동아시아 최강 국가로 키운 것을 광개토대왕의 최대 업적으로 여기겠지만, 정작 광개토대왕의 일생일대 타도 목표는 따로 있었습니다.

그게 어디냐고요? 그 적수는 바로 백제였어요. 🐻

이건 제 주장이 아니라, 고구려 당대의 기록인 광개토대왕비에도 기술되어 있어요.

안타깝게도 현재는 중국 영토인 집안(集安)시에 위치한 고구려 두 번째 수도 국내성 터에는, 장수왕 3년(AD414년)에 아버지의 업적을 기려 세운 광개토대왕비가 6.39m 높이로 우뚝 서 있습니다.

원래 정식명칭이 '국강상광개토경평안호태왕비(國岡上廣開土境平安好太王碑)'인 광개토대왕비에 새겨진 글자 수는 총 1,775자로 이 중 150여 글자는 판독이 어려울 정도로 손상되어 있습니다. 내용은 3개 부분으로 구분되는데, 1부는 추모대왕의 건국부터 광개토대왕 대까

광개토대왕 영토 확장
(중학교 역사 교과서 캡처)

광개토대왕비 (위키피디아)

지의 역사를 기술하고 있고, 2부에는 광개토대왕의 정복 전쟁 내용이 나열되어 있으며, 3부는 비석의 건립 경과 및 이후 관리에 대한 지시사항이 적혀 있습니다. 다만 우리는 그분을 《삼국사기》 기록에 의거해 광개토대왕이라고 부르지만, 중국이나 일본에선 마지막 글자를 따서 호태왕(好太王)이라고 부르고 있어요.

그런데 고구려 당대의 기록인 광개토대왕비의 진가를 처음 알아본 건 1883년 만주를 정찰하던 일본 육군 포병부대 소속 사코 가케아키(酒勾景信) 대위라고 알려져 있는데 이건 가리지날입니다.

청나라 정치가 좌종당
(위키피디아)

실제로 일본 대위보다 1년 먼저 1882년에 이 비석을 해석한 자가 있었으니, 그는 중국 청나라 정치가 좌종당(左宗棠, 1812~1895)입니다. 우리에겐 낯선 이 정치가는 태평천국의 난을 진압하고 중국 서북 신장 지역 이슬람교도와 위구르 반란을 평정한 청나라 최후의 명장군으로서 지금도 계속되는 중국의 신장위구르 탄압의 선배 되시겠습니다. 그런 그가 말년에 만주를 탐사하던 중, 이 비석이 고구려 비석임을 비로소 알리게 됩니다.

그후 소식을 들은 일본군 사코 대위가 찾아가 이 비석을 보는 순간, 역사적 가치가 있는 것임을 깨닫고 일본 육군 참모본부에 탁본을 전달해 1년 뒤인 1884년에 책자로 발간하는 등, 수차례 일본 학자들에 의해 발표되면서 일본에 의해 널리 알려지게 된 것이죠. 이들 일본 학자들은 비석 앞부분 신묘년(AD391년) 기록에 "왜가 바다를 건너와 백잔(백제)과 ○○(해독 불가), 신라를 파(破)하고 신민(臣民)으로 삼았다."는 구절을 강조하며 임나일본부의 증거라고 주장합니다. 그런데 그 문장만 그렇지 실제로는 비문 내용을 다 읽어보면 결국 왜는 고구려에 대패해 쫓겨났다는 훈훈한 결말로 끝나긴 합니다. 🐻 그후 1907년에는 일본 역사학자 시라토리 구라키치(白鳥庫吉)가 이 비석을 아예 일본으로 가져가자고 군부에 제안했지만 너무나 크고 무거웠기에 결국 실행에 옮기지 못했지요. 이런 이유로 1970년대에는 일본이 비문에 회칠을 해서 글자를 일본에 유리하게 조작했다는 의혹이 제기되었지요.

그런데 왜 오랫동안 우리 조상님이나 중국인들은 이 비석에 대해 몰랐을까요?

수년 전 한 유명 소설가가 땅에 묻혀 있던 비석이 큰 홍수가 나면서 발견되었다고 책에 쓰셨던데……, 그건 아니고요. 🐻 비석은 그 자리에 그대로 꼿꼿이 서 있었지만 고구려 멸망 후 그 존재 자체가 잊혀집니다. 게다가 이후 그 일대가 여진족의 터전이 되다 보니 들어가보지 못했고, 청이 건국된 뒤에는 만주족의 근원지라고 신성히 여겨 만주 일대의 출입을 금지하는 봉금 정책을 펴서 아무도 그 땅에 들어가 직접 읽지 못했던 것이죠. 그래서 조선시대《용비어천가》

151

나《동국여지승람》에도 압록강 건너편에 거대한 금나라 황제 비석이 있다고 적을 정도로 잘못 전해져 온 겁니다.

그후 청나라 말기인 1876년에 이 지역이 봉금 해제되면서 그 존재가 다시금 알려져 좌종당이 보러 갔을 당시에는 오랜 기간 관리가 되지 않아 이끼가 끼어 있고 잡초가 무성해 글자가 잘 보이지 않았고, 그저 그 비석이 실은 고구려 것이란 사실만 알려졌을 뿐이었지요. 이후 소식을 듣고 중국과 일본의 학자들이 찾아오기 시작하자 비석 주변에 살던 중국인 초천부, 초균덕 부자(父子)가 탁본을 만들어 판매하면서 돈을 벌게 됩니다. 그래서 일본 사코 대위도 그 소식을 듣고 부랴부랴 달려가 비석 관리인을 자처한 그 중국인에게 탁본을 부탁했던 것이죠. 그런데 이 초씨 부자는 쉽게 탁본을 뜨고자 불을 붙여 이끼를 제거하고, 표면이 울퉁불퉁해서 탁본이 잘 떠지지 않는 글자 주변에는 석회를 수차례 발랐죠. 그래서 탁본을 가져간 사람들마다 제각각 다른 글자로 읽히는 것이 다수 존재합니다. 🐱 즉, 일본 군부가 처음부터 의도적으로 석회를 발라 글자를 조작하거나 글자를 망가뜨린 것은 아닌 거지요. 이 같은 사실은 1970년대 한일 간에 비석 글자 왜곡에 대한 논쟁이 치열해지자 1980년대에 중국 학자 왕젠췬(王健群)이 다각도로 조사해 비석 훼손에 대한 진실을 밝히면서 조작 주장은 사그라들기 시작합니다.

그럼에도 사코 대위가 첫 발견자라고 알려지고 일본이 왜곡했을 것이라고 지금도 주장하는 것은, 다른 중국 학자들은 탁본을 떠간 뒤 세상에 발표하지 않은 상황에서 본인이 처음 그 비석을 발견한 것처럼 허위로 보고하고 일본 군부의 후원을 받은 일본 학자들이 잇달아 발표하면서 잘못 각인된 것이 널리 알려져 있기 때문입니다. 실제 역사를 보면 첫 발견자보다 널리 알린 사람이 더 유명해진 경우가 많지요. 🐻

그런데 신묘년 기사인 "왜가 백제와 ○○(해독 불가), 신라를 파(破)하고 신민(臣民)으로 삼았다."는 구절에만 다들 매달리느라 광개토대왕비 전체 내용에 대해서는 무심히 넘기며, 뒤이은 기해년(AD399년) 기록에도 신라 왕의 사신이 찾아와 "왜인이 국경에 가득차 성을 부수고 노객(奴客, 신라 왕 본인)을 왜의 민(民)으로 삼았으니 구원해 달라."고 요청했다는 내용에 대해서는 별 얘기를 안 하는데요. 이 기해년 문장을 일본이 의도적으로 조작했다는 주장은 없습니다. 그러나 이 문장을 보면 당시 신라 왕이 왜에게 굴복했다는 상황이 나오니, 신묘년에 일본이 바다를 건너와 백제와 신라 등을 복속시켰다는 문장이 왜곡된 것이 아니라는 얘기가 됩니다. 🐻

하지만, 원래 비석에 그렇게 기술되어 있다 하더라도 여러 면에서 이 내용은 왜국의 힘을 부풀려 쓴 것임은 확실합니다. 앞서 고구려 건국 신화에서 보듯 과거의 역사 기록은 팩트가 중요한 게 아니라 당위성이 중요했으니 과장과 왜곡이 따르는 경우가 허다하다는 걸 이해하셔야 합니다. 당장 이때 중국이나 일본 역사서에 이때의 고구려와 왜군의 대규모 전투 기록이 없고, 중국 남북조시대 송나라 기록에서도 백제 왕에게 하사한 관직명은 '진동대장군'으로 일본 왕에게 하사한 '안동대장군'보다 2단계 높아 백제가 더 우위였음을 알

수 있어요. 또한 고고학의 발전으로, 당시 일본 열도에 무장 세력이 존재하긴 했지만 한반도 남부를 정복할 정도로 발달한 고대 국가는 존재한 적이 없다는 사실이 밝혀지면서 광개토대왕비 기록은 실제와 달리 왜국의 파워를 엄청 뻥튀기했다는 것이 밝혀져 있거든요.

그러면 왜 고구려는 이처럼 의도적으로 왜국을 띄웠을까요? 그건 그 비석을 세운 목적을 생각하면 이해가 됩니다.

광개토대왕 비석을 세운 이가 누굽니까? 바로 아들인 장수왕입니다. 아버지의 공덕을 기리는 내용인 만큼 자랑할 내용부터 서술하는 게 당연하겠고, 상대방이 강할수록 승리의 기쁨이 더 커지겠지요. 그런데 선친의 업적을 나열하면서 가장 비중 있게 소개한 것이 바로 백제에 대한 징벌입니다. 광개토대왕은 396년부터 399년까지 백제를 토벌하고, 400년에는 신라를 도와 임나가야를 정벌하고, 다시금 404년에는 백제와 손을 잡은 왜를 격멸했다는 내용이 이어집니다. 신묘년 기사는 이 백제 토벌 5년 전 일로 전쟁을 위한 명분 쌓기의 도입부 역할을 한 것이지요. 🐻

그런데 《일본서기》 기록을 보면, 이 신묘년 기록에 대한 단서가 나옵니다. 훗날 광개토대왕에게 항복하게 되는 백제 아신왕은 불교를 도입한 침류왕의 아들로서 당연히 다음 왕이 되었어야 하나 385년 아버지가 사망할 당시 왜국에 파견 나가 있었다네요. 백제는 고구려와의 투쟁이 오랜 기간 이어지면서 많은 인재들이 신라나 왜국으로 유출되어 상당수 병력을 왜국에 의존해야 하는 상황이었어요. 당시 왜국은 문화는 열등했으나 전투력 하나는 뛰어났기 때문에 백제는 아직기, 왕인 박사 등 학자들을 보내어 한자와 불교 등 각종 문화를 전수해주고, 왜국은 그 대가로 군사를 빌려주는 식으로 '기브 앤 테이크' 협력을 하던 관계였어요. 삼국 중에 백제만이 월등하게 문화가 발달했거나, 아주 인류애가 넘쳐서 일본에 문화를 막 전수해준 것이 아닌 거예요. 🐻

어쨌거나 태자가 왜국에 가 있는 사이 덜컥 왕이 죽자 삼촌이 냉큼 조카 자리를 찬탈해 진사왕이 되었지요. 이에 앙심을 품은 아신왕이 수년간 일본에 머물며 때를 기다리다가 광개토대왕에게 연달아 패배한 진사왕의 입지가 약해진 틈을 타서 391년 신묘년에 왜군과 함께 가야를 거쳐 백제로 들어와 진사왕을 시해하고 왕위를 되찾았던 겁니다. 이때 왜군을 이용해 신라와 가야에도 공동으로 고구려와 대항할 것을 압박한 정황이 나오는데, 이 같은 상황을 고구려 측에서 이용한 것이죠. 즉, 가만히 있던 백제를 먼저 공격했다고 하면 대의명분이 없으니, 중국과는 다른 독자적 제국을 자처한 고구려 관점으로 "바다 건너 왜놈이 감히 우리에게 조공을 바치는 속국 백제, ○○, 신라를 건드리니 이에 천하의 질서를 바로잡고자 군대를 일으켰다."고 명분을 만들고, 주요 목표인 백제는 꼴도 보기 싫어서 백잔(百殘)이라고 멸시하는 이름으로 써 놓았을 것이라는 게 최근의 대세 학설입니다. 🐻

실제로 장수왕 때 만든 충주 중원고구려비에도 신라인들을 '동이(東夷)'라고 쓰며 오랑캐로 간주했어요. 🐻

그런데 왜 장수왕은 아버지의 업적 중 백제 징벌을 가장 먼저 내세웠을까요?

우리는 흔히 고구려 하면 700여 년 내내 만주 벌판을 장악한 대제국이라고 연상하지만, 광개토대왕이 등장하기 전 400여 년간 고구려는 만주에 있는 고만고만한 중소국가 중 하나였습니다. 실제로 초기부터 부여의 공격에 시달리고, 한나라 요동 태수의 공격을 받았으며, 조조 위나라의 관구검 장군 침략에 이어, 전연(前燕) 모용황의 군대에 수도를 함락당하고, 왕의 어머니가 포로로 잡혀가기도 하는 등 위기의 순간도 많았어요. 심지어 광개토대왕의 할아버지인 고국원왕이 371년 백제 근초고왕 군대를 맞아 치른 평양성 전투에서 화살에 맞아 전사하는 사상 유례없는 치욕을 겪었기에 그 어느 나라보다도 백제에 대한 원한이 사무쳤습니다. 🐻

지금 우리도 역사적으로는 중국에 가장 많이 침략당했지만 가장 최근의 역사인 북한의 침공과 일본의 식민 지배에 가장 치를 떨지 않습니까?

신하 : "왕위에 오르신 것을 축하드립옵니고구려~. 만세만세~."

광개토대왕 : "평생 고구려의 영광을 위해 바칠 것이구려. 이에 우리의 원수를 한 놈만 우선 팰 것이고구려."

신하 : "당연히 그래야지아리수~. 그러면 어디부터 공격하실 것이옵니까구려?"

광개토대왕 : "당연히 할아버지를 사망케 한 저 남쪽 백제야말로 우리의 첫 번째 타도 대상이지구려. 나를 따르구려!"

군사들 : "와아~. 아아 잊으랴. 어찌 우리 그 날을~. 고국원왕 님의
한을 풀어드리자구려!"

따라서 그 사건 이후 불과 20년 뒤 왕위에 오른 광개토대왕으로
서는 할아버지의 원수를 갚고자 백제에 대한 공격을 가장 우선했고,
지금의 경기도, 강원도 지역까지 평정을 마친 뒤에야 5호16국이 난
립하던 혼란기 북방 영토를 개척했으니, 우리가 가장 자랑스럽게 여
기는 요동 및 만주 영토 확장은 당시 고구려인들에게는 그 의의가
백제 징벌보다 상대적으로 낮았던 것입니다. 더군다나 당시 고구려
인들은 북방 나라들은 물론 백제나 신라 모두를 오랑캐로 취급했으
니, 현재 우리가 이 시기를 우리 민족의 최대 전성기라 칭송하는 것

과는 현저히 다른 상황인 것이죠. 🐻

우리는 삼국시대 지도를 보면서 고구려의 영토가 워낙 압도적이고 백제, 가야, 신라 영토는 손톱만 하게 보이니 "고구려가 힘을 집중해 제대로 공격했으면 단박에 삼국을 통일하고 중국과 맞먹는 강대국이 되지 않았을까?" 하고 아쉬워하지만, 고구려의 남하는 쉽지 않았습니다. 땅은 작아도 인구는 백제, 신라가 더 많았거든요. 🐱

인구가 곧 경제력이고 국력이던 시대였고 대다수 전쟁은 병력이 많을수록 유리했으니 백제나 신라가 그렇게 쉽게 당할 나라들이 아니었습니다. 실제로 《삼국유사》기록에도 멸망 당시 백제 인구 76만 호로 고구려 인구 69만 호보다 많았다고 나옵니다. 당시 백제는 한강 유역을 뺏기고 지금의 충청, 전라도 지역만 차지한 상황인데도 말이죠. 🐱

왜 그럴까요? 그건 지도에는 안 나오는 식량 생산력 때문입니다.

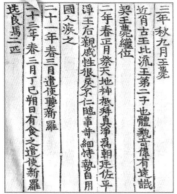

《삼국사기》'백제본기'에 실린 근초고왕 내용 일부 (ⓒ 동북아역사넷)

근초고왕 때의 백제 영토
(ⓒ 동북아역사넷)

실제로 조선 말기까지도 한반도 인구의 70%가 경상, 전라, 충청 삼남 지방에 몰려 있었는데, 이는 재배식물 중 가장 생산력이 높은 쌀농사가 가능한 곳이 고온다습한 남쪽 평야 지역이었기 때문에 인구 증가에 절대적으로 유리했습니다. 식량을 수입하기 어려운 고대에는 자체 생산한 곡식이 부족하면 인구를 늘릴 수 없었거든요.

그래서 삼국 중 가장 먼저 두각을 나타낸 나라가 백제입니다. 한성에서 시작해 순차적으로 마한 소국들을 점령하여 경기도에서부터 충청도까지 곡창지대를 손에 넣은 백제는, 인구와 경제력에서 가장 앞섰을 뿐 아니라 중국과의 활발한 교류로 선진문물 도입도 빨라 왜국에까지 문물을 전파하는 등 상공업도 발달해 세련된 문화를 누렸지요. 이후 근초고왕 대에 이르러 전라도 지역까지 세력권에 둔 후 눈길을 북쪽으로 돌려 황해도를 거쳐 평양까지 진격합니다. 당시 낙랑군을 멸망시키고 남하하던 고구려와 대동강 유역의 주인이 되고자 경쟁하던 백제 근초고왕은, 평양성에서 고구려 고국원왕까지 전사시키는 등 최고 전성기를 맞게 됩니다. 🐻

하지만 불과 20여 년 뒤 고구려에는 광개토대왕이라는 넘사벽의 정복 군주가 등장하고 뒤이은 장수왕의 맹공으로 하마터면 멸망할 정도로 내몰리게 되고, 신라가 백제를 도우면서 고구려의 공격을 저지해냅니다. 이때 많은 지배층들이 백성들을 데리고 바다 건너 왜국으로 망명가면서 인재풀이 줄어들었고, 웅진, 사비 시대에는 왕실과 충청, 전라 지역 신흥 귀족 간의 반목에 계속 발목을 잡히게 되면서 내리막길을 걷게 된 거지요.

참고로, 백제 최전성기에 요서, 산동 반도 등 중국 일부 지역까지 통치했다는 '요서경략설'이 교과서에 등재되는 등 '해상강국 백제'라는 이미지가 강했지만, 최근 여러 새로운 발굴을 통해 요서경략설은 물론 근초고왕 때 마한을 완전 병합했다는 것도 사실이 아니며, 500년대 중반에 가서야 지금의 전남 지역의 마한 세력까지 병합한 사실이 밝혀지고 있지요.

한편, 고구려는 아무리 만주 쪽으로 땅이 넓은들 논농사가 어려웠기에 수확량이 낮은 밭농사와 목축을 병행해야 하는 실정이었어요. 그래서 장수왕은, 지도상으로는 고구려의 정중앙으로 보이지만 농사가 잘 안 되는 깊은 산속 계곡 분지에 자리잡은 420여 년의 도읍지 국내성을 포기하고, 100여 년 전인 313년에 멸망시킨 낙랑군의 근거지이자 논농사가 가능한 평야지대인 평양성으로 수도를 옮기면서(427년) 안정적인 국정 운영이 가능해지자 본격적으로 남하 정책을 펼치게 됩니다.

그런데, 장수왕이 왕위에 오른 뒤 백제 한성을 무너뜨릴 때까지 시간이 얼마나 걸린 줄 아십니까? 왕위에 오른 뒤 무려 62년 뒤에야 실현할 수 있었습니다. 🐻

광개토대왕의 남하 정책 당시에 백제 아신왕이 신하가 되겠다며 항복해 고구려의 속국이 되기로 하고 한강 이북 영토와 백성들을 내주게 되면서, 현재 서울 광진구 아차산에 고구려 기지가 설치되어 한강 건너 백제 수도를 빤히 감시할 정도로 이미 만반의 공격 준비가 완비된 상황이었는데 말이죠.

이는 광개토대왕의 갑작스러운 사망 이후 19세 어린 나이에 왕위에 오른 장수왕에게는 여러 난제가 많았기 때문입니다. 《삼국사기》에는 기록이 거의 없어 추정해야 하는 수준이지만, 당시 광개토대왕이 기존 영토보다 더 넓은 지역을 새로 정복하던 상황이었기 때문에 새 주민을 완전히 복속시키는 것이 급선무였을 겁니다. 하지만 기존 세대의 저항은 어쩔 수 없으니 그 지역 주민의 세대교체가 이루어져 고구려에 대한 반감이 누그러들 때까지 최소한 30여 년 이상 안정화가 필요했을 겁니다.

게다가 고구려는 대대로 왕권이 약하고 각 지방 귀족들의 입김이 센 편이었는데, 광개토대왕 사후 내부 갈등도 만만치 않게 터져 나왔다고 하지요. 새로 정복한 땅의 지배권과 맞물린 데다가 평양성으로 천도함에 따라 기존 국내성파 귀족들의 경제권이 피해를 본 것도 원인이 되었을 겁니다. 역사적으로 창업 군주나 정복 군주 바로 뒤의 임금은 대체로 좋은 평가를 받지 못하는 이유가 바로 이런 수성의 어려움 때문인데요. 장수왕이 97세까지 장수하지 않고 40~50대 나이에 내부 수습만 정리하다가 사망했다면 지금과 같은 호평은 받지 못했겠지요. 하지만 79년이나 통치하신 덕에 장수왕의 결단이 빛을 발했으니, 평양성으로 천도한 뒤 평안도 지역과 요동 지역의 농업 장려를 통해 초기의 약탈 경제에서 벗어나 농업 경제로 전환하여 안정적 국정 운영이 가능해졌고, 한반도 내에 국가 수도가 있었기에 현재 우리가 고구려를 우리 민족의 역사라고 당당히 말할 수 있는 또 하나의 근거가 되었습니다. 🐻 또한 장수왕은 나라 이름도 고구려에서 고려로 바꾸며 새로운 강대국의 등장을 알렸습니다.

이처럼 고구려가 잠시 숨 고르던 시절에 중국 역시 북위가 중원 북부의 여러 소국을 평정하며 새롭게 힘을 키우기 시작합니다. 그러자 항복이란 치욕을 겪은 백제 역시 고구려에 복수하고자 개로왕이 북위에 국서를 보내며 "함께 고구려를 공격하자."고 제안한 사실이 472년 고구려 측에 발각되면서 장수왕은 분노하게 됩니다.

이에 장수왕은 일단 내부 갈등을 봉합하고 백제를 치기 위해 북위에게는 수시로 외교전을 벌이며 분쟁을 방지합니다. 실제 《삼국사기》 장수왕 기록 중 절반은 북위에 조공했다는 기록이에요. 🐱 이처럼 두 개의 전선 중 북방 전선은 외교로 안정시킨 장수왕은 눈엣가시인 백제를 아예 없애버릴 작정으로 3년간의 준비 끝에 475년 82세 나이에 친히 군사 작전을 전개하니, 한성 위례성을 함락하고 개로왕을 사로잡아 죽이지만 문주왕자를 놓치면서 백제를 끝장내지 못하게 됩니다. 다들 백제 영토 하면 충청도, 전라도 지역을 먼저 연상하지만, 백제 초중반기 493년, 즉 거의 고려, 조선왕조와 맞먹는 오랜기간 동안 백제의 중심지는 경기도였지요. 🐻

우리가 잘 알고 있는 개로왕과 고구려 스파이 도림 스님의 바둑 이야기에서 드러나듯, 당시 백제 왕실과 지방 귀족 간에 갈등이 매우 심했다고 합니다. 이에 고구려군이 위례성을 포위하고, 일주일간의 공성전이 시작되기 전 패배를 직감한 개로왕은, 문주왕자를 피신시키면서 남쪽의 백제 지방군이 아니라 신라에게 구원병을 요청합니다. 이에 문주왕자가 신라군의 호위를 받으며 위례성으로 오지만 이미 고구려 수중에 떨어진 상황, 신라 구원병들은 문주왕자를 호위해 현재의 공주 공산성, 웅진성에서 항전하게 되어 치열한 전투 끝에 고구려군을 막아낸 것으로 보입니다. 그런데 이 같은 백제의 내분은 멸망 시까지 계속 이어져 근초고왕 때와 같은 영광은 두 번 다시 오지 않게 되지요. 🐗

그런데, 바로 앞선 광개토대왕 때까지 신라는 고구려의 속국을 자처하며 군사적 도움을 받았는데 어떻게 이때부터 백제와 함께 '나제동맹'을 이루며 고구려에 저항하게 되었을까요? 뜻밖에도 그 단초는 우리 사서가 아닌 《일본서기》 기록에서 유추할 수 있다고 합니다. 450년경 신라의 북쪽 경계인 하슬라(강릉) 일대에서 있었던 고구려군과의 다툼이 그 원인이 되었다고 하지요. 당시 점령군 행세를 하며 사냥을 즐기던 어떤 고구려 장군이 피습된 것을 계기로 양국 군사 간 충돌이 시작되고, 신라 주둔 고구려 군사들이 몰살되자 468년 고구려군이 보복에 나서 하슬라는 물론 남쪽 실직(삼척)까지 점령하는 등 지금의 경상북도 절반까지 빼앗으면서, 신라로서는 절체절명의 위기에 빠지게 되자 복수의 칼날을 갈던 백제와 동맹을 맺은 것이죠.

이렇듯 백제가 '나제동맹'으로 가까스로 고구려를 막아내고 국가를 유지하자, 다시금 고구려군은 481년, 이번에는 신라를 먼저 공격합니다. 하지만 이번에도 백제, 가야, 신라 연합군이 합세해 격퇴하게 됩니다.

결국 이렇게 고구려의 한반도 통일 시도는 무산되고 맙니다. 앞

신라의 자연 방어막이 되어준
백두대간 (© 경북 상주시 홈페이지)

서 인구 이야기를 했는데, 고대의 전투는 대부분 병력이 많은 쪽이 절대 유리할 수밖에 없었어요. 또한 공격하는 쪽이 수비 병력의 3배 이상 되어야 승리가 가능한데, 당시 고구려가 동원 가능한 최대 병력은 5만 명 정도였습니다. 백제와 신라 인구를 합하면 고구려에 비해 많았기에 절대적으로 수비하기에 유리했습니다. 백제가 동원 가능한 군사 수는 최대 4만 명 수준이었고 신라는 5만 명은 동원 가능했다고 합니다. 언뜻 백제가 충청, 전라 평야 지역이라 농토가 많을 것 같지만, 그 시절엔 바닷물이 지금의 평야지대까지 많이 들어와 있어 호남이 곡창지대가 되는 건 이후 고려, 조선시대 들어 꾸준한 개간 작업을 통해 농토를 늘리면서 가능했다네요. 실제로 나주 평야지대는 후삼국시대까지도 바다였습니다. 🐻

게다가 신라의 경우는 지리적 이점도 있었으니, 백두대간 산맥이 국경선이었기에 주요 고갯길마다 삼년산성 등 요새를 건립해 소수 병력으로도 공고히 방어할 수 있었어요. 따라서 고구려가 자랑하던 말까지 철갑을 씌운 돌격기마병, 개마무사(蓋馬武士)는 험준한 산을 넘어올 수 없어서 공격 루트는 자연히 강릉 쪽 해안가일 수밖에 없었기에, 신라는 강원도 동해안 바닷가 지역에 군사력을 집중해 이 길목에서 잘 버티고 바다에서 수군으로 막아 끝끝내 고구려군을 저지할 수 있었던 것입니다. 또한 백제 역시 신라를 치기엔 지리산, 소백산 등 백두대간 산을 넘어 대규모 공세를 하기 어렵다 보니 가야와 손을 잡고 남해안 루트로 연합 공격하는 방식을 선호했고, 이는 이후 신라가 강성해지며 가야를 정복할 수밖에 없는 이유가 되었습니다. 🐻

이처럼 장수왕의 남진 정책은 결국 한강 유역을 점령하는 선에서 끝나고 말지요. 그리고 너무 오래 사시는 바람에 태자가 먼저 사망하면서 손자가 문자왕으로 등극한 뒤 공격 방향을 북쪽으로 바꿔 고구려 왕가의 고향 땅인 북부여를 멸망시킴으로써 고구려로서는 사상 최대 영토를 차지하게 되는데, 우리가 흔히 역사책에서 보는 광대한 고구려 영토는 바로 이 시기를 보여주고 있습니다. 🐻

고구려의 최대 영토 (위키피디아)

● Goguryeo 고구려
● Baekje 백제
● Silla 신라
● Gaya 가야

그런데……, 잠시 화제를 돌려볼게요. 우리는 늘 일본을 '작은 섬나라'라고 낮춰 말하지만, 일본 열도의 면적은 37만km²로 한반도 전체 22만km²보다 1.7배 큽니다. 대한민국 면적 10만km²와 비교하면 3.7배나 크지요. 하지만 우리는 일본의 영토가 광대하다고는 생각하지 않잖아요. 그죠?

그런데, 공식적인 지도상 고구려의 최대 영토가 바로 현재의 일본 면적 정도입니다. 일부에선 중국대륙 절반 이상 차지했다고 주장

하기도 하지만, 현재 정설로 된 영토 크기로 보면 고구려의 영토가 엄청나게 큰 건 아닙니다. 🐻

그후 고구려의 후대 왕들은 국내성 구 귀족과 평양성 신 귀족 간 갈등과 새로 편입된 요동, 부여, 거란, 숙신 등 여러 민족의 반란 진압에 매몰되어 점차 국력을 소모하고 돌궐 등 새로운 북방 민족에게 야금야금 영토를 잃더니, 이후 신라 진흥왕에 의해 한강 유역마저 빼앗기는 상황으로 몰립니다. 게다가 중국은 5호16국, 남북조시대를 지나 수, 당 통일 왕조가 들어서는 상황으로 나아가고 있었으니 ……, 광개토대왕 이야기를 하면서 고구려, 백제, 신라의 중간 역사를 잠시 훑어보았네요.

이제는 신라의 약진 이야기로 넘어가겠습니다.

02

신라의 부상 – 신라 장군 이사부는 경주 이씨일까요?

2019년 가깝고도 먼 나라, 일본이 치사하게 반도체 산업의 3대 핵심 소재에 대한 수출 규제를 하겠다고 발표하면서 양국 간 경제 전쟁이 이어지고 있지요.

과거부터 꾸준히 독도 문제로 우리의 심기를 건드리더니 일제 강제 징용 피해자에 대한 배상 판결 문제를 무역 전쟁으로 해소하려 들다니요. 👾

이런 가운데 문득 "일본과 관련 있는 어떤 위인에 대한 이야기를 해야겠구나."하는 생각이 서든리 들었습니다. 그분의 이름은 바로~, 이사부 장군이십니다. 🐻

이사부 장군 관련 책 표지
(ⓒ 책밭 출판사)

사실 제가 어릴 때만 해도 이사부 장군은 그리 유명한 분이 아니셨습니다. 그러다가 1982년 가수 정광태 씨가 발표한 '독도는 우리 땅' 노래에서 "신라 장군 이사부 지하에서 웃는다. 독도는 우리 땅"이란 가사를 통해 우산국을 정복해 독도를 우리 땅으로 만든 분이란 것이 비로소 널리 알려졌지요.

그런데……, 혹시 이사부 장군의 성은 무엇인지 아십니까? 이사부 장군이니 당연히 이씨라고요? 그것도 경주 이씨? 🐻 하지만 그건 가리지날~! 이사부(異斯夫)는 《삼국사기》에는 김씨, 《삼국유사》에는 박씨 성으로 나옵니다. 즉, 김이사부이거나 박이사부. 우리가 지금 그분을 성을 빼고 이름만 막 부르는 거예요. 이런 실례가……. 🐻

《삼국사기》에선 내물왕의 4세손이 김이사부로 나오는데, 태종이란 이름도 있었다네요. 《삼국유사》에선 이상하게도 동일 인물인데 박이종(朴伊宗)이라고도 나옵니다. 또한 《일본서기》에선 '이질부례'로 적혀 있다네요.

실제로 신라의 충신 박제상도 《삼국사기》의 기록이고, 《삼국유사》에서는 김제상으로 기술되어 있는 것을 보면, 일연 스님이 본 옛 사서에 문제가 있었거나 신라 왕위를 서로 주고받은 박, 석, 김씨 왕족 가문이 상호 혼인하는 과정에서 아버지와 어머니 성씨를 혼용해서 썼을 수도 있다고 여겨지지요.

지금 우리가 유교적 관점에서 바라보기에 이해가 안 되지만, 일본에는 지금도 데릴사위를 들여 자녀들이 어머니 성씨를 따르는 경우가 종종 있으니 그럴 개연성이 높다고 하겠습니다.

또한 이름 역시 실제 발음을 한자로 표기한 이두식 표현과 뜻으로 표기한 한자식 표현이 혼용되던 삼국시대여서 같은 인물에 대해 다양한 이름이 존재하는 것이지요. 어쨌거나 여기서는《삼국사기》버전으로 표기할게요.

김이사부 장군은 우산국(울릉도와 독도)을 정복해 독도까지 우리 땅으로 만드신 위인으로 유명한데, 어떻게 우산국을 정복했는지는 다들 잘 모릅니다. 🐻

먼저, 김이사부 장군은 내물왕의 4대손이니 금수저 왕족 출신이었습니다. 생년이 정확치는 않으나 505년 실직성(삼척) 군주(軍主)로 처음 임명된 것으로 보아 485년경 출생했다고 여겨지므로 512년(지증왕 13년) 27~28세 젊은 나이에 지금의 강릉인 하슬라(또는 아슬라) 군주로 부임합니다. 앞서 광개토대왕 편에서 설명했듯이 그 두 지역은 신라의 고구려 방어 최전선이자 신라 수군의 중요한 군사항구였어요.

이처럼 당시에도 중요하게 여겨진 강릉은 그 후로도 번성해 조선시대 지방 행정구역을 팔도로 개편할 때에도 강원도의 첫 글자로 쓰일 정도로 큰 고을이었고, 지금도 강원도에서 원주와 함께 가장 인구가 많은 도시입니다. 참고로, 원주 역시 통일신라 5소경(五小京) 중 하나였으니, 강원도의 대도시 두 곳은 역사가 매우 오래되었네요. 하지만 당시 동해 바다에는 우산국(울릉도)과 대마도 해적들이 날뛰고 있어 어선을 공격할 뿐 아니라 때때로 상륙해 주민들을 납치해 가고 있었고 신라 수군은 패배를 거듭했다고 합니다.

이처럼 평생 해적질로 단련된 섬사람들과 맞상대해선 이기기 힘들겠다고 여긴 김이사부 군주는, 수군과 백성들에게 다음과 같이 공표합니다.

김이사부 : "친애하는 백성 여러분. 나 쫌 보이소. 이번 주말에 '라이온 킹' 영화를 단체 관람하면서 사자를 자세히 관찰한 뒤 각자 나무로 사자를 하나씩 조각해 오이소신라."

주민과 수군 : "엥. 저기요? 군주님. 아침에 뭐 잘못 드신 게 아니슬라?"

김이사부 : "이번에 우산국 해적 글마들을 무찌를 신의 한 수이니 쫌만 기다려달라서라벌."

주민과 수군 : "어째 새파란 젊은이가 군주라고 오더니 어째 분위기가 좀 쌔하드래요강릉."

왜 갑자기 사자가 등장했느냐면, 당시로선 아주 힙한 인도산 종교 불교가 전래되면서 '부처님이 고함을 치면 사자의 울음소리로 커져서 상대를 제압할 수 있다'는 이야기가 마치 21세기 마블 유니버스 세계관 마냥 알려지던 때인지라 글로벌 얼리어답터 김이사부 장군은 일반 백성들로서는 세상 처음 보는 인도 사자를 이용한 심리전을 구사하기로 한 것입니다. 🐼

그런데 이 사자와 관련해서 잠깐 삼국의 불교 전파에 대해 먼저 언급을 해야겠네요.

가야 건국 편에서 허황옥 왕후가 인도에서 불탑을 가져왔다고는 하지만 아직은 불교가 정착되기 한참 전이었습니다. 당시에는 인도에서도 역시 불교가 체계화되지 않았는데, AD 1세기에 중국 후한(後漢)에 전래되면서 황실에서 크게 환영받게 됩니다. 원래 초기 불교는 개인의 자기 수양을 중요시했는데, 불교의 윤회사상에 따르면 덕을 쌓은 이일수록 더 높은 신분으로 태어난다는 점에 착안해 중국에서는 왕즉불(王卽佛), 즉 왕이 곧 부처라는 사상으로 변질되었습니다. 즉 귀족이나 백성들보다 왕 자신이 전생에 더 덕을 쌓았기에 황제로 태어났다고 강조함으로써 감히 반역을 꿈꾸지 못하게 하는 데 요긴하게 이용됩니다. 이는 유럽에서도 로마제국 황제 자리를 놓고 내전을 치른 콘스탄티누스 대제가 313년 기독교를 공인하며 본인을 '신의 대리인'으로 신격화해 자신의 후손이 계속 황제 자리를 차지하기를 바랬던 것처럼요.

이후 중국 위촉오 삼국시대와 5호16국시대의 혼란기를 거치며 백성들도 어려운 현실을 극복하고자 불교에 의존하게 되고, 남북조 각 왕실마다 한자로 번역된 불경을 보급함과 동시에 중국식 불당과 불상, 불탑 등 지금 우리에게 익숙한 체계를 정립하지요. 이처럼 300여 년간 중국에서 숙성한 불교는 우리나라로 전래되는데, 우선 372년 중국 북조 전진(前秦)에서 고구려로 순도 스님이 찾아오고, 뒤이어 394년 중국 남조 동진(東晉)에서 인도 출신 마라난타 스님이 백제로 오면서 불교가 전래됩니다. 당시 마라난타 스님이 도착한 곳이 지금의 전남 영광군 법성포(法聖浦)라네요. 이처럼 당시 우리나라 임금들 역시 왕즉불 사상이 권력 안정화에 절대적으로 유리하다는 사실을 깨닫고 불교를 적극적으로 수용합니다.

그러나 중국과 직접 교류가 불가능했던 신라에는 고구려 승려 묵호자를 통해 400년대 초에 전래되지만 곧 격렬한 저항에 부딪힙니다. 당시 3개 성씨의 성골, 진골 왕족뿐 아니라 각 귀족들도 나름의 가문 탄생 신화를 가지고 있었고, 별도의 사당도 운영하던 상황에서 왕만 더 돋보이는 불교는 아무래도 껄끄러웠던 거지요. (저희 창녕 조(曺)씨도 시조 할아버지가 창녕 화왕산 용지(龍池) 호수 용왕의 후손이라는 가문 신화를 갖고 있어요. 🐻)

그러나 지금으로 치면 대통령 비서실장쯤 되는 사인(舍人) 이차돈이 527년 법흥왕과 모의해 사찰 건립이 늦어지게 했고, 법흥왕이 일부러 신하들 앞에서 "누가 감히 왕의 명을 어기느냐?"고 이차돈의 목을 치게 하자 하얀 피가 솟구치고 꽃비가 내리고 지진이 일어나는 기적을 일으키니, 이를 본 귀족들도 마지못해 불교를 수용하게 됩니다. 그나저나 이 이차돈 역시 이사부 장군처럼 성이 이씨가 아니라 이름이 이차돈이에요. 성은 김 또는 박이고요. 🐻

이차돈의 순교 이후 신라는 원효, 의상 등 많은 스님들의 대활약으로 백성들까지 독실한 신자가 됨으로써 오히려 삼국 중 가장 독실한 불교 국가로 거듭나게 되지요. 이 같은 불교 전파는, 왕실의 위상을 높임으로써 귀족이 마음대로 행동하지 못하게 하고 국가가 정한 법으로만 집행하도록 하는 율령(律令) 반포와 맞물려 국가로서의 체계를 더욱 공고히 하는 데 큰 역할을 담당합니다. 참고로 율(律)은 나쁜 일을 한 사람을 처벌하는 형법이고, 령(令)은 국가 행정 법규를 의미해요.

이처럼 고구려와 신라는 율령 반포와 불교 수용이 거의 동시간 대에 이뤄진 반면, 백제만은 3국 중 가장 빨리 율령을 반포하는 등 가장 먼저 고대 국가 체계로 발전하지만 그 전성기는 짧았지요.

삼국 불교 도입 및 율령 반포

국가	불교 수용	율령 반포	참고
고구려	중국 전진에서 전파, 수용 (372년)	373년	소수림왕 재위 시절
백제	중국 동진에서 수용 (384년) (침류왕)	260년 (고이왕)	백제는 율령 반포가 먼저
신라	고구려에서 400년대 초 전파, 수용은 늦게 (527년)	520년	법흥왕 재위 시절

참고로 일본 역시 552년 백제 사신 노리사치계가 불교를 전파하지만, 워낙 호족들의 저항이 거세어 신라처럼 씨족 사당을 철폐하지 못하고 기존 토착신앙과 타협하게 됩니다. 그래서 지금도 일본은 수많은 토속신을 모시는 신사와 부처님을 모시는 사찰이 혼재되어 있지요.

따라서, 김이사부 장군이 우산국을 정벌하러 가던 512년은 이차돈이 순교하기 15년 전이어서 아직 불교가 신라 왕족들에게만 알려신 상황이었어요. 그러니 신라 백성이건 우산국 사람들은 아직 인도 사자에 대해 잘 알지 못하던 때였기에 이걸 활용한 겁니다. 이런

이사부 사자상
(© 삼척시청 홈페이지)

센스쟁이 같으니라구
~. 🐻

이에 김이사부 장
군은 512년 6월(당시 20대), 배마다 사람보다 큰 사자 조각상을 태우
고 한달음에 130km 바닷길을 가로질러 울릉도 앞바다로 몰려갑니
다. 따라서 많은 어린이 역사 위인전 그림에 나오듯이 김이사부 장
군이 수염을 휘날리며 배를 몰고 가는 할배 장군으로 묘사되는 건
가리지날~.

멀리서 이 광경을 보던 우산국 주민들은 신라 수군 배 앞머리에
괴상한 생물이 떡 하니 앉아 연기를 토해내는 것을 보며 경악하지
요. 🐻

이때 김이사부 장군 스피커를 켭니다.

김이사부 : "아아, 우산국 아재들요. 나 좀 보입신라. 우리 신라가 해
외 직구한 이 인도산 사자를 풀어서 다 잡아 먹어삐리라 할낀데 항복
할까요, 싸울까요? 우짤란교?"

우산국 우해왕 : "허걱, 저게 뭐꼬우산? 항복하겠다울릉."

　울릉도 전설에 의하면 과거 대마도 해적들이 우산국에 수시로 침입해 왔다고 합니다. 그러자 우해왕이 자신의 수군을 이끌고 대마도로 가서 대마도주를 위협해 다시는 침범하지 않겠다는 약조를 받고, 대마도주의 셋째 딸 풍미녀를 아내로 맞아 혼인 동맹을 맺었던 용맹한 인물이었다고 합니다. 하지만 그가 데려 온 풍미녀의 사치가 심해 우산국 백성들의 원망이 치솟고 있었으니 신라로서는 우산국을 제압할 절호의 기회였던 것이죠. 이처럼 재치로 적을 굴복시킨 김이사부 장군은 우산국 자치를 허용하고, 신라에 매년 토산물을 공물로 바치는 속국이 되도록 하는 선에서 타협합니다.

　왜냐하면, 당시 한반도 주변 섬들과 대마도, 유구국(오키나와), 타이완, 필리핀까지 그들만의 해상 네트워크가 존재했기 때문에 무력으로 진압을 했다면 위기감을 느낀 이들과 지속적으로 분쟁이 이어

고려의 주요 행정구역
(중학교 역사 교과서 캡처)

● 5도 양계

질 가능성이 커 이 정도 선에서 절충했다고 여겨집니다. 또한 신라는 중국에만 머리를 숙이고 주변 국가들로부터는 미니 황제국으로 대접받고자 했기 때문에, 탐라국(제주도), 우산국(울릉도), 대마국(대마도) 등 주변 섬들을 직접 지배하지 않고 매년 조공을 받고 금품을 하사하는 형식으로 자치를 허용했습니다. 어쨌거나 김이사부 장군에게 우산국이 종속을 다짐함으로써 그후 150여 년간 침입 기록이 없었다고 하지요. 🐻

이후 우산국은 고려 태조 왕건에게 조공하며 계속 자치를 허용받았는데, 고려 중기 여진 해적들에게 습격을 받아 우산국 주민들이 고려로 피신해 오기까지 합니다. 으잉? 여진도 해적이 있었냐고요? 🐻 그럼요. 당시 여진 해적은 울릉도뿐 아니라 우리나라 동해안, 대마도와 일본 해안가도 털었다고 해요.

그래서 고려 초기 지도를 보면 지금의 평안도 지역은 북계(北界)라 하여 거란을 막는 군사 구역으로 정하고, 함흥 지역부터 강원도, 경북 지역 해안가까지 동계(東界)라 하여 여진족을 막는 군사 지역으로 정하는데, 이처럼 동해안 전체를 군사 구역으로 정한 이유가 바로 여진 해적에 대한 방어 때문이었죠. 그런데 대부분의 역사책엔 이런 이야기가 안 나와요. 🐻

176

그후 이 여진 해적의 노략질을 배운 일본 왜구가 고려 후기가 되면 또다시 고려를 털어요. 아놔~. 🐻 이처럼 신라부터 고려시대에 이르기까지 동아시아 섬나라 간의 해상 네트워크는 그 후로도 1000년간 이어지지만, 16세기 들면서 와해되기 시작합니다. 한반도 주변 탐라국, 우산국 등은 미니 황제국 노릇을 포기한 조선 태종에 의해 완전히 조선의 직할지로 편입되고, 대마도와 오키나와, 북해도는 일본에 연달아 정복되고, 필리핀, 괌, 사이판 등은 스페인에 이어 미쿡이 차지하게 되며, 대만 역시 네덜란드의 침략 이후 명나라 장군 정성공에게 완전히 점령되면서 태평양 해상 세력은 사라지게 됩니다.

따라서 독도가 삼국시대 때부터 신라의 영토였다는 건 사실 가리지날이에요. 물론 우산국을 신라의 속국으로 삼아 울릉도와 독도까지 한반도의 역사에 편입시킨 것은 위대한 업적이긴 하지만요.

그런데……, 통일신라시대 학생들에게 역사 퀴즈를 내었다면, 당시 신라 학생들은 김이사부 장군의 업적에 대해 우산국 정복보다 더 큰 성과를 얘기했을 겁니다. 응? 그게 뭐냐고요?

김이사부 장군의 최대 업적은, 551년 신라의 한강 유역 진출을

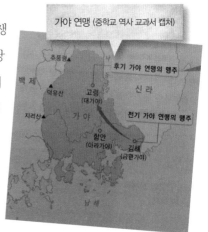
가야 연맹 (중학교 역사 교과서 캡처)

177

주도하고 532년 금관가야, 562년 대가야를 정복해 500여 년 가야 역사를 완전히 지워 진정한 삼국시대를 열며 신라를 한 단계 업그레이드시킨 겁니다. 그 과정에서 고구려군, 백제군과 왜군마저 쓸어버리신 위대한 정복 장군이셨지요. 🐻

20대 나이에 우산국을 굴복시킨 김이사부는 40대에 들어 신라의 병권을 한 손에 쥐게 됩니다. 당시 진흥왕이 일곱 살 어린 나이에 왕이 된 까닭에 재위 초기 11년간 진흥왕의 어머니인 지소태후가 섭정 자격으로 신라를 대신 다스리던 시기였고, 김이사부 장군이 신라 최고 장군 위치에 올라 있었습니다. 또한 이후 신라군의 주력이 되는 화랑도가 창설된 것도 이 무렵이었으니, 진흥왕의 업적으로 알려진 신라의 영토 확장을 실현해낸 진정한 영웅은 김이사부 장군인 것이지요. 🦉

그는 환갑을 넘긴 나이인 550년(진흥왕 11년)에 백제 성왕의 고구려 공격 때 지원군을 이끌고 위기에 빠진 백제군을 구원하는 한편, 아예 충북 단양 고구려 도살성을 함락시킨 데 이어 원래 백제 땅이던 금현성까지 장악해, 드디어 신라가 백두대간 산맥에 의지해 영남 지역을 방어하던 상황을 뛰어넘어 충북 지역 남한강 상류 유역까지 진출하는 데 혁혁한 공을 세웁니다. 이 활약상

이사부 장군 이름이 나오는 진흥왕 단양적성비 (위키피디아)

은 충청북도 단
양에 위치한 진
흥왕 적성비에

진흥왕의 영토 개척
(중학교 역사 교과서 캡처)

김이사부 장군 이름이 적혀 있어 사실
임을 입증해주지요.

그리고 그다음 해인 551년, 돌궐
이 고구려를 공격하는 일이 발생합
니다. 이를 막기 위해 고구려의 주력
부대가 북방으로 옮겨가면서 고구
려의 남쪽 방어선이 약해진 틈을 노려 나제동맹군이 일제히 북상해
한강 상류는 신라가, 한강 하류는 백제가 정복하면서 장수왕 때 빼
앗긴 옛 영토를 되찾게 되지만, 신라는 기습적으로 백제가 차지했던
한강 하류 경기도 지역까지 차지해버립니다.

신라의 이 같은 기습이 가능했던 이유는, 육로는 제대로 된 길이
없어서 대규모 병력 이동이 어려운 반면, 강을 통한 병력과 물자 이
동은 수월했던 당시 지형을 신라가 잘 이용했기 때문입니다. 즉, 신
라가 한강 상류를 차지하고 있던 터라 물살을 타고 배를 몰면 하루
이틀 만에 한강 하류 각지로 돌진이 가능했기 때문에, 백제 구원군
이 오기 전에 오랜 전투로 지쳐 있던 백제군을 몰아내 그 지역을 차
지했던 것이 아닐까라고 보는 것이죠. 또한 북쪽으로는 고구려군이
대규모로 넘어오기 힘든 백두대간 산맥 동쪽 해안가를 내달려 과거
동예, 옥저가 차지했던 함경도 해안 지역까지 일시나마 점령할 수

있었습니다.

일부에선 백제 내부 사정으로 해당 지역을 포기해 신라가 어부지리로 한강 하류를 얻었다는 의견도 존재하는데, 실제로는 신라가 백제로부터 한강 하류 지역을 빼앗은 전투 기록이 전혀 전해지지 않는 터라 이에 대한 의견이 분분한 상황이긴 합니다. 또 다른 기록에는 당시 백제 성왕이 기세를 몰아 평양성까지 함락하려 했지만, 신라가 반대해 더 이상의 북상이 이루어지지 않았고 그후 신라가 한강 유역까지 차지한 후 고구려군이 신라를 공격하지 않아 신라가 고구려와 몰래 손을 잡고 강성해진 백제를 견제한 것이 아닌가라고 백제는 의심했다고도 합니다. 🐻

어떤 게 진실인지는 몰라도 신라의 배신에 분노한 백제 성왕은 절치부심합니다. 그래서 한강을 빼앗긴 2년 뒤인 553년에는 본인의 딸을 진흥왕과 결혼시켜 화해하는 듯하면서 뒤로는 왜국에 병력 지원을 요청해 대규모 전쟁을 준비하게 됩니다.

당시 신라는 지소태후의 섭정이 끝나 진흥왕이 직접 통치에 나서며 어머니와 콤비를 이루던 김이사부 장군을 일선에서 물러나게 한 뒤, 김무력 장군(김유신의 할아버지) 등 신진 장수들로 군 개편 작업을 진행했기에 백제 성왕은 애송이 임금과 새파란 장수들로 바뀐 신라군이 약해졌다고 오판하게 됩니다. 그래서 554년 가야, 왜 연합군과 함께 신라 본토와 한강 유역을 이어주는 길목에 위치한 관산성을 공격하지만, 오히려 신라군에 사로잡혀 목이 잘리고 백제군도 3만 명 이상 사망하는 비극으로 끝나면서 나제동맹은 소멸하고 맙니다. 🐻

임시 피난 수도 웅진성에서 지금의 충남 부여 사비성으로 수도를 옮기고 국호도 남부여로 바꾸며 부흥을 꿈꾸었던 성왕은 귀족들의 반대를 무릅쓰고 신라에 대한 복수를 꿈꾸었지만, 결국 본인은 사망하고 총사령관을 맡은 태자도 겨우 목숨만 건져 돌아오는 패배를 당해 백제 왕실의 권위는 땅에 떨어지고 맙니다. 이후 백제는 두 왕이 연달아 석연찮은 죽음을 맞고 귀족 세력에게 휘둘리는 등, 무왕이 등극하기까지 오랫동안 수습하기에 급급해지는 상황으로 몰리게 되지요. 🐻

어찌 보면 서로 뒤통수를 친 것처럼 보이나 약육강식이던 국가 간 경쟁에선 대의명분보다는 실리가 더 중요하다는 교훈을 우리에게 알려주고 있습니다.

하지만 100여 년 이어지던 나제동맹의 결렬은 오랜 기간 이어져 온 백제와 고구려 간 투쟁 시절이 끝나고, 새로이 백제-고구려-왜 연합이 신흥 강국 신라를 몰아세우는 형세로 바뀌게 만듭니다. 이에 결국 100여 년 뒤 핀치에 몰린 신라가 생존을 위해 당나라와 손을 잡게 만드는 계기가 되었으니, 삼국시대의 종말과 통일 과정은 한반도 내 국가 간의 갈등이 아니라 동아시아 차원에서의 국가 간 생존 경쟁이란 큰 그림에서 이해해야 하는 것이죠.

이처럼 백제의 대규모 공세를 물리친 신라는 백제와 왜를 잇는 연결고리, 가야 연맹을 아예 지도에서 지워버리기로 결심하게 됩니다. 이에 은퇴한 김이사부 장군이 다시 소환되지요. 이때 가야 연맹은 광개토대왕의 공격 이후 금관가야의 위세가 꺾이며 경남 고령군에 위치했던 대가야가 주도하고 있었는데, 대가야의 16대 임금 도설 지는 더 이상 백제의 도움이 불가능하다는 사실을 깨닫고 어머니가 신라 귀족이었음에도 일본계 여인을 아내로 맞이하면서 왜에 군사 지원을 요청해 1000여 명의 왜군이 백제 지원군과 함께 연합군을 형성해 신라에 맞서지요. 하지만 김이사부 장군의 지휘하에 신라군이 맹공을 퍼부어 이들을 격파한 뒤 대가야를 정복함으로써 가야 연맹이 모두 신라 영토가 됩니다.

우리는 이 전쟁에서 화랑 사다함의 활약에 주목하지만, 그 사다함과 낭도를 지휘해 가야의 마지막 보루이던 대가야 정복 전쟁을 이끈 총사령관이 바로 김이사부 장군이었으니, 그의 생애 마지막 활약이었습니다. 왜냐하면 대가야를 멸망시킨 562년은 김이사부 장군이 512년에 20대 나이에 우산국의 항복을 받아낸 이후 무려 50년 뒤에 이룩한 성과였기 때문이지요. 즉, 70대 중반 나이에도 최전선에서 활약하신 겁니다. 🐨

또한 살아생전 김이사부 장군은 전혀 몰랐겠지만, 본인이 멸망시킨 금관가야 왕족의 후손인 김유신이 이때로부터 100여 년 뒤 신라의 방계 왕족 김춘추와 손을 잡아 신라 왕실을 개혁하고 삼국통일을 이루는 계기를 만들어준 셈이니, 그분의 업적 중 울릉도 정복은 한강 진출, 가야 정복에 비하면 그다지 큰 업적은 아닌 거예요.

그럼에도 현재는 독도 문제가 불거지면서 그의 일생에서 실제 일본 지원군을 무찌른 가야 정복이 아니라 우산국 정벌이 가장 큰 업적으로 기억되면서, 삼척에는 이사부 사자공원이 생기고, 김이사부 장군이 가본 적 없을 여수 앞바다에는 이사부 크루즈 여객선이 운행 중이니……, 김이사부 장군이 지하에서 이 광경을 보면 뭐라고 생각하실까요? 🐻

삼척 이사부 사자공원
(© 삼척시청 홈페이지)

글을 마치면서 김이사부 장군이 등장하는 또 다른 국민 애창곡 '한국을 빛낸 100명의 위인들' 가사를 보니 달리 보이네요. "만주 벌판 달려라 광개토대왕, 신라 장군 이사부~" 예전엔 광개토대왕과 이사부 장군이 동급으로 놓인 건 솔직히 에러(?)라고 생각했는데, 다시 생각해보니 신라 입장에서는 영토를 2배 이상 넓혀주신 이사부 장군이 '신라판 광개토대왕'이 맞네요. 작사가 선생님에겐 다 계획이 있었던 거군요. 🐻

이제 고구려의 위기 편으로 이어집니다.

03

고구려의 위기 – 살수대첩이 물로 이긴 전투라고요?

우리나라 역사상 가장 유명한 3대 승전을 꼽으라고 하면 을지문덕의 살수대첩, 강감찬의 귀주대첩, 이순신의 한산도대첩이라고 합니다. 🐻

그중 가장 스케일이 컸던 전투가 612년 살수대첩인 건 잘 아실 텐데요. 이 수나라의 2차 침공은 우리나라 역사상 최대 규모 전쟁일 뿐 아니라 세계 역사에서도 제1차 세계대전 이전 가장 거대한 규모의 군대가 동원된 전쟁이기도 합니다. 🐨

우리가 흔히 알기로는, 30만 수나라 별동대가 평양을 포기하고 되돌아가던 중 살수에 이르렀을 때 을지문덕 장군이 미리 강물을 막아두었다가 "물을 터뜨려라!" 하고 명령해 수나라 군사들이 강물에 떠내려가 2700여 명만 겨우 살아 돌아갔다고 하는데……, 강물 공

격으로 수나라 군대를 이겼다는 건 가리지 날입니다. 🐻

살수대첩을 통해 고구려가 대승을 거둔 건 사실이지만, 어디까지나 살수를 낀 평야에서 양국 군대가 정면으로 맞붙은 회전(會戰)이었지 강물을 막았다가 터뜨렸다는 기록은 고대 역사서 어디에도 나오지 않습니다. 이 이야기는 단재(丹齋) 신채호 선생이 쓰신 《조선상고사》에서 처음 나오는데, "을지문덕의 지시로 강 상류를 모래주머니로 막아 놓았으며, 7명의 고구려 승려들이 바지를 걷고 강물로 들어서며 "물이 오금에도 차지 않는군!"이라며 건너는 것을 본 수나라 군사들이 기뻐하며 다투어 물에 뛰어든 순간, 상류에서 모래주머니를 터놓아 물에 빠져 죽었다."고 적었지만, 현재 학계에서는 수공(水攻)은 없었던 것으로 결론이 나 있습니다.

단재 신채호
(위키피디아)

《조선 상고사》 (위키피디아)

구한말부터 일제시대를 거치면서 암울한 시대를 겪어야 했던 사학자들은 일제가 한사군, 임나일본부 등을 근거로 조선 민족은 원래부터 지배를 받는 게 익숙한 열등 민족이라고 날조한 데 분개하여 우리나라의 찬란했던 과거 역사를 통해 자긍심을 되찾고자 분투하셨습니다. 이에 외적의 침략을 물리친 을지문덕, 이순신 장군 등을 재조명하고, 중국을 혼내준 연개소문, 멸망 당시 나라를 위해 희생한 계백, 흑치상지 장군 등 구국의 영웅들을 추앙하는 한편, 외세와 손을 잡고 삼국을 통일한 신라를 비난하는 학풍이 주류를 이루었지요. 그러다 보니 해방 후 계백과 5000 결사대가 전사한 황산벌 터인 논산에 육군훈련소가 들어서는 등, 한동안 비극적 영웅 이야기가 각광을 받게 됩니다.

하지만 그러다 보니 이순신 장군이 명량해전 당시 미리 울돌목에 쇠사슬을 연결해 일본 배가 쇠사슬에 걸려 뒤집혔다고 하거나, 살수대첩 때는 물을 터뜨려 한 번에 30만 명을 몰살시켰다고 하는 등, 구전되어 오던 이야기를 팩트 검증 없이 역사서에 기술하는 오류를 범하신 거지요. 🐻

그분들의 우국충정에서 비롯된 이 같은 내용은 이제는 과학적 방식으로 사실관계를 규명해 역사를 바로잡아야 합니다. 아마도 이 살수대첩 수공 작전은 강감찬 장군의 귀주대첩이 와전되어 온 것 같은데, 강감찬 장군의 귀주대첩 역시 수공이 아닌 정면 승부로 끝을 본 평원 전투였어요. 당시 거란군은 최정예 10만 기병을 보내어 강을 등 뒤로 둔 배수진을 치고 보병 위주인 고려군과 맞붙었는데, 우연히 뒤늦게 도착한 김종현 장군의 1만 기병이 뒤에서 나타나 거란군을 포위하면서 완벽한 포위 섬멸전으로 끝났지요.

다만 성공한 수공 작전이 있긴 한데, 거란의 3차 침입 초기에 거란군의 진격을 막고자 삽교천 상류에 쇠가죽으로 막아 놓았던 물을 흘려보내어 적 기병을 혼란케 해 승리한 홍화진 전투라는 소규모 작전에서 시도됐지요. 하지만 이 역시 귀주대첩으로 여전히 잘못 알려지기는 마찬가지입니다. 🐻

잠시만 생각해보면 이 수공 작전이 말이 안 되는 게, 수일 만에 강상류 물을 어떻게 막을 것이며, 휴대폰도 없는데 어떻게 수나라 군대가 강을 건너갈지 예측해서 수시간 전에 일시에 물을 흘려보내어 30만 명을 물살에 떠내려가게 할 것이며…… 21세기에도 불가능한 작전이지요. 🐻

그나저나 살수대첩의 진실에 앞서 고구려의 상황부터 살펴봅시다.

광개토대왕, 장수왕, 문자왕 때 최전성기를 누린 고구려는 그후 점차 국력이 약해지고 있었습니다. 고구려가 비록 넓은 영토를 갖고 있었지만, 농사가 안 되는 척박한 땅이 많았기에 인구밀도가 낮아 외곽 지역 타 민족 거주지는 자치주 형태로 느슨하게 통치하고 있었고, 귀족들은 자기 씨족이 보유한 영토에서 나오는 공물로 경제권을 유지하던 터라 후대 왕들이 영토를 확장하려고 해도, 귀족 영지로 보장받지 못하는 전투에 굳이 자기네 군대를 보내려고 하지 않아 대규모 군사 동원에 애를 먹게 되면서 야금야금 주변에 땅을 빼앗기기 시작한 것이죠.

게다가 귀족 간의 내전도 심심치 않게 벌어져 안원왕 시절에는 수상 격인 '대대로' 자리를 두고 귀족 간에 내전이 벌어져 평양성 내에서 수천 명이 사망할 정도로 내분이 심했다고 합니다. 🐻

왠지 전래동화 같아 보이지만 《삼국사기 열전》에 엄연히 실려 있는 '바보 온달' 이야기에는 당시 고구려의 고민이 담겨 있습니다. 고구려가 내분으로 약화되던 25대 평강왕 시절에 그의 딸, 평강공주가 바보 온달(溫達)에게 시집간 뒤 남편을 훌륭히 교육시켜 결국 온달을 장군으로 만들었고, 그후 침략한 중국 후주(後周)군과 맞서 싸워 이기고는 신라에 빼앗긴 한강 유역을 되찾으려 출정했다가 결국 전사했다는데, 최근 일부에서는 온달이 이란 북쪽 사마르칸트에 살던 스키타이계 유목민인 소그드(Sogd)인으로서, 당시 중국을 거쳐 고구려로 귀화한 세력이 아닐까 하는 의견도 나오고 있습니다. 🐱

당시 고구려인들이 보기엔 아리아게 백인에다가 고구려 말도 못하는 그들이 추하고 바보스러워 보였을 거라는 거지요. 그리고 결정적인 것은 당시 중국에 피난 온 소그드 왕족이 쓴 성씨가 온(溫)씨

였다고 하고, 고구려 각저총 벽
화 '씨름도'에서도 확연히 우리
와 다른 서역인이 등장하고 있
을 뿐 아니라 신라 원성왕릉으로
알려진 괘릉의 무인상에도 서역
인 모습을 한 조각상이 남아 있기

고구려 각저총 '씨름도'
(구글 이미지)

에 그럴 가능성도 없다고 할 수는 없겠지요.

즉, 당시 평강왕으로선 귀족들의 병력 동원이 여의치 않아 왕실
직할 병력이 작다 보니 이주민 세력인 소그드인의 우두머리인 온달
을 사위로 맞아 이주민 소그드인들을 직할 군사로 편입해 과감히 영
토 회복 전쟁을 벌였을 거란 거지요. 그러니 평강공주는 울다가 바
보 온달에게 시집간 게 아니라 이주 외
국인 온달에게 시집가라고 하니 싫
어서 울었던 것 아닐까요? 🐻

이처럼 고구려가 쇠퇴하는 반면,
중국에선 드디어 기나긴 분열의 시
기가 끝나고 590년 수나라가 천하
를 제패하는 상황으로 바뀌고 맙
니다. 아직 수나라가 통일하기 전
부터 고구려는 조공을 바치러 가
서 정세를 살피면서 무기 장인을
스카우트해 전쟁을 준비하기 시

경주 신라 괘릉 무인상 (© 우리역사넷)

작합니다. 당시 수나라는 통일 후 여세를 몰아 여러 주위 국가를 침공하거나 윽박질러 무릎 꿇게 하면서 고구려와 수나라 사이에 끼어 있던 속말말갈과 거란족이 수나라에 붙어버리고 말아요. 이에 고구려 영양왕이 먼저 요서 지역 임유관을 선제공격하나 실패로 끝났고, 수나라 시조 문제가 앙심을 품고 598년 30만 병사로 1차 침공을 강행하지만 장마와 태풍 등 기상 악화로 퇴각하고 맙니다.

그후 604년 탐욕스러운 아들 양제가 등극해 서쪽의 토욕혼, 북쪽의 돌궐, 남쪽 베트남까지 침공한 뒤 드디어 612년 2차 침공을 단행하는데, 무려 113만 3800명이라는 사상 유례 없는 대군을 동원합니다. 중국식 뻥 아니냐고 하지만, 실제 중국 사서에도 구체적으로 자세한 편제와 차출 기록이 있고, 학자들의 분석으로 당시 중국 인구가 약 4,600만 명이었던 만큼, 100만 명 이상의 장정을 징집할 능력은 충분했다고 보입니다. 🐱

하지만 이에 맞선 고구려는 인구가

많아야 300만 명 규모이

고 정규군도 5만여 명 정도에 불과했으니, 숫자상으로는 수나라의 압승이 예상되었지만 결국 보급 문제에 발목을 잡히고 맙니다. 군인 수가 많으면 절대 유리하지만, 너무 많은 병력을 동원하면 결국 보급에 문제가 발생하기 쉬워요. 세계 전쟁사를 보면 패배한 군대의 실패 원인 중 절반 이상이 보급 실패라고 하지요. 괜히 군대에서 "전투에 실패한 군대는 용서해도 식사 배급에 실패한 부대는 용서하지 않는다."는 이야기가 나왔겠습니까? 🐻

고구려는 적이 쳐들어오면 산과 들을 다 불태우고 민간인과 가축까지 다 성으로 들어가 버티는 청야(淸野) 작전을 펼쳤기에, 수나라는 현지에서 식량 보급이 안 될 것을 알고 중국 국경을 통과하면서부터 군인들에게 식량을 짊어지고 가게 했어요. 안 그래도 창, 칼, 방패에 이부자리까지 무거운데 식량 포대까지 짊어지고 가다가 탈진해 죽는 경우가 허다했다고 합니다.

게다가 요하강을 건널 때부터 압박한 고구려군이 요동성에서 세 달이나 버팁니다. 광개토대왕 때 빼앗은 이 성은 안시성, 신성 등과 함께 요동의 최전방 방어선이었는데, 여기서부터 꼬이기 시작한 수나라 군대는 식량 문제가 두드러지게 됩니다.

수나라의 고구려 공격 (© 우리역사넷)

이에 분노한 수나라 양제는 허섭한 농민군을 제외한 정예병 30만 명을 추려 요동에서 평양성으로 진격시킵니다. 당시 무려 100일 치 식량을 짊어지게 했다는데, 50kg이 넘는 짐을 짊어지고 행군하는 건 미친 짓이지만 그들로선 별 수 없었겠지요. 원래는 수레에 쌀을 싣고 옮기는 보급부대가 있긴 해요. 그래서 고대 전쟁 시에는 보급부대가 전투부대보다 2배 더 동원되어야 하는데, 이 보급부대라는 것이 옮기는 쌀의 태반을 스스로 먹어버리기에 이토록 먼 거리를 오가는 전쟁에선 없는 게 도와주는 셈이거든요. 🐻

그런 이유로 결국 별동대 다수가 식량을 땅에 파묻고 쫄쫄 굶으며 고구려 성이란 성은 다 피하며 평양 인근까지 내려옵니다. 이때 드디어 을지문덕이 수나라 별동대장 우중문, 우문술 장군 앞에 나타나지요. 수나라 입장에선 고구려가 항복한다고 하고 왕이 직접 양제 앞에 머리를 조아리면 전쟁을 끝낼 심산이었기에 을지문덕이 협상하러 온 것을 항복하러 왔다고 믿고 싶었을 것이고, 을지문덕은 시간을 끌었을 겁니다. 이후 거란과 협상한 서희의 사례만 봐도 7일이 걸렸으니, 항복할 듯 항복 아닌 항복 같은 협상을 하며 시간이 흘렀을 거예요.

그러다가 "대왕께 아뢰어 황제 폐하를 뵙도록 할 터이니 보내 달라."고 둘러대면서 을지문덕이 가고 난 뒤 수나라 별동대가 평양성으로 진격하나, 찔끔찔끔 나타난 고구려군이 하루에 7번 싸워 7번 모두 패하는 듯하면서 수나라 군사의 체력과 식량을 소모시키는 작전을 전개합니다. 🐻

당시 수나라 수군 5만 명은 배에 쌀과 공성 장비를 싣고 대동강을 거슬러 올라와서 평양성 앞에서 만나기로 했는데, 아무리 기다려도 이놈의 별동대가 오지 않자 내호아 수군대장이 평양성 외성이 텅텅 비어 있는 것을 보고는 성급히 공격했는데……, 평양성은 4중성이란 걸 몰랐나 봐요. 결국 평양성 내부에 갇힌 수나라

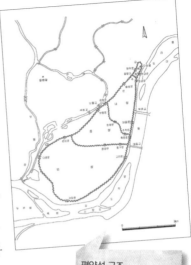

평양성 구조
(© 동북아역사재단 홈페이지)

수군이 영양왕의 동생, 고건무 장군(이후 영류왕)의 유인작전에 말려 대패하면서 식량마저 빼앗기니 이것이 고구려의 결정적 승기가 됩니다. 만세~! 😮

그런 줄도 모르고 평양성 인근에 도착한 별동대 30만 명은 믿었던 수나라 수군이 쌀과 함께 사라진 사태를 보고 절망합니다. 배는 고픈데 쌀은 없고, 성문을 부술 공성 장비는 배에 싣고 오기로 했는데 그 무기도 없으니 평양성 공격은 불가능한 상황……. 이때 우중문에게 을지문덕이 편지를 보내지요. 예전 국어시간에 배우셨을 거예요.

"신묘한 책략은 하늘의 이치를 꿰뚫었고

절묘한 계산은 땅의 이치를 통달했도다.

싸움에 이겨 공이 이미 높으니

원컨대 만족함을 알고 그만두기를 바라노라."

겉으로는 엄청 칭찬하는 것 같지만, 이제 그만 돌아가라는 야유에 우중문과 우문술은 결국 '컴백홈'을 외치게 되는데……

　　우중문 : "을지문덕이 이런 편지를 보냈다해. 이거 욕인 거 같은데 때릴 수도 없구 열받아 죽겠수."
　　우문술 : "내호아 장군이 설레발 쳐서 망했다해. 웅, 쌀도 없고 공성무기도 없수."
　　우중문 : "우짜지? 이대로 있다간 다 굶어 죽게 생겼으니 항복을 고려한다는 문서 들고 돌아갑수."
　　을지문덕 : "고려췌. 어봐려, 살수에서 저들을 물리치는 것을 고려하라고구려~."

이에 그동안 산성에 숨어 있던 후방 고구려군이 모두 약속의 땅, 살수로 모여듭니다. 두둥~!

살수의 위치에 대해서는 청천강이란 의견이 대세인데, 일부에선 청천강 지형이 너른 평야여서 수공이 불가능한 지형이라며 딴 곳을 주장하기도 하지만 수공 자체가 가리지낼 정보라서 너른 평야지대가 오히려 살수대첩이 수행되기에 딱 좋은 곳이라 생각됩니다. 🐻

수나라 군대는 고구려의 공격에 대비해 진형을 유지한 채 퇴각하

194

고 있었는데, 군대의 절반 정도가 살수를 건널 무렵 고구려군이 포위 공격을 시작했다고 합니다. 뒤에서는 평양성에서부터 달려온 고구려 정예병이 돌진하고 사방에선 평안도 일대 고구려군이 둘러싼 일방적인 학살 작전이 전개된 것인데 상세한 전투 기록은 전해지지 않아요.

다만, 우리 민족의 선조답게 요하강 도하 당시부터 화살 공격으로 큰 성과를 올렸다는 점을 감안하면, 대부분 보병이었던 수나라 군대는 밀집 대형으로 모여 방어 태세를 갖추었겠지만, 고구려군은 근접하지 않고 포위한 채 화살로 하나하나 맞추어 나갔을 겁니다. 왜냐하면 앞서 수나라 군대가 요하강을 건넌 직후 고구려군이 평야에서 공격했다가 1만 명이 사망하는 패배를 당했던 만큼, 육탄전은 여전히 수나라 군대가 우세했기에 수적 열세인 고구려군이 그런 위험한 돌격전은 피하고 최소한의 피해로 승리를 노렸을 거예요. 이에 포위망을 뚫고 압록강까지 도망쳐 온 병사가 고작 2700명에 불과했다고 그들 스스로가 기록했으니, 중국을 통일했던 수나라 정예병사 중 99%가 전멸한 겁니다. 이것이 살수대첩입니다. 🐻

이 같은 추정이 가능한 것이, 살수대첩보다 230여 년 전인 AD378년 로마제국 발렌스 황제가 이끌던 중장비 보병 군단이 고트족 기병과 만났을 때 바로 이런 방식으로 포위 공격을 받아 전멸한 아드리아노플 전투가 있었거든요.

따라서 신묘한 수공 작전이 아니었더라도 상대방의 약점을 정확히 알아 8개월이란 긴 기간 동안 순차적으로 연결고리를 끊어 승리한 고구려군의 치밀한 작전 능력은, 고대 세계 최대의 전쟁에서 믿을 수 없는 압승을 거둔 원동력이 된 것인데, 둑을 터뜨려 승리했다는 식으로 추앙하는 건 오히려 고구려군의 치밀한 전략을 우리 후손이 무시하는 셈입니다. 🐻

이후 수나라 양제는 3차, 4차 전쟁을 감행하나 수나라 내부의 불만이 터지며 철군하게 되고 결국 당나라로 주인이 바뀌는 사태로 가게 됩니다.

그런데 문제는 이처럼 수나라 정예병을 포위 섬멸한 을지문덕에 대한 기록이 우리나라에는 없다는 겁니다. 《삼국사기》를 저술할 당시 고구려의 후기 기록은 거의 없다 보니 을지문덕이란 이름 자체가 중국 사서를 뒤진 김부식에 의해 처음 알려졌던 거지요. 그러다 보니 출생 및 사망연도 역시 알 수 없는 상황입니다. 🐻

그리고, 우리나라를 비롯한 옛 동양 사서들의 문제점은 이 같은 전쟁 기록을 남길 때 사실 그대로의 장면 묘사 없이, 결과부터 설명하며 대의명분에 맞았기에 이겼다거나, 임금이나 장군의 신출귀몰한 능력으로 대승리를 거두었다는 식의 자의적 해석만을 늘어놓아 전쟁의 진정한 사실이 무엇인지 알기 힘들다는 점입니다.

하지만 우리 역사상 가장 큰 승리는 분명했기에 김부식은 《삼국사기 열전》에서 김유신에 이어 두 번째로 '을지문덕 열전'을 게재했습니다. 단재 신채호 선생 역시 일제에 억눌리던 당시 한국인들에게 용기를 주고자 살수대첩이 을지문덕 장군의 신묘한 수공이었다고 추켜세우면서 '4000년 역사에서 유일한 위인'이라고 칭송하는 등 영웅주의에 입각한 사서를 많이 저술하셨지요. 또한 해방 이후 서울 시내의 일본인들이 만든 도로 이름을 새로이 정할 때 종로 바로 아래 가장 큰길을 '을지로'로 정해 을지문덕 장군의 공을 기릴 정도로 해방 당시엔 최고의 인기 장군이셨습니다. 그 이후엔 항일 의지를 담아 이순신 장군님이 더 부각되고 있지만, 현재에도 '을지훈련' 등 군사훈련에도 을지문덕의 이름을 따서 그분의 공을 기리고 있습니다. 🐻

그러던 중 일부 학자들이 을지문덕은 원래 고구려인이 아니라 귀화한 선비족 출신일 것이란 의견을 내놓습니다. 선비 귀족 성씨 중 '울지', '위지'와 음이 비슷하므로 귀화인이거나 귀화인 후손이었기에 역사서에 이름이 제대로 남지 못했다는 것이죠. 이에 반대하는 측에서는 명재상 을파소의 후손으로서 을(乙)씨 성에 존칭어 지(支)를 붙였을 것이라 합니다.

워낙 자료가 없기에 어떤 것이 진실인지 알 수는 없지만, 을지문덕이 귀화한 선비족 출신이라고 해서 우리가 꺼릴 이유는 하나도 없습니다. 단일민족이라는 자긍심에 혹시 금이 갈까 봐 그러는 것이라면 더더욱 말도 안 되는 사유이지요. 오히려 선비족 출신이 맞다면 이는 앞서 언급한 온달 장군처럼 이민족 후손들이 최고사령관 자리까지 차지할 정도로 고구려가 주위 민족을 잘 융합시킨 제국이란 사실을 입증하는 것이기도 하니까요.

또한 수나라 황제들도 선비족 출신인데 고구려도 선비족 출신이 총사령관이 되어 침략군을 궤멸한 것이 되니 역사적으로도 의미가 남다를 수밖에요.

어쨌거나 우리의 영웅인 을지 문덕 장군이지만 그의 이름을 딴 을지로 입구에는 현재 아무런 상징물이 없습니다. 언젠가 을지로 입구 로터리에 세계 역사에 길이 남을 대승을 거두신 을지문덕 장군님의 동상을 세우면 어떨까 하는 생각이 드네요. 🐨

서울 어린이대공원 을지문덕 장군 동상 (구글 이미지)

글로벌 한반도 – 얼리어답터 김유신, 페르시아 문화 전파자는 나야 나~

과거에 비해 가장 위상이 축소된 위인을 꼽으라고 하면 누가 떠오르시나요? 앞서 소개한 을지문덕 장군도 그렇긴 하지만 그보다는 단연 김유신 장군이시죠. 🐻

애초 신라 통일기부터 조선 후기까지 최고의 영웅으로 칭송받은 김유신 장군이지만 구한말부터 고구려의 위상이 올라가고 신라의 삼국통일에 대한 나쁜 이미지가 확산되면서 덩달아 추락하신 거지요.

오죽하면 '한국을 빛낸 100명의 위인들' 가사조차 "삼국통일 김유신~"

《조선명현초상화사진첩》에 실린 김유신 초상화 (위키피디아)

이 아니라 "말 목 자른 김유신~"이라서 아이들에게 처음 김유신 장군을 설명할 때 왜 말 목을 잘랐는지부터 말해야 하는 상황이에요.

배우 송강호 톤으로 나직하게 "음~, 그분은 말이야. 우리나라 오렌지족의 시초라고나 할까?"라고 말해야 할 것 같지요. 🐻 그러나 김유신 장군은 알면 알수록 매력적인 인물이에요. 삼국시대 인간시장 주인공이자 옴므파탈(치명적인 남자)이라고나 할까요? 🐻

왜 말의 목을 잘랐을까?

김유신 장군이 금관가야 최후의 왕인 구형왕의 증손자인 진골 귀족이었고, 할아버지 김무력, 아버지 김서현 모두 신라에서 유명한 장군이었고, 어머니 만명부인은 진흥왕의 조카인 금수저였으니, 당연히 신라의 수도, 서라벌에서 태어났을 것이라 생각하겠지만, 출생지는 뜻밖에도 충북 진천군이에요. 🐻

김유신 장군이 태어날 당시엔 기존 신라 귀족들이 망한 왕국의 후손인 김유신 아버지 김서현을 좋아하지 않아 아버지가 권력 주변을 맴돌다 보니, 아들 김유신이 태어날 때는 백제와의 국경지대인 충북 지역 방위를 맡던 시절이었다지요.

그래서 겨우겨우 서라벌로 복귀한 뒤 김유신이 15세가 되자 화랑이 되었는데 김춘추와 친해졌다고 합니다. 하지만 삼국통일의 두 기둥이 되는 이들은 화랑 시절만 해도 다른 화랑들에게 왕따 신세였어요. 🐻 김유신은 신라가 아닌 가야 출신 귀족이었고, 김춘추는 할아버지가 진지왕이었지만 재위 4년 만에 폐위당하고 성골에서 진골로 강등당한 왕족이어서 권력의 주변부에 있는 처지였으니까요.

정사인 《삼국사기》나 《삼국유사》에는 화랑이 된 김유신이 35세에 첫 전투에 나갈 때까지의 중간 기록은 없는데, 고려 문인 이인로가 저술한 《파한집》에 그 유명한 말 목 자른 이야기가 실려 있습니다. 흔히 알려지기로는, 친구들과 자주 가던 술집에 가다가 어느 날 자신의 처지를 깨닫고 더이상 놀지 않고 학습에 정진하겠다고 다짐하죠. 그러던 어느 날 집에 가던 중 말이 늘 가던 그 술집으로 데려가자 단박에 말 목을 자르고 집으로 돌아갔다고 알고 있지요.

그런데 《파한집》의 원 기록은 좀 자세합니다. 당시 김유신이 찾아가던 그 술집은 기녀 천관녀의 집이었으니 그 사실을 어머니에게 들켜 "집안을 일으키기는커녕 매일 술집에서 놀고 있느냐!"는 엄한 꾸지람을 듣고 발길을 끊었는데, 그 속사정을 모르던 바이오 내비게이션(말)이 즐겨찾기 1번 코스로 자동 주행하고 만 것이었고, 반가워 쫓아 나오던 천관녀 앞에서 자신의 단호한 의지를 보이고자 말 목을

201

치고 돌아서버린 것이라고 합니다. 그런데 기억력 좋은 말은 무슨 죄??? 🐻

그후 천관녀는 비구니가 되어 절에서 지내다가 병으로 사망했는데, 김유신은 삼국통일 후 천관녀가 어찌 지내는지 수소문했다가 이미 사망했다는 사실에 죄책감을 느껴 그녀의 집에 천관사라는 절을 지었고, 이후 고려 중기 몽골 침입 당시 불타 지금은 터만 남아 있지요.

이처럼 말 목 자른 이야기는 청년 김유신의 단호한 결의를 나타낸 에피소드이긴 하지만, 정식 역사서가 아닌 개인이 쓴 문집에 당시 존재하던 천관사 절의 유래에 대한 설명을 적은 내용이라 실제인 양 부각하는 것은 마땅치 않다고 생각되네요.

페르시아 문화의 얼리어답터, 김유신

그보다는 김유신 장군이 페르시아 문화를 열심히 받아들이고 지금도 전통문화로 남겨주신 얼리어답터였던 사실을 알리는 게 더 낫지 않나 싶어요. 매년 새해를 맞으면서 그 해에 해당되는 12지 동물의 의미를 거론하며 열심히 뛰어보자는 덕담을 나누고 있는데요, 신라에서 이 12지 사상을 처음으로 받아들인 이가 바로 김유신 장군이십니다. 🐹

앞서 고구려의 온달 장군이 실은 이란 북부 소그드족 출신이 아

니냐는 주장이 있다고 했는데, 그 주장은 아직 주류 학계에선 인정되지 않지만, 김유신 장군 묘지에 둘러쳐진 12지신 박석은 한반도 최초의 12지 관련 유물로 인정받고 있습니다. 흔히 12지가 우리나라 고유의 풍습이라고들 여기시는데, 12지는 오방색과 함께 메소포타미아 지방에서 처음 등장한 것으로 중국이 실크로드를 통해 여러 문명과 교류하면서 사산조 페르시아(AD226~651) 사람들과 그들의 풍속이 함께 전해집니다. 이때 태양력과 12지 등이 들어오면서 6세기 말 중국 《형초세시기》를 시작으로 입춘, 춘분, 추분, 하지, 동지 등 24절기 역법이 정립됩니다. 그러면서 자연스럽게 페르시아 문화 역시 한반도까지 들어오게 된 것이죠.

페르시아 신화를 여동생 결혼에 활용하다

이때 김유신은 막 유입된 페르시아 문화를 흥미 있게 보다가 건국 신화의 일부를 여동생 문희의 결혼 신화에 활용하기에 이릅니다.

청년이 된 김유신은 김춘추에게 의도적으로 접근합니다. 아버지 김서현 장군이 신라 왕족 만명부인과 결혼해 신라 권력의 중심으로 한 발 더 다가선 것처럼, 그 역시 비록 밀려난 왕족이지만 야심에 가득 찬 김춘추와 더 깊은 인연을 맺고 싶었던 것이죠. 그래서, 집에 초청해 축국 놀이를 즐기다가 일부러 김춘추의 옷고름을 밟아 찢어지게 해 두 여동생에게 옷을 꿰매 달라고 했는데, 큰 여동생 보희는 병을 핑계로 거절하자 김유신은 술상을 차려 놓고 둘째 여동생 문희를 불러 대신 방에 들어가게 했고, 둘이 사랑에 빠져 덜컥 임신을 하게 됩니다.

참고로 이 축국(蹴鞠)이라는 놀이는 가죽 공을 서로 발로 주고받으며 차다가 공중의 바구니에 넣는 게임인 것으로 추정한다고 합니다. 제기 차듯이 공을 떨어뜨리면 상대방에게 공격권이 넘어갔다고 하니, 발로 하는 제기 농구라고 봐야 할까요? 🐻

이 놀이가 중국에서 처음 시작되었다는데 이미 사마천의《사기》에서도 "제나라 사람 중 축국을 하지 않는 사람이 없었다."는 기록이 있을 정도이니, 이미 전국시대(BC403~221)부터 존재한 것이지요. 그래서 중국은 축구는 영국이 아니라 자기네가 시조라고 주장했고, FIFA 역시 가장 오래된 형태의 축구라고 인정한 바 있어요. 🐻

이 모든 게 다 김유신의 계획이었지만 뜻밖에도 김춘추는 문희와의 결혼을 망설이게 됩니다. 그건 일단 두 집안이 서로 격이 달랐기 때문이기도 했고, 이미 김춘추는 결혼을 한 유부남이기도 한 것이지요. 그의 정부인은 김보종의 딸, 보량공주였고 이미 고타소라는 딸도 낳은 상태였어요. 그러니 김유신은 눈을 질끈 감고 여동생을 둘째부인으로라도 만들어서 신라 왕가에 한 발 더 다가서려 한 것이죠. 앞서 단군 신화 이야기에서 설명한 것처럼 고려시대까지는 첫 부인이 아니더라도 다 정식 부인으로 인정하던 시기였으니까요. 🐻

그러니, 최후의 수단으로 선덕여왕과 김춘추가 나들이 가는 일정을 확인하고, 자기네 마당에 불을 지피며 "결혼도 안 했는데 임신한 여동생을 불태워 죽이려 한다."고 소문나게 해 결국 선덕여왕이 모든 사실을 알게 되어 조카인 김춘추를 꾸짖고 결혼하도록 명령내리게 만듭니다.

그래서 문희가 김춘추의 두 번째 부인이 되는데, 공교롭게도 첫 부인이 둘째 아이를 낳다가 사망하면서 정부인이 되었고 그후 김춘추가 태종무열왕이 되면서 왕비가 되고 자신의 큰아들 김법민이 문무왕이 되니, 오빠의 치밀한 계획으로 결국 망한 금관가야 왕족 혈통이 통일신라 시기 왕가의 한 축이 된 것이죠. 그러고 보니 김유신은 다 계획이 있으셨던 겁니다. 🐻

그후 왜 첫째 여동생이 아닌 둘째 여동생이 김춘추의 부인이 되었는지 그 정당성을 알리기 위해 보희의 꿈 이야기가 동원됩니다. 즉, 김춘추가 놀러 오기 전 언니 보희가 꿈에서 서라벌 서형산에 올

라가 소변을 보았는데 경주 시
내가 다 잠길 정도였다고 합

언니 보희의 꿈을 사 김춘추의 부인이
된 문희 (KBS '역사저널 그날' 화면 캡처)

니다. 이에 언니가 민망해하며 꿈 이야기를 하자 그 의미를 알아차
린 동생 문희가 비단 치마 하나를 내어주고 그 꿈을 사면서 결국 태
종무열왕의 왕비가 될 운명을 차지하게 되었고, 그 영특함이 이어져
그의 아들 문무왕이 삼국을 통일했다고 그 당위성을 설명한 것이죠.

그런데, 이 꿈 이야기는 실은 원조가 따로 있습니다. 🐻

원래 이 꿈 이야기는 그리스 역사학자 헤로도투스의 기록에 나와
있는 페르시아제국 건국 신화의 초반부 이야기입니다.

원래 이야기는 이렇습니다.

BC 6세기, 메디아의 왕 아스티아게스는 자신이 가장 사랑하는 딸 만
다네공주로부터 산에서 소변을 누었는데 온 세상이 그 소변에 잠기는

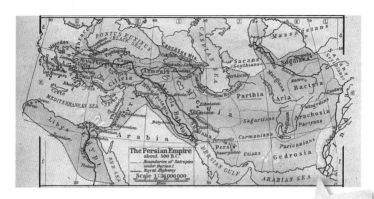

페르시아제국 영토
(위키피디아)

꿈을 꾸었다는 말을 듣습니다. 이에 해몽을 구하
니 점술가들은 공주가 낳은 아들이 세계를 지배할
징조라며 칭송했으나 직계가 아닌 외손자가 나라를 차지하는 것을 두
려워해 속국인 파르스(이란 지역)의 캄비세스1세에게 시집을 보내버
렸고 외손자가 태어나자 살해하려고 했으나 실패했다고 합니다.

그후 파르스의 왕자 키루스2세는 나라의 힘을 키웠고 결국 외할아버
지의 나라인 메디아를 병합하여 첫 페르시아왕조인 아케메니드 페르
시아(흔히 우리가 잘 아는 페르시아제국)를 선포하니, 만다네공주가 꾼
꿈이 실현된 것이죠.

이 이야기는 아마도 국력이 강해진 키루스2세가 어머니의 조국을
멸망시키면서 그 이유를 납득시키고자 만들었을 가능성이 높아 보
입니다.

우리나라 사람 대부분은 그리스와의 마라톤 전투 이야기, 영화

'300' 등으로 인해 페르시아제국을 악의 제국으로 여기지만, 다리우스2세와 그의 아들 크세르크세스는 키루스의 후손에게서 황제 자리를 찬탈한 인물들이고, 제국 건국자 키루스2세 황제는 매우 용맹하면서도 피지배 민족에겐 관대했습니다. 그는 그후로도 진격을 거듭해 세계 최초로 돈을 만든 리디아(터키 지역)를 점령하고 바빌로니아제국까지 정복한 뒤, BC539년 바빌론에 끌려와 있던 유대인을 해방시켜 고향으로 보내주었을 뿐만 아니라 제국의 보물창고를 동원해 예루살렘을 재건시켜줍니다. 이에 유대인들은 《구약성경》 '에스라서', '이사야서'에서 '고레스 왕'이라 쓰면서, "여호와가 기름 부어 세우신 자(메시아)"로 칭송하기까지 했지요. 🐻

당시 그가 멸망시킨 나라가 23개나 되었다는데 이처럼 자신이 정복한 나라의 고유 관습과 종교를 인정해주는 관용을 통해 페르시아제국을 오랜 기간 유지하는 기반을 닦았습니다. 예전 페르시

아 전쟁사를 읽다가 이 키루스 황제의 매력에 빠진 바 있기에 잠시 소개했습니다. 🐻

이에 김유신 가문은 이 페르시아제국 신화 이야기를 패러디해 슬기로운 문희가 소변으로 세상을 덮는 꿈을 언니에게서 샀고, 그녀의 아들이 한반도를 통일했다고 선전한 겁니다. 정말 버라이어티하고 글로벌하면서도 스토리텔링 전문가들이 넘치던 삼국시대였습니다. 🐻

부하 : "장군, 나랏 사람들이 왜 첫째가 아닌 둘째 여동생이 춘추공의 부인이 되셨는지 궁금하다고 합신라~."
김유신 : "왜 그런 사소한 것에 관심을 갖는다더냐서라벌. 춘추공이 둘째를 더 좋아하니 그랬다고 할 순 없고황남빵."
부하 : "천하가 다 주목하는 셀럽이니 그렇게 말하면 실망이 크지신라. 뭔가 좋은 수가 없을까르시아?"
김유신 : "얼마 전 읽은 페르시아 설화집이 있다르시아. 거기 키루스 황제 이야기를 응용해보자테헤란."

이처럼 김유신은 몰락했던 집안을 일으키고자 곁가지 왕족 김춘추와 결혼으로 사돈지간이 되었는데, 이 결혼으로 서운해했어야 할 김춘추 첫 부인의 아버지, 김보종은 김유신, 김춘추의 든든한 재정 후원자로 남습니다. 이는 세 명 모두 화랑도의 우두머리인 풍월주 선·후배 지간이었기에 가능했겠지요.

이에 무력을 가진 김유신, 왕족이자 꽃미남이자 외교력의 달인 김춘추, 기존 신라 왕족인 진평왕계 귀족이자 거부이던 김보종 3인의 연대는, 마치 로마 공화정을 제국으로 변모시킨 삼두정치 카이사르, 폼페이우스, 크라수스의 결합 마냥 기존 신라의 권력 구도를 뒤흔들고 마침내 삼국의 구도마저 뒤흔들게 됩니다.

이제 삼국시대의 끝을 향해 달려가봅시다. 헛둘, 헛둘!

05
삼국통일 – 다시 보자, 삼국통일

드디어, 삼국통일 이야기입니다.

쉿! 스포일러를 알려드리면……, 뜻밖에도 신라가 통일해요. 이미 아신다고요? 🐻

그런데 삼국통일이 어떻게 이루어진 건지는 잘 알고 있으신가요?

많은 분들이 신라에 의한 삼국통일을 안타까워하며, 외세를 끌어들여 대동강 이남으로 우리 민족의 활동 범위가 쪼그라들게 한 신라를 원망합니다. 하지만 타임머신을 타고 그때로 돌아가 신라인들에게 "같은 민족끼리 통합해서 강대한 나라를 만들어야 하는데 중국을 끌어들이는 것은 잘못된 것"이라고 주장한다면 신라인들은 뭐라고 할까요? "뭐? 같은 민족끼리 통합해야 한다고? 어찌 저 오랑캐들이 우리와 같냐? 당장 우리나라가 망하게 생겼는데 무슨 헛소리야?"라고 할 겁니다.

외세를 끌어들인 신라는 악이라는 생각은 가리지날입니다.

삼국통일 과정은 세 나라 모두 외세를 끌어들인 거대한 동아시아 국제 전쟁의 결과였고, 그런 판세를 만든 주도자는 당나라였습니다. 내분으로 위기 상황에 있던 세 나라 중 위기를 기회로 반전시킨 신라가 결국 한반도 전체를 집어삼키려던 중국의 야욕을 꺾은 대역전 스토리이자 우리 민족을 구한 사건으로 기억되어야 합니다. 🐻

이 상황을 각 나라의 상황으로 연이어 중계하듯 설명하는 게 빠르겠습니다.

빰빠바 빰빠바 바 빠바빠바~

역사를 사랑하시는 국민 여러분, 인기(?) 작가 조홍석입니다.

오늘은 삼국통일 이야기를 해볼까 합니다.

중국 - 400여 년 만에 통일 왕조 등장

자, 먼저 중국부터 보시겠습니다. 삼국통일 이야기인데 왜 중국부터 나오냐고요? 삼국 간 통일 전쟁의 시작은 590년 수나라의 중국 통일에서 비롯된 것이니까요. 🐻

후한이 망한 후 그 유명한 위촉오 삼국시대를 지나 진나라가 통일하지만, 왕자끼리 8왕의 난을 일으켜 싸우면서 지리멸렬하게 됩니다. (그 역사적 사실에서 영감을 받은 작품이 '왕좌의 게임'이란 말도 있

습니다. 🐻)

이때 각 왕자들의 요구로 용병으로 참전했던 오랑캐들이 아예 중원에서 진나라를 밀어내면서 5호16국시대가 열리며 혼란해진 덕분에 고구려가 낙랑군을 멸망시키고 요동을 차지하면서 크게 성장할 수 있었지요. 그후 중국은 남북조시대를 지나 400여 년 만에 새로운 통일 왕조가 나오니 이름 하야 수나라 되겠습니다.

중국인들은 한무제 당시에 정복한 지역을 기준으로 다 자기네 영역이라 생각했으니 서쪽으로는 돈황으로 대표되는 실크로드 통로 하서주랑, 남쪽으로는 베트남 북부, 동쪽으로는 한사군 일대까지를 의미했어요. 그러니 통일제국 수나라는 서쪽으론 토욕혼, 남쪽으론 베트남을 굴복시킨 뒤 혼란기에 고구려에 빼앗긴 과거의 영토를 되찾아 천하의 질서를 바로잡겠다는 생각을 하게 되지요. 문제는 지금도 중국이 이러한 생각을 갖고 있기에 동북공정 같은 역사조작을 하는 거지요. 🗿

당태종 이세민 (위키피디아)

하지만 고구려에게 완패를 당한 후 내부 반란으로 불과 40년도 못 버티고 수나라가 멸망하자 618년 당나라를 세운 고조 이연은 애초 고구려 정벌을 고려하지 않습니다. 당시 수나라가 멸망한 이유가 바로 무리한 원정에 대한 백성들의 원망인 것을 잘 안 것이지요. 하지만 형과 아우를 죽이고 등극한 2대, 당태종 이세민은 회복한 국력을 바탕으로 고구려 정복을 준비하니 수나라처럼 숫자로 밀어붙이지 않고 정예군을 뽑아 차근차근 준비하게 됩니다.

고구려 – 연개소문 등장하다

이제 고구려로 가보겠습니다.

당나라의 전쟁 준비 소식은 고구려 영류왕에게 전해지지요. 그래서 수나라 포로들을 당으로 돌려보내고 태자를 사절로 보내는 등 우호적인 제스처를 보내며 당나라와의 마찰을 피하면서도, 요동에 천리장성을 쌓는 등 전쟁 준비도 착실히 합니다. 영류왕 고건무가 누굽니까? 수나라 전쟁 시 내호아의 수군을 격파해 살수대첩을 유도한 전쟁 영웅이었지요. 그렇기에 전쟁의 참상을 잘 알았고 피폐해진 고구려의 국력 회복이 시급하다고 여겨 당나라의 무리한 요구도 일단 참고 있었습니다.

하지만 할아버지와 아버지의 뒤를 이어 3대째 막리지(국무총리급) 위치에 오른 금수저 청년 연개소문은 생각이 달랐습니다. 굴욕적인 외교에 화가 난 그는 642년 쿠데타를 일으켜 영류왕과 귀족들을 무참히 살해하고 허수아비 보장왕을 세우며 항전 의지를 불태우게 됩니다.

많은 분들이 연개소문이 당태종을 물리치고 북경 근처까지 진격한 민족의 영웅이라 자랑스러워하지만, 고구려 멸망의 단초를 제공한 이 역시 연개소문이었습니다. 🐱 전쟁을 겪어보지 못한 이들이 함부로 전쟁을 주장합니다. 비록 항전 주장은 그럴싸하고 가슴은 후련할지 몰라도 막상 그로 인해 벌어질 결과 앞에선 책임을 지지 않습니다. 당시 연개소문의 쿠데타 소식을 들은 당태종은 신이 났을 겁니다. 대의명분이 중요한 시절에 고구려를 공격할 빌미를 만들어 주었으니까요. 🐻

그리고 중국 경극에서 연개소문이 다섯 개의 칼을 차고 당태종을 쫓는 영웅으로 등장한다며, 지금도 중국인들에게 공포의 대상이라고 알려지고 있다는 얘기를 들었을 텐데요. 이 '살사문(殺四門)'이란 경극에서 연개소문이 나오기는 합니다만, 정작 요나라 장수로 나와요. 중국인들이 고구려의 뒤를 이어 중국을 괴롭힌 거란과 고구려를 헷갈린 것이지요. 앞서 광개토대왕비 역시 여진, 금나라 황제 비라고 잘못 알았을 정도로 고구려는 명·청나라 시절 중국인에게 잊혀진 존재였습니다. 🐱

백제 – 신라에게 복수를 시작하다

그럼 당시 백제는 어땠을까요?

연개소문이 권력을 잡기 1년 전 백제 무왕이 사망하고 아들 의자왕이 등극합니다. 어릴 적 친구들과 "별명은 걸상왕이냐?"고 놀렸

익산 미륵사지석탑
(위키피디아)

던 의자왕은 이름
이 의자예요. 부여
의자(扶餘義慈). 🐻

그런데 아버지 무왕이 누굽니
까? 네. 신라 선화공주와 결혼한
'서동요' 설화의 주인공이지요.
그는 성왕의 전사 이후 귀족들에
게 치이던 왕권을 회복해 나라의 안정을 되찾은 임금이었지만 재위
기간 내내 처갓집, 신라에 마구 공격을 퍼붓습니다. 언뜻 이해가 안
가는 상황이지만, 2009년 익산 미륵사지석탑에서 무왕의 왕후가 실
은 백제 귀족 사택적덕의 딸이라는 유물이 나오면서 서동요 이야기
는 와전된 것이라는 게 밝혀졌지요. 이처럼 살짝 왜곡된 서동요와
익산에 새로 왕궁을 지은 것에서 유추해보면, 무왕은 정통 왕위 계
승권자가 아닌 방계 왕족으로서 익산 지역에 기반을 갖고 있었던 모
양입니다. 아마도 무왕은 왕위 정통성 시비에 대해 신라와의 전쟁으
로 해결하려 한 것 같은데, 아들 의자왕도 아버지의 뜻을 이어서 신
라를 계속 공격하게 됩니다.

그런데 애초 무왕은 고구려와도 사이가 나빠 당태종에게 "고구려
를 공격하면 백제도 동시에 공격하겠다."고 여러 차례 제안했을 정
도였지요. 당시 당이 백제와 손을 잡았다면 삼국통일의 최종 승리자
는 백제가 되었을 수도 있었겠지요. 하지만 당태종은 수나라가 고구
려를 침공할 때 신라는 호응한 반면 백제는 약속을 지키지 않았음을

기억하고 있었고, 아직 고구려에 대한 공격 준비가 덜 된 상황이었기에 응하지 않았습니다.

이런 상황을 잘 알던 새 권력자 연개소문은 의자왕에게 바로 유화 제스처를 보냅니다. 그러자 의자왕은 당이 시큰둥한 상황에서 고구려와 손을 잡아 돌궐-고구려-백제-왜로 연결되는 남북동맹을 결성하고, 신라를 합동으로 공격해 신라를 견제합니다. 즉 고구려 입장에선 남쪽 경계를 접한 신라를 견제하기 위한 이이제이 전략을 쓴 것이죠.

이처럼 고구려와 손을 잡은 백제는 안심하고 신라 공격에 매진해 드디어 642년 윤충 장군이 지휘한 백제군이 지리산을 넘어 경남 합천군에 있던 대야성을 함락하면서 신라에게 위기가 닥칩니다. 원래 대가야의 요새였으나 신라 김이사부 장군이 함락한 뒤 옛 가야 지역을 관장하는 지배 거점으로 쓰던 대야성이 함락당하면서 백제군이 수일 내 서라벌까지 도달할 수 있는 위치까지 빼앗긴 상황이 된 거지요.

신라 – 멸망 위기에 직면하다

이제 신라로 가봅시다.

진흥왕 시절 가야를 굴복시키고 한강 유역을 차지한 신라는 새로 정복한 지역의 지배층도 진골 귀족으로 유입해 군사력을 확충하고 화랑도와 불교를 중심으로 귀족과 평민의 화합을 도모합니다. 하지만 진평왕이 아들 없이 사망하면서 성골 출신 남성이 없어 선덕여왕이 등극한 뒤 백제와 고구려의 맹공에 연달아 영토를 빼앗기고 있었습니다. 게다가 642년 백제의 대야성 함락 시 김춘추의 첫 부인의 딸인 고타소가 사위 김품석, 손주들과 함께 살해당하자 김춘추는 "살아생전에 백제를 멸망시키겠다."고 복수를 맹세했고, 이에 643년 고구려를 찾아가 백제와의 전쟁을 요청하는 외교전을 펼칩니다.

창작뮤지컬 '더 스토리 오브 언더더씨' (©PMCKIDS)

하지만 백제와 손을 잡은 연개소문은 "죽령 이북의 땅을 먼저 돌려 달라."고 요구합니다. 진흥왕 때 빼앗긴 한강 유역을 다 돌려 달라는 것이니 신라 입장에선 영토의 절반을 내놓으란 무리한 요구였고, 이를 김춘추가 거절하자 가둬버리지요. 여왕의 조카가 인질로 잡힌 위기 상황에 처남 김유신은 결사대를 조직해 고구려 국경까지 올라가 무력시위를 하고, 김춘추의 뇌물을 받은 고구려 대신 선도해는 그 유명한 '토끼와 거북이' 이야기를 꺼냅니다. 아 참! 이 토끼와 거북이는 달리기 시합하는 '이솝 이야기'가 아니에요. 용왕님 보약으로 토끼 간 빼 먹으려다 실패한 사기꾼 거북이 '별주부전 이야기'예요. 🐻

이에 힌트를 얻은 김춘추는 "나를 돌려보내면 죽령 이북 땅을 돌려주겠다."고 둘러대고 탈출했는데, 이는 연개소문이 아직 외교력이 부족했다는 증거가 됩니다. 당나라와의 결전이 코앞인 상황에서 수나라 침공 시에도 후방에서 공격했던 신라를 굳이 화나게 만들어 당나라에 더 유착되도록 할 이유가 없었거든요.

이렇게 신라가 백제에게 두들겨 맞고, 고구려로부터 왕따를 당해 눈물을 흘리던 그때, 드디어 당나라의 고구려 침공이 시작됩니다.

중국 – 당태종, 고구려와의 1차 전쟁에 돌입하다

다시 중국을 보겠습니다.

안시성 전투로 유명해진 당태종의 645년 고구려 1차 침공 바로 전 해인 644년에 연개소문이 당나라 영토인 요서 지역을 먼저 공격한 것이 빌미가 됩니다. 이에 당태종은 30여 년 전 참패한 수나라의 사례를 면밀히 검토해 30만 명의 정예병을 모아 보급 문제를 줄이는 한편, 주위 국가들에게 고구려 공격에 참여할 것을 요구하게 되지요. 이에 신라는 남쪽에서 호응을 하나 백제는 이를 무시하고 신라를 공격하니 그후 당태종은 완전히 백제를 배신자로 생각해 사신도 받지 않아요. 🐷

당군은 수나라와 달리 체계적으로 공격을 감행해 요동 방어선의 중요 거점 개모성을 함락한 데 이어, 수나라 100만 대군도 뚫지 못한 요동성마저 10여 일 만에 무너뜨리고 백암성, 비사성 등도 잇따

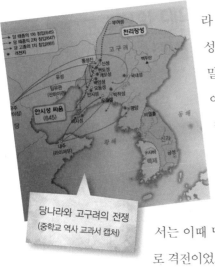

당나라와 고구려의 전쟁
(중학교 역사 교과서 캡처)

라 함락하지요. 이제 남은 주력
성은 안시성뿐. 이에 연개소문은
말갈군까지 긁어모아 무려 15만
여 명을 보내어 안시성을 구하
려 하지만 주필산 회전에서 대
패하고 맙니다.

다만 여기까지 내용은 중국
측 기록이고, 《삼국사기》에
서는 이때 당군도 많은 군사를 잃을 정도
로 격전이었고, 신성과 건안성 전투에선 고
구려가 이겼다고 전하고 있어요. 김부식은 사대주의자가 아니라니
까요. 🐻

이후 당태종은 안시성을 공략하게 되는데 요동성 등에 비해 작은
성이었다고 합니다. 그런데 특이한 것이, 중국 사서에 이 전투에 앞
서 당나라 장군들이 당태종에게 "안시성은 연개소문도 못 넘은 성
이니 건안성을 먼저 치자."고 건의했단 기록이 있다는 거예요. 이것
으로 미뤄보면, 연개소문의 쿠데타는 신흥 귀족의 반란이었기에 북
방 구 귀족 세력권이던 안시성이 연개소문을 반대하자 연개소문이
직접 안시성을 공격했지만 실패했던 전력이 있던 곳이란 겁니다. 이
처럼 안시성주와 주민들은 연개소문을 위해서가 아니라 스스로를
지키기 위해 기적적으로 5개월이나 버티며 당군의 모든 공격을 막
아내지요. 참으로 위대한 승리였습니다. 🐨

이미 계절은 겨울을 향해 가고 있어서 보급에 문제가 생기고, 안시성과 건안성 등 배후에 고구려군을 남겨두고 평양으로 진격했다가 또다시 살수대첩 꼴이 날 것을 우려한 당태종은 북방 돌궐족의 분위기도 심상치 않다는 연락을 받고는 결국 철군하게 됩니다.

하지만, 당태종이 양만춘의 화살에 맞아 애꾸눈이 되었단 이야기는 가리지날이에요. 이는 역사서에는 없고 고려 말 목은(牧隱) 이색이 지은 시에서 처음 등장한 민간전승입니다. 실제로 눈에 화살을 맞을 정도면 거의 대부분 사망하거든요. 또한 안시성주 이름이 양만춘이란 것도 진실인지 알 수 없다는 건 앞서 설명드린 바 있지요.

안시성 전투 (© 우리역사넷)

이처럼 당군의 맹공을 막아낸 안시성은 그후 고구려 멸망 시에도 끝까지 함락되지 않고 버티면서 고구려 부흥 운동의 상징이 되는데, 그 이야기는 뒤에 다시 할게요.

신라 – 지배 세력이 물갈이되다

다시 신라로 갑니다. 정신줄 단단히 잡으셨지요?

신라 선덕여왕은 백제와 고구려의 협공 속에서 100여 개의 성을 잃는 대위기 상황이었지만, 당이 645년 고구려를 1차 침공하자 이에 호응해 3만 명 규모의 군대를 동원해 고구려를 동시 공격하고 7개 성을 빼앗으며 신의를 보여줍니다. 하지만 이 틈을 노린 백제가 신라를 공격해 여러 성을 빼앗고 쾌재를 불렀겠지만……, 이는 당태종에게 '백제는 배신자'라는 낙인이 찍히는 결정적 순간이 되어버리지요. 🐻

이처럼 연이은 신라군의 패배에 불만을 품은 상대등 비담이 반란을 일으킵니다. 화백회의 수장으로서 왕 다음가는 실력자인 상대등이 일으킨 반란이었으니 왕위를 찬탈하려는 대형 쿠데타였던 것이죠. 당시 보름여 간에 걸쳐 왕성을 반란군이 포위할 정도로 초기에 우세했으나 밤에 근왕군 진영으로 떨어진 유성에 군사들이 동요하자 김유신이 기지를 발휘해 불을 붙인 연을 띄워 전세를 뒤집습니다. (그러고 보니 우리나라 역사에서 연을 띄운 첫 기록이네요. 🐱) 하지만 이 내전 중에 선덕여왕이 사망하니 김춘추가 마지막 남은 성골이모, 진덕여왕을 내세우며 배후의 실권자로 등장하게 됩니다. 원래 역사적으로 개혁이란 게 기존 권력과 동떨어진 집단에서 성공하기보다는 기존 권력층의 주변부에서 새로운 변화를 갈망해 성공하는 경우가 많은데, 떨거지 왕족 김춘추와 가야 출신 떨거지 귀족 김유신이 외교력과 군사력을 바탕으로 새로운 질서를 만들게 되지요.

김춘추는 진덕여왕을 옹립한 뒤 647년 다시금 국가 외교사절로서 왜국까지 찾아갑니다. 백제에게 군사 지원을 못 하게 하기 위해서였을 텐데, 《일본서기》에만 나오는 이 방문 내용에서는 김춘추의 바람과 달리 왜국이 백제와의 동맹관계를 깨지 않기 위해 완곡히 거절했다는군요. 당시 일본은 신라계 귀족이 권력을 잡은 시기였기에 은근히 기대를 한 모양인데, 당시 왜 조정은 고구려와 백제의 맹공 앞에 결국 신라는 곧 망할 것으로 예측했던 겁니다. 그나저나 그 기록에는 특이한 문장이 있는데, 바로 "용모가 아름다우며 담소를 잘했다."는 내용이지요. 이 같은 용모 칭찬은 중국 사서에도 나오니 여러 드라마에서 김춘추가 꽃미남으로 나오는 건 역사적 팩트가 있는 겁니다. 🐻

이처럼 고구려와 왜국과의 외교에서 성과를 얻지 못한 김춘추는 결국 648년 직접 당으로 건너가 거래를 하게 됩니다. 당시 당나라는 고구려 정벌을 위해서는 후방에서 동시에 공격을 해주고, 보급도 해줄 동맹국이 필요한 참이었는데 이미 백제는 눈 밖에 난 상황이었고, 신라로서는 고구려와 백제를 타도하지 않으면 멸망한다는 절박한 상황이었기에 두 나

공식 꽃미남 김춘추, 태종무열왕 (구글 이미지)

라가 힘을 합쳐 고구려와 백제를 멸망시킨 후 대동강 이남은 신라가 차지하고 대동강 북쪽은 당이 차지한다는 합의를 끝내 남북동맹에 대항하는 동서동맹, 즉 '나당연합'이 성사됩니다. 그러나 구체적 일정을 논하던 중 진덕여왕이 사망하자 왕위를 잇게 된 김춘추는 신라로 되돌아가면서 둘째 아들 김인문을 남겨서 대당 외교를 지속하게 하지요. 하지만 약속을 한 당태종이 그다음 해에 사망하고 유약한

셋째 아들 이치가 대신들의 추대로 당고종으로 즉위하면서 실행 시기는 예측할 수 없는 상황으로 빠집니다. 🐻

그러는 사이에도 고구려는 말갈 군사를 동원해 백제와 함께 연일 맹공을 퍼부어 659년에는 고구려군이 하슬라(강릉)까지 진격해 신라로서는 언제라도 곧 멸망할 상황까지 내몰리게 되는데……. 10여 년간 아무 연락이 없던 당나라가 소정방을 대장군으로 삼아 13만 명을 보내겠다고 연락하면서 극적인 반전이 일어납니다

신라 신하 : "폐하, 당나라에서 콜렉트 콜로 국제 전화가 왔으요신라~."

태종무열왕 : "응? 10년간 연락 없더니 이게 무슨 일이라더사로?"

당고종 : "울리 살람 약속 안 잊었당. 울리 군사 13만 명 보내줄 테니 백제를 같이 없애버리차이나. 임금님표 이천 쌀 갖고 한 달 뒤 사비성에서 보자이치. 난 바빠서 이만 끊는장안."

태종무열왕 : "어서 처남 김유신 장군을 불러라계림. 당나라에서 단체 급식 배달 주문왔서라벌."

신라는 까맣게 몰랐지만, 당시 당나라는 놀고 있진 않았습니다. 당태종은 아들 이치의 능력을 영 못 미더워해 유언으로 "고구려를 치지 말라."고 했다지만, 며느리가 그 유명한 측천무후였어요. 🐻

이후 중국의 첫 여황제가 될 측천무후는 남편, 당고종을 다그쳐 정복 전쟁을 계속하게 했는데, 645년 1차 침공 실패를 교훈 삼아 655

년 소규모 군사로 고구려를 침공해 야금야금 소모전을 펼친 데 이어, 657년 고구려와 긴밀한 동맹인 돌궐과의 전쟁을 치렀는데, 여기서 소정방이 이끌던 보병 1만여 명이 돌궐 10만 기병을 완파하고 서돌궐의 지도자들을 처형하는 대승리를 거둡니다. 또한 660년 봄 설인귀는 거란군을 물리치고 거란 왕을 생포해 고구려는 말갈을 제외한 북방의 동맹 세력을 다 잃게 됩니다.

이 여세를 몰아 당나라는 고구려의 또 하나의 연결고리이자 신라의 숙적인 백제를 공격해 고구려의 두 팔을 자른 뒤, 최종 목표인 고구려를 양쪽에서 치려고 맹장 소정방을 대장으로 한 대군을 출정시킨 것이지요.

백제 – 느닷없는 멸망과 끈질긴 부흥 운동

그러면 당시 백제는 어땠을까요?

655년 백제 의자왕은 대륙의 사정은 전혀 모른 채 친위 쿠데타를 일으킵니다. "당이 쳐들어올지 모르니 신라와의 전쟁을 잠시 멈추고 민생을 챙기자."는 귀족들과의 대립이 격화되자 왕자 41명에게 몽땅 좌평 직위(1등급, 장관급)를 주며 수요 보직을 채워 넣는 개혁을 단행한 것이죠. 아니 의자왕 당신은 대체 부인이 몇이기에 왕자가 저토록…… 🐻

이에 다수의 대신들은 쫓겨나거나 투옥되었는데, 대야성을 함락시킨 윤충 장군의 형인 좌평 성충(부여 성충)은 옥사할 정도였고, 동생들과의 권력 싸움에서 밀린 태자 부여융은 왜국으로 도망가게 됩니다.

사서에서는 총명하고 우애가 깊어 해동증자(海東曾子)로 칭송받던 의자왕이 신라에 연이어 승리하자 방자해져서 사치와 향락을 즐기다가 망했다고 나오지만, 그건 어디까지나 유학적 사관에 입각해 쓴 것이며, 승리한 측에서 패배한 왕을 몹쓸 인간이라고 매도해야 그 전쟁의 도덕적 정당성을 인정받았기 때문입니다. 그러니 낙화암에 떨어졌다는 삼천궁녀 이야기 역시 가리지날입니다. 옛 사서엔 그런 기록이 없고, 조선 문신 민제인(1493~1549)이 부여를 구경하며 지은 시 '백마강부'에서 처음으로 수없이 많은 궁녀가 있었다는 의미로 삼천궁녀를 읊었던 거예요. 그후 이 문구가 널리 인용되면서 잘못 알려진 것이죠. 실제로 인구가 더 많았던 조선시대에도 궁궐 내 궁녀 수가 채 600명이 되지 않았거든요. 🐨

당시 젊은 친위 부대를 동원해 판을 엎은 의자왕은 실로 의기양양했을 것입니다. 예전 수나라 대군도 고구려에 패했고 10년 전 당나라도 패배했으니 중국 세력이 고구려를 멸망시킬 수 없을 것이라고 여겼기에 당 대신 고구려를 파트너로 삼아 신라를 멸망시킬 절호의 기회를 잡았다고 여겼겠지요.

그런 의자왕에게 뜻밖의 비보가 날아오니 660년 7월, 당나라 13만 대군이 백강 하구에 나타났고 신라군도 탄현 고개를 넘어오고 있다는 것이었죠. 아니, 이게 무슨 시츄에이션? 🐨 당시 백제도 대외

정세에 아예 무심한 나라가 아니었는지라 당군과 신라군의 동태를 보고 있었는데, 애초 당군도 인천 쪽으로 항해했고 신라군도 북서쪽으로 진군해 서해안 덕물도(인천 덕적도)까지 갔기에 고구려를 침공하려고 준비하는 줄 알았던 거지요.

하지만 의자왕은 우왕좌왕하지 않고 각지로 군사를 요청하는 파발을 보내는 한편, 옥에 갇혀 있던 좌평 흥수에게도 자문을 구했는데, 문제는 당군과 신라군의 진격 속도가 너무나 빨라 그 어떤 대책도 이미 시기가 늦어버린 겁니다.

당군은, 늘 문제가 되던 보급은 신라군 5만 명이 식량을 싣고 합류하기로 했기에 가벼운 군장으로 금강 입구에 상륙해 백제군을 격파하고, 사비성을 향해 수군은 배를 타고, 기병은 강 양쪽을 따라 동시에 거슬러 올라오고 있었습니다.

황산벌 전투 상상도, 오승우 그림
(용산 전쟁기념관 소장)

충남 부여 삼충사에 있는 계백 장군 영정 (© 한국중앙학 연구원, 유남해)

이에 의자왕은 친위 쿠데타에 참여했을 것으로 여겨지는 달솔(2등급) 계백에게 5000명의 결사대와 함께 신라군을 저지하라고 지시하고, 계백 장군은 황산벌로 가게 됩니다.

우리는 흔히 계백 장군의 성이 '계'이고 이름이 '백'이라고 알지만 그건 가리지날이에요. 과거 MBC 드라마 '계백'에서도 그리 나왔지만, 실제 이름은 부여계백 또는 부여승이에요. 왕족 집안인 거지요.

많은 분들이 백제가 말년에 망조가 들어서 군대가 5000명밖에 없었는 줄 아시는데, 그건 사정이 좀 있어요. 당시 전쟁을 미리 예측하지 못한 상태에서 상당수 군대는 신라와의 최전선에 나가 있었고 지방에 있던 귀족들의 사병은 불러오지 못한 상황이라 그런 겁니다. 중국 군대가 보급 문제로 매번 철군한 것을 잘 알던 의자왕이 5000명을 뽑아 신라를 막게 하고, 그보다 더 많은 군사는 당군과 싸우게 하지만 1만여 명이 백강에서 전사하는 패배를 당합니다.

현대에는 계백이 출정 전 아내와 어린 자식들을 다 죽여 군사의 사기를 높인 것에 대해 칭송하는 분위기이지만, 과거엔 그렇지 않았어요. 아직 아이들이 어렸기에 전투에 데려가지 못해 죽인 것으로 보아 젊은 장수로 추정되는데, 고려, 조선시대 학자들은 "아무리 충성심의 발로라지만 제 피붙이를 죽이는 건 천륜에 어긋난 행위"라고 아주 비판했다네요. 🐻

또한 황산벌이란 이름 때문에 너른 평지에서 백제군이 신라군과 격전을 벌였다고 상상하지만, 계백은 신라군이 당군과 제시간에 만나지 못하게 함으로써 당군이 철수하도록 해야 했기에 벌판에서 맞대결을 펼치지 않고 황산벌로 들어오는 고갯길에 3개 진영을 차리고 신라군의 진격을 막는 것에 주력했습니다. 즉 시간 끌기 전술로 상대의 진격을 며칠이라도 막아내는 것이 최종 목표였어요. 흔히 정신력만 있으면 능히 승리한다고들 하지만, 어떤 전쟁이건 무모한 돌격은 대부분 패전으로 이어지기 십상입니다.

이에 백제군은 지형의 유리함을 바탕으로 필사적인 방어전을 전개해 하루에 4번 싸워 4번 이긴 것이지

용전도 (경주 통일전 소장)

요. 그러자 시간에 쫓기던 신라군도 결국 특단의 대책을 내니, 김유신 장군은 다 친인척 관계인 장군들에게 자식을 희생시킬 것을 주문합니다. 본인에게도 조카들인데 말이죠.

당시 백제나 신라나 장렬한 가족 희생을 통해 전황을 역전시키려고 한 것은 참으로 숙연한 장면이지만, 지금으로 치면 10대 청소년이던 이들 화랑은 어떤 심경이었을까요? 이에 먼저 김유신의 동생 김흠순 장군의 아들인 반굴이 나서지만 곧바로 사망하자, 뒤이어 김유신처럼 가야계 진골인 김품일 장군의 아들인 관창이 나섰다가 사로잡힙니다. 계백은 잡혀 온 관창의 투구를 벗긴 후 깜짝 놀랐다지요. 아마도 본인 손에 죽은 아들이 생각났을 겁니다. 🐹 이에 소년 관창을 무참히 죽일 경우 닥칠 결과가 눈에 보여 2번 되돌려 보내지만, 임전무퇴를 외치며 돌격하는 관창을 어쩔 수 없이 베고 맙니다. 다만 최근 학자들의 분석에 따르면 이들 화랑이 혼자서 돌격한 것이 아니라 수십여 명의 돌격대를 이끌고 소규모 기습작전을 벌이게 했을 것이라고 하지요. 하지만 사실이 어떻든 16세 꽃다운 나이에 용감히 전사한 김관창 군은 후대에 이름을 남기게 되나, 먼저 솔선수범한 화랑 선배 김반굴 군은 아무도 기억해주지 않으니 참으로 안타깝습니다. 🐹

이처럼 장군들이 10대 아들들을 희생시키는 것을 본 신라 군인들이 감복했는지, 아니면 '오늘 못 이기면 내 목도 날아가겠구나.' 하는 절박감이었을지 모르지만, 결국 계백과 5000 결사대를 거의 전멸시키고 함께 참전했던 더 고위직인 백제 좌평 20여 명은 포로로 삼습니다.

이후 당군과 신라군이 만나 사비성을 포위하는데 소정방은 신라군이 늦게 도착해 차질을 빚었다며 신라 선봉부대 김문영 장군의 목을 베겠다고 으름장을 놓았으나, 김유신이 분기탱천하여 도끼를 들고 "당군부터 처치하고 백제를 멸하겠다."고 맞받아치며 부당한 지시를 막아냅니다. 조카들까지 죽이고 겨우 왔는데 그딴 대접을 하다니요. '한·중은 동반자 관계'라면서도 틈만 나면 갑질하는 건 뭐 예나 지금이나 비슷하네요. 🐻

이런 상황에서 의자왕은 태자 부여효와 함께 사비성을 버리고 북쪽 웅진성으로 달아나 항전을 준비합니다. 예전 장수왕의 침공에 맞서 끝까지 항전한 웅진성이 수비하기에 더 좋았고, 지방에서 올라올 응원군으로 사비성의 당군을 포위하겠다는 생각을 했을 거라네요. 그러나, 성 내부에서 반란이 일어나 배신자 예식진이 의자왕과 태자를 묶고 항복해버리니 불과 개전 10일 만에 백제가 멸망하고 맙니다.

이후 의자왕과 왕자, 귀족들은 당나라로 압송되고 스트레스를 받은 의자왕은 곧 사망하나, 의외로 백제 왕족들과 귀족들은 당에서 귀족으로 편입되어 잘 먹고 잘살게 됩니다. 패망한 나라에서 끌려갔으니 노예로 일생을 살았을 것 같지만 이처럼 대우한 것은, 당이 황제국으로서 항복한 자에게도 이렇게 잘 베푸는 국가이니 앞으로 당군이 공격하러 가면 결사 항전하지 말고 순순히 항복하는 게 신상에 좋다는 것을 보여주기 위함이었지요. 🐻

백제와 고구려의 부흥 운동
(중학교 역사 교과서 캡처)

663년 백강 전투
(위키피디아)

이는 신라가 가야 각국을 멸망시키면서 가야 왕족을 진골 계급으로 편입한 것이나, 1910년 조선이 망할 때 왕족들과 친일 세력들은 일본으로부터 작위 받고 돈 받아 잘 먹고 잘살았던 것과 동일합니다. 일제 치하 당시에 조선총독부의 경리 담당자가 이들 조선 왕족과 친일 귀족들이 어찌나 돈을 잘 썼던지 재정 관리하느라 애먹었다는 이야기가 전해지지요. 🐻 반면 백제 땅에 남은 백성들만 학살과 착취를 당하게 되니, 다수가 왜국으로 망명길에 오르게 됩니다. 🐻

하지만 백제가 바로 멸망하진 않습니다. 당군과 신라군은 기습 공격으로 백제 왕을 사로잡아 승리했다고 기뻐했으나 충청도와 전라북도 일대의 지방 귀족 세력들이 일제히 봉기해 부흥 운동을 시작하거든요. 다만 지금의 전남 지역은 봉기가 없었다는데, 이 지역은 100여 년 전까지 마지막 마한 본거지로서 대항하다가 백제에게 흡수당한 처지였기에 백제의 멸망을 그리 안타까워하지 않았다네요. 누가 오건 다 정복자였을 테니까요. 이 같은 정서는 250여 년 뒤 후삼국 시절에 왕건의 후고구려 수군이 나주 지역을 점령해 후백제와 대치할 수 있었던 배경과도 이어지는 거예요.

당시 부흥군의 위세가 절정일 때는 200여 성을 차지해 오히려 당군과 신라군이 포위되는 지경이 되는데, 661년 태종무열왕(김춘추)의 사망이 실제로는 백제 부흥군과의 전투에서 전사한 것이 아니냐는 의견이 나올 정도였습니다. 만약 이때 제대로 반격해 당군을 몰아냈다면 왜국에서 돌아온 태자 부여풍이 백제를 재건할 수 있었겠지만, 복신이 도침을 죽이고, 다시 부여풍 왕자가 복신을 죽이는 등 내분이 터지고, 663년 일본에서 온 왜 구원군마저 백강(또는 백촌강) 전투에서 당-신라 수군에게 전멸하면서 마지막으로 부흥군의 거점은 임존성만 남게 됩니다. 그리고 이 임존성을 깨뜨린 이는, 애초 임존성에서 거병해 부흥 운동을 시작했다가 당에 항복한, 임존성의 약점을 잘 알고 있던 흑치상지 본인이었어요. 이렇게 백제 부흥은 실패로 돌아갑니다. 그래서 우리나라에선 백제의 멸망을 660년으로 보는 반면, 일본에서는 663년이라고 보고 있지요.

그런데……, 백제는 그후 또 한 번 멸망하게 됩니다. 으잉? 그게 뭔 소리냐고요? 🐻

《삼국사기》에 백제 멸망에 대한 이상한 구절이 있습니다. 중국 기록을 옮긴 듯한데 "이로써 백제는 각각 신라와 발해에 의해 멸망했다."라는 거예요. 당시 김부식도 이 글에 주석을 달아 "백제가 이미

신라에 망했는데 발해에게 망했다는 건 무슨 의미인지 모르겠다."
고 당혹해합니다.

이 의문은 2004년 중국 시안(西安, 옛 장안, 당나라 수도)에서 부여
태비(扶餘太妃)의 묘지석이 발견되면서 해결됩니다. 의자왕의 증손
녀인 이 여인은 711년 당나라 황족이자 괵왕으로 책봉된 이옹의 두
번째 부인이 되었고, 장남 이거가 괵왕 지위를 이어받아 731년 태비
(왕의 어머니)로 책봉되었는데, 그녀의 묘지석에 따르면 당은 백제
유민들에게 건암고성(옛 고구려 요동 방어성 중 하나) 땅을 내주며 기
존 백제 땅에서 신라에 밀려 철수한 웅진도독부를 다시 열고 백제
태자에게 자치를 허용했다는 것이죠. 또한 흑치상지 장군이 이끈 백
제 유민군은 토번(티베트)의 침략에 맞서 연이어 대승을 거두는 등
당을 위해 헌신합니다.

중국 사서 《자치통감 202권》에 따르면, 요하 바닷가 건안고성은
예전 백제 연고지였기 때문에 이곳에 웅진도독부를 새로 열었다고
기술하고 있습니다. 중국인들은 그곳이 유리왕을 피해 비류와 온조
왕자가 배를 타고
떠난 곳이라고 생
각한 모양이에요.

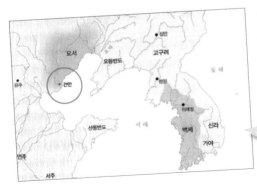

백제 부여융이 건설한
건안고성 위치
(구글 이미지)

이에 당나라 곳곳에서 다시 모이게 된 백제 유민들로선 새로운 백제의 건국으로 환영했지만, 당나라의 속셈은 지속적인 통치가 어려운 만주 지역에서 고구려 유민들을 상대로 방패막이를 하란 의미였지요. 이후 150여 년이나 건재한 요서 백제(소백제)는 820년대 어느 날 발해 10대 왕, 선왕(재위 AD818~830)의 공격에 함락당해 또다시 멸망하고 말았으니, 마지막 백제왕 이름은 경왕(景王)이라고만 전해지고 있습니다. 🐻

고구려 – 내분으로 허무하게 망하다

자, 이처럼 백제가 망하면서 동맹을 잃어버린 고구려는 어찌 되었을까요?

당은 돌궐과 거란을 무력화한 데 이어 백제까지 멸망시켜 고구려 동맹 국가를 정리하자 곧장 다음해인 661년 고구려 2차 침공을 감행하지요. 이에 소정방이 이끄는 백제 주둔 당군도 본토에서 바다를 통해 평양으로 직공할 당 수군과 만나기 위해 북상하고 신라군도 보조를 맞춥니다.

이에 소정방이 가장 먼저 배로 평양성 앞까지 도달해 전투를 벌이지만 애초 오기로 한 본진 5개 군 중 2개 군이 돌궐 반란을 막으러 방향을 트는 바람에 남은 군사들만 남하하다가 연개소문에게 걸려 방효태 사령관과 그의 아들 13명이 모두 전사할 정도로 대패합니다. 이에 평양성 앞에서 이제나저제나 기다리던 소정방 군은 고립되어 배를 쫄쫄 굶다가 노구를 이끌고 달려온 김유신과 신라군이 추운 겨울(662년 음력 1~2월)에 고생고생해 가져온 식량을 맛있게 먹고 퇴각하고 맙니다. 🐻 "어이~, 소장군! 우리가 어? 배달의 민족이라꼬 어? 이런 배달시키는 기가? 니가 생각하는 그 배달이 아이거든?" 이렇게 씩씩거리며 퇴각하던 신라군을 고구려군이 경기도 과천 부근에서 공격하지만, 역습을 당해 1만 명이나 전사하고 말았다는 군요. 오랜 전쟁에 잔뼈가 굵은 신라군도 호락호락한 군대가 아니었던 겁니다.

애초 고구려의 정복을 원한 건 당나라였고, 백제 정복을 원한 건 신라였기에, 당나라가 성급히 백제 땅에서 주력군을 빼며 북상하자 백제 부흥군이 크게 떨쳐 일어나죠. 하지만 663년 당-신라 연합군과의 백강 해상전에서 백제-왜 연합군은 모두 바다에 잠겨버립니다.

이처럼 백제를 다시 평정하면서 숨 고르기 하던 당은 고구려 재침공을 망설이게 됩니다. 당태종의 1차 공격 때엔 요동 방어선 안시성 하나를 공략하지 못해 실패하고, 지금의 황제 명령으로 진행한 2차 공격에선 배를 타고 요동을 건너뛰어 평양으로 갔다가 연개소문에게 다시 패배하면서 고민에 빠진 것이죠.

그러던 당에게 희소식이 날아옵니다. 연개소문이 죽은 뒤 형제들끼리 싸움이 터진 겁니다. 중국 사서와 《삼국사기》에선 연개소문이 663년에 사망한 것으로 나오지만, 연남생의 묘비에는 657년에 대막리지를 승계한 것으로 나와 그때 연개소문이 사망한 것 아니냐는 견해도 있습니다. 어쨌거나 연개소문이 사망하면서 3형제에게 "너희

형제는 물과 고기처럼 화합하여 다투지 마라. 그러지 못하면 반드시 이웃 나라의 웃음거리가 될 것이다."라고 신신당부했다고 《일본서기》에 기록이 남아 있지만, 권력을 한 자식에게 몰아줬어야 하는데 셋 다 고만고만한 권력을 나눠 갖는 불안정한 상태로 남겨둔 것이 그만 불행의 씨앗이 된 거지요. 🐻

이후 두 동생이 아버지의 직위를 물려받은 장남 연남생을 내쫓아버리자 배신에 치를 떤 연남생이 국내성을 비롯한 북방 성 6개와 10만 호를 데리고 당에 투항하고 맙니다. 고구려 인구가 69만 호였다고 하니 15% 가까이 사라진 겁니다. 게다가 연개소문의 동생인 연정토는 남쪽 12개 성을 들어 신라에 항복해버리죠. 이 같은 찬스에 환호성을 올린 당고종이 667년 즉각 출정을 명령하니 50만 명을 동원한 3차 전쟁이 발발합니다.

이 3차 전쟁은 너무나도 당에게 유리했습니다. 복수심에 불탄 연남생은 길을 안내하고 거란은 군사와 물자를 제공했으며, 고구려 내에서도 요동 방어선 신성 등이 스스로 항복하는 등 와해되기 시작합니다. 이에 다급해진 고구려가 요동 지역 전 군을 동원해 격돌하지만 5만 명이 전멸하면서 천리장성도 무너지자 옛 북부여 지역도 고스란히 투항해 압록강 북쪽은 완전히 당의 손에 떨어지고 맙니다. 🐻

이에 대막리지 지위를 찬탈한 둘째 연남건이 주축이 된 고구려군이 저항하지만, 결국 평양성 앞까지 당군이 도달하고 신라군도 무려 20만 명이나 큰 피해 없이 평양성까지 북상합니다. 이에 고구려군은 식량 배달 부대이니 약할 것이라고 생각해 신라군을 먼저 맹공격하지만, 오히려 이 마지막 전투에서 신라군이 승리를 거두며 고구려의 마지막 희망을 깨버리죠.

영화 '평양성'에선 마치 신라가 아무런 전투 없이 어부지리로 이기는 것처럼 나오지만, 고구려 정예병을 부수어버린 신라군은 이 경험을 바탕으로 나중에 당나라와 일대 결전을 할 자신감이 생겼지 않았나 합니다.

그후 한 달여 간의 공성전 끝에 평양성이 함락되는데, 그동안은 중국군이 보급 문제로 무너졌다면 이때는 고립된 고구려군이 식량이 떨어지면서 보장왕 등이 먼저 항복을 하고 연남건과 연남산 형제만 끝까지 저항합니다. 이에 마지막 순간임을 직감한 신하들이 각종 보물을 실은 배를 대동강에 띄우나 이 배는 뒤집혀 가라앉아버리지요. 당시 고구려의 밤하늘을 그렸다고 하는 '천상열차분야지도' 비석 역시 대동강에 가라앉았지만, 그후 이성계가 집권한 조선 초 누군가가 그 탁본을 바치며 다시금 세상에 그 존재를 드러냅니다.

어쨌거나 당나라는 주변 국가 중 가장 강대했던 고구려를 점령하면서 이제 대업이 완성되었다고 믿고 드디어 마지막 야욕을 드러냅니다.

당의 입장 – 모든 계획이 당나라의 시나리오대로 흘러가는 듯했으나

자 어떻습니까? 이제 삼국이 통일된 걸까요?

아뇨, 고구려가 멸망하면서 삼국이 통일되었다는 건 가리지날.

그후 사정은 매우 복잡하게 돌아갔고 하마터면 한반도 전체가 중국에 먹힐 대위기가 오지만 국제 정세에 눈을 뜬 신라가 당나라에 먼저 선빵을 날리는 7년간의 '나당전쟁'을 전개함으로써 비로소 삼국통일이 완료되었습니다.

읽으면서 느끼셨겠지만, 삼국 중 어느 나라도 혼자 힘으로 삼국을 통일할 수 없었기에 모두 외세를 끌어들였습니다. 고구려는 넓은 땅과 압도적인 무력을 가진 것 같았지만 서쪽 중원 제국에 비해 국력이 약했고, 남쪽의 백제, 신라, 북쪽의 여러 이민족 등 다양한 전선에 분산되어 한 쪽으로 힘을 모을 수 없었습니다.

평화를 지향한 것 같은 백제는 오히려 고구려를 멸망시키고자 중국을 끌어들이는 적극적인 외교전을 오랜 기간 펼친 반면, 신라는 백제의 맹공 앞에 나라가 무너질 상황이어서 고구려건 왜국이건 당나라건 어디든 백제를 멸망시켜줄 동맹을 찾는 것이 가장 급한 목표였고, 그 목적 달성을 도와준 당의 요구에 응해 고구려의 멸망까지 지원해준 것입니다.

사실 삼국통일의 원동력은 신라가 아니라 중국의 뚜렷한 천하관이 그 출발점이었습니다. 🐻

수나 당 모두 통일된 새 왕조에게 해가 될 주변 국가를 사전에 정리해 중국 중심의 천하가 유지되는 것이 중요한 목적이었습니다. 따라서 주변 국가 중 가장 두려워한 것은 북방 흉노 등 유목민이었고, 두 번째 위협이 문명국가이자 군사 강국인 동방의 고구려였습니다. 그후 고구려를 도울 수 있는 주변 국가부터 차근차근 정리하기 시작해 돌궐, 거란에 이어 백제를 멸망시킨 후 드디어 고구려를 손에 넣게 된 것입니다.

따라서 당시 중국의 입장을 보면 최종 목표인 고구려 정복을 위해 주변 동맹국을 먼저 제거하는 가운데 안정적인 보급을 지원해줄 나라로 백제와 신라를 저울질하다가 결국 더 절박한 신라를 이용해 먹은 이이제이 전법을 쓴 것이에요.

게다가 생각보다 신라군이 강군이기도 했고요. 당나라가 고구려만 손에 넣으면 이제 더이상 요구를 안 할 것이라고 기대한 신라에게 당은 철저히 배신을 때립니다. 663년 백강 전투를 끝으로 백제부흥군이 와해되었음에도 애초 신라에게 주기로 한 백제 땅에는 웅진도독부를 두어 장안으로 끌고 갔던 의자왕의 아들, 부여융을 데려와 도독으로 앉히고, 신라는 계림대도독부라 칭하며 문무왕을 계림주 대도독에 임명하고 부여융과 화합하라고 한 것이죠. 즉, 당은 신라를 망한 백제와 동급으로 대우해 은근슬쩍 당나라 땅으로 만들려고 한 겁니다.

이에 신라는 칼을 갈기 시작합니다.

당나라가 설치한 웅진도독부,
계림대도독부, 안동도호부
(KBS '역사저널 그날' 캡처)

왜국의 사정 – 본토 항전을 준비했는데, 왜 안 쳐들어오지?

본격적인 나당전쟁에 앞서 남북동맹의 마지막 국가, 왜의 사정도 알아봅시다.

신라가 끝내 당에게 굴복했다면 한반도 전역은 당나라 땅이 되었을 것이고, 당은 왜국을 공격한다며 신라군을 동원했을 겁니다. 이는 이후 몽골이 고려의 항복을 받은 뒤에 요구한 것과 같은 수순인데 돌궐-고구려-백제-왜로 연결되는 마지막 악의 축, 왜까지 정복하면 동방은 당의 천하가 되는 것이었겠지요.

왜국 역시 이 같은 상황이 예측되었기에 사전 방어를 위해 661년 부여풍 왕자를 돌려보내며 5000명의 군사를 파병한 데 이어 663년 2만 7000여 명을 더 보내지만, 수군의 실력 차이가 어마어마하게 나는 것을 깨닫고는 본토 항전 태세에 나섭니다.

왜국은 본토 방어를 위해, 지금은 학업의 신을 모시는 텐만구(天滿宮)로 더 유명한 규슈섬 후쿠오카 남쪽 다자이후(太宰府)에 제2의 수도를 건설하고, 규슈 전 지역을 방어 요새화하는 작업을 하게 되지요. 하지만 이렇게 열심히 준비하고 기다렸건만 당-신라 연합군은 오지 않아요. 그건 예상치도 못하게 신라가 당의 야욕을 박살낸 나당전쟁이 시작되었기 때문입니다. 아놔~, 너뿐이노 쓸데없이 개고생만 했다데스! 🐗

그후 왜국은 더이상 당이나 신라의 공격이 없을 것이라는 상황을 파악한 뒤 당에게 유화 제스처를 보내며 공손하게 2등급 레벨 국가로서 나라 이름을 두 글자 '일본'으로 바꾸고 서서히 중국으로부터 직접 문화를 흡수하며 그동안 문화 스승으로 모시던 한반도와 결별합니다.

통일 전쟁은 이제부터 – 알고 보자, 나당전쟁

자. 이제 다시 마지막 주인공 신라 차례입니다.

신라는 당나라의 부당한 조치에 대해 일단 추이를 지켜보는 가운데, 당군이 고구려 유민들을 마구 끌고가면서 마찰이 빚어지고, 아직 점령당하지 않은 주변 지역에서 고구려 부흥군이 일어나는 것을 지켜봅니다.

게다가 당나라가 고구려 전쟁에 집중한 사이에 토번(티베트)이 급성장해 669년부터 본격적으로 당과 마찰을 빚기 시작한 사실을 알게 됩니다. 이미 토번은 그 이전부터 당을 공격해 당나라에선 641년 문성공주를 토번 송첸캄포 왕에게 후처로 시집을 보내며 화평을 청하게 되

700년경 토번(티베트) 제국 영토 (yellow.kr)

티베트 라싸 포탈라궁전 (위키피디아)

니, 지금도 티베트 라싸에 굳건히 서 있는 거대한 포탈라궁은 문성 공주를 위해 지어졌다고 하지요. 이처럼 급성장하던 토번과 당의 전면전이 임박해지면서 당이 계속 한반도에 주력 부대를 주둔할 수 없는 상황이 될 수 있다고 판단했을 겁니다.

이 같은 면밀한 준비 끝에 신라는 나라의 운명을 걸고 한판 승부를 벌이게 되니, 몰래 고구려 부흥군을 도울 뿐 아니라 백제 유민들도 다독이며 '삼한일통(三韓一統)'이란 기치하에 삼국이 힘을 합쳐 당에 대항하자는 분위기를 만들어 갑니다. 지금 우리는 삼한이라고 하면 마한, 변한, 진한을 떠올리지만, 당시엔 삼한이 각각 고구려, 백제, 신라가 되었다고 여겼고, 이후 고려 역시 '삼한일통'이란 구호를 외쳤죠. 이는 이후 조선 고종황제가 대한제국(大韓帝國)을 선포하며 과거 삼국을 이은 정통 황제국이라고 선언하고, 현대에도 자랑스러운 우리나라 이름에 '한(韓)' 자가 쓰이는 계기가 된 것입니다.

특히 안시성 등 요동의 여러 성들은 평양성이 함락된 뒤에도 굳게 문을 닫고 항전하는 상황이었기에 이들과 연결만 된다면 당군을 포위해 만주 지역까지 장악할 수 있는 상황!

이에 드디어 신라는 670년 3월 설오유 장군이 지휘하는 1만 명 정예병을 뽑아 고연무 장군의 고구려 부흥군 1만 명과 힘을 합쳐 압록강을 건너가 요동반도 오골성을 깨뜨리는 선제공격을 감행해 나당전쟁이 시작됩니다. 그러나, 안시성을 향해 나아가던 신라-고구려연합군은 당군의 거센 공격을 받아 산화하면서 671년 안시성 등 요동의 고구려 성들이 모두 함락되고, 당군은 대동강 유역까지 밀고 내려옵니다.

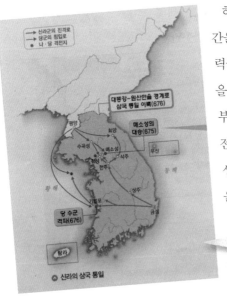

하지만 설오유 부대가 시간을 벌어주는 사이, 신라 주력군은 백제 땅에 남은 당군을 공격합니다. 또한 고구려 부흥군 역시 672년 호로아 전투를 끝으로 내분이 발생해 왕자 안승이 검모잠을 죽이고 신라에 투항하

나당전쟁 전개도
(중학교 역사 교과서 캡처)

자 안승과 고구려 유민들을 대거 익산 지역에 정착시켜 백제 유민들을 견제하도록 합니다.

이처럼 백제 지역을 일단 정리한 신라는 당군과 황해도 지역에서 격돌하지만 당군의 거짓 후퇴에 속아 깊숙이 진출했다가 참패하고 말지요. 이 석문 전투에서 김유신의 아들 원술이 죽으려 했지만 부하의 만류로 살아왔다가 아버지로부터 "너는 내 아들이 아니다."라며 매몰차게 의절당하고, 673년에는 김유신의 장례식에 참석하는 것조차 어머니가 막아서는 등, 신라 지배층은 무섭도록 대동단결합니다. 🐨

그후 신라는 직접 대결은 피하고 성을 쌓고 활을 이용한 수비 전술로 일관하는데, 675년 9월 당이 최후의 대규모 공세를 펼쳐 20만 명이 매소성을 공격하지만 신라군이 대승을 거두지요. 게다가 당나라 서쪽에서 일어난 토번은 670년부터 당과의 전투를 시작해 676년에는 당 국경을 넘어오기 시작하니, 아무리 당시 초강대국인 당이라도 동시에 2개의 전쟁을 벌이기는 힘든 상황이 됩니다.

이에 당은 수도 장안과 더 가까운 토번의 공격을 막는 것이 시급해져 철수하게 되는데, 신라군이 이를 추격해 기벌포 해전에서 다시 격퇴함으로써 다시는 신라 땅에 돌아올 생각을 못 하게 만들며 드디어 삼국통일 전쟁은 그 막을 내리게 된 것이죠. 🐨

어떻습니까? 당에 빌붙어 치사하게 같은 민족 국가 두 나라를 무너뜨렸다고 보기엔 신라도 엄청난 희생을 치렀지요?

나라의 생존을 위해 초강대국 당과 손을 잡았지만 신라까지 넘본 당을 상대로 마지막 전쟁을 벌인 신라는 토번과 당의 전쟁 상황을 예의 주시하고, 백제와 고구려 땅에 주둔한 당나라 군대를 시간차 공격을 통해 효과적으로 막아내어 하마터면 한반도 전체가 중국 영토가 되는 위기를 극복해냅니다.

반면, 당나라는 645년 고구려 침공 이후 30여 년간의 전쟁을 통해 고구려는 멸망시켰으나 결국 만만히 봤던 신라에게 큰코다치게 되었고, 만주 지역 당군이 줄어든 힘의 공백을 틈타 698년 대조영이 만주 동모산에서 새로이 발해를 일으키니, 결국 모든 것은 원래 상태로 되돌아가버리고 맙니다. 🐻

다만, 아쉬운 점은 그 후로 그 어떤 중국 한족 왕조도 긴 보급선 문제로 인해 한반도 왕조를 힘으로 무너뜨리지 못한 것을 감안해보면, 고구려 연개소문이 신라와 화평을 맺어 전선을 북방으로 한정하고, 연개소문의 아들들이 서로 싸우지 않고 더 분전해서 몇 년만 버텼으면 당나라가 결국 토번과의 전투를 위해 철군함으로써 우리 민족의 만주 영토 영유는 계속되지 않았을까 하는 것이죠.

하지만 그런 가정이 다 무슨 소용이 있을까요? 이미 일어난 과거 역사에서 의미를 찾아본다면, 신라의 삼국통일은 당시 세계 초강대국인 당나라의 야욕을 꺾고 하나의 왕조로 새출발 하면서 하나의 민족으로 융합되는 첫 단추를 끼웠다는 점에서 재평가받아야 한다고 생각합니다.

그후 신라와 발해는 서로 그다지 교류 없이 살아갔지만, 최근 들어 통일신라시대가 아닌 남북국시대라는 용어로 많이 불리고 있습니다. 조선 후기 유득공이 《발해고》를 쓰면서 발해를 다시 주목하기 전까지는 그저 지금의 중국, 일본처럼 발해말갈이라 부르며 말갈족 역사로 치부하다가 멸망 후 800여 년 만에 비로소 우리 역사로 인식한 것인데, 앞으로도 많은 연구가 필요해 보입니다.

이상 조홍석 선생님(?)의 삼국통일 이야기를 마칠까 합니다. 🐨

고대 한반도의 각 나라별 건국 신화에 이어, 치열한 삼국시대를 지나 드디어 통일 왕조 시대로 접어듭니다. 그러면서 하나의 국가로 이어진 토대 위에 사람들이 교류하면서 하나의 언어, 하나의 문화로 이어집니다.

그러나, 신라-발해가 공존한 남북국시대에는 아직은 하나의 민족으로 엉글어지지 못하다가 드디어 고려시대가 시작되고 거란의 침략을 물리친 뒤, 우리 역사상 가장 자주적이면서 중원 왕조로부터 상납도 받는 사실상 우리 민족 최고의 전성기를 맞습니다. 하지만 뒤이어 30년간의 몽골 침략을 겪으며 드디어 공동 운명체로서 한민족으로 뭉치게 됩니다.

역사 수업 시간에 상대적으로 주목도가 낮았던 남북국시대부터 고려시대에 이르기까지를 살펴봅시다.

3부

하나의 국가, 하나의
문화, 하나의 민족 :
남북국시대부터
고려시대까지

01

통일신라의 풍경 – 장보고와 대나무 숲

드디어 신라는 676년 삼국통일 후 200여 년간 전쟁 없는 태평성대를 누리게 되니 조선 초기 200년과 더불어 가장 평화로운 시기가 아니었나 생각합니다. 신라에 쓴맛을 본 당나라는 고종 이치가 죽은 후 측천무후가 잠시 나라를 찬탈했지만, 그후 전성기를 맞아 실크로드를 통한 국제 교류가 활발히 이루어지면서 대외 침략을 자제했고, 고구려의 뒤를 이은 발해를 견제하기 위해 오히려 신라를 대우해 많은 신라인이 당나라에 유학을 가거나 상업 활동차 진출하게 되지요. 신라 역시 발해와 큰 마찰 없이 잘 지냈고 일본과도 평화로운 교류가 이어지는 등 동아시아 전체가 안정된 상황이었지요. 그러다 보니, 통일신라 시기는 국사학계에서 가장 인기 없는 시대가 되어 관련 연구도 적은 편입니다. 🐻

하지만 평화로워 보이던 내부에선 여러 문제가 도사리고 있었습니다. 9서당이라고 하여 옛 고구려, 백제, 말갈인까지 포용해 국가 정규군을 편성했다고는 하지만, 인도의 카스트 제도 마냥 출생 신분에 따른 골품제를 유지하면서 옛 고구려인, 백제인을 차별하고, 신라 전역을 9주 5소경으로 재편하면서 만든 5소경은 백두대간 산맥 건너편에 일정 간격으로 포진시켜 정복 지역에서 반란이 일어날 경우 영남

통일신라 9주 5소경
(중학교 역사 교과서 캡처)

지역으로 들어오는 길목을 차단하는 역할을 맡기는 등 사회 불안 요인은 여전했습니다.

게다가 문무왕의 아들, 신문왕이 즉위한 직후 화랑도 수장이자 장인어른인 김흠돌이 반란을 일으키자 아예 화랑도 조직을 약화시키고, 마음에 들지 않는 신하들을 5소경 등 지방으로 내치면서 682년 국가 교육기관인 태학을 세우고 유교 교육을 받은 관료를 뽑아 왕권을 강화하게 됩니다. 그러다 보니 서라벌과 그 주변은 평화로운 세월이었지만 백두대간 너머 과거 백제, 고구려 지방은 여전히 차별받는 신세가 되어 지역 간 계층 간 갈등이 도사릴 수밖에 없었지요.

하지만 강력해진 신라 왕권과 체계적인 지방 행정, 경제적 풍요와 평화는 오랜 기간 그런 불평을 무마시키고 있었고, 역사 기록에

선 서라벌 왕실 이야기와 김대건의 불국사 창건 등 불교 관련 에피소드만이 전해지고 있습니다.

서라벌의 경제적 풍요는 외국 기록에도 남아 있는데 당시 서라벌을 찾은 페르시아 상인은 본국에 보고하길 "동쪽 끝 신라에서는 개도 금목걸이를 하고 다닌다."고 할 정도였고, 금을 입힌 귀족들의 대저택과 거대한 절탑이 연이어 서 있는 거대 도시로 성장하고, 신라인들은 숯불로 밥을 해먹기까지 합니다. 🐽 실제 경주 유적 발굴 조사에서는, 주소 체계까지 갖춘 완벽한 도로 시스템을 갖추어 조선시대 한양보다 더 잘 만든 도시였음이 증명되고 있고, 전성기 서라벌 인구가 주변부까지 합쳐 100만 명에 이른다고 주장하며 동로마제국 콘스탄티노폴리스, 이슬람제국의 바그다드, 당나라 장안과 함께 신라 서라벌을 당시의 '세계 4대 도시' 중 하나로 보아야 한다는 연구도 있을 정도이지요. 🐽

하지만 서라벌은 고려시대로 넘어가면서 수도 기능을 잃으며 퇴락하기 시작했고 결정적으로 몽골 침입 당시 거의 모든 건물이 불타버려서 과거의 영광은 오랫동안 잊혀집니다.

참고로 고려 개경도 전성기엔 80만 명에 이르렀다고 하나, 조선은 경제 활동을 억제하면서 행정 도시로만 일관해 조선 말까지 한양 인구는 채 30만 명이 되지 못했습니다.

장보고와 청해진의 짧디짧은 영광

그러다 보니 특별한 이야깃거리가 없기는 한데 후대에 이르러 왕위 쟁탈전이 터지며 호족 장보고 사건까지 이어집니다.

잘 알다시피 장보고(?~846년) 장군은 어릴 적 궁복이란 이름을 가진 미천한 소년이었는데, 청소년기에 당나라로 건너가 서주 무령군 소장으로 출세한 후 신라로 돌아와 828년 전남 완도군 장도에 청해진(淸海鎭)을 세우고 1만 명의 군사를 동원하여 해적을 격파하고 한·중·일 삼국의 해상 교역을 좌우하면서 이름을 남깁니다.

당시 중국에는 신라방이라고 하여 한반도 출신 이민자들의 이민촌이 여러 곳에 설치되었는데 골품제도에 묶여 출세하기 힘든 이들이 중국으로 건너가 출세하는 경우가 많았다고 하지요. 이는 당나라가 선비족 출신 황제가 다스리다 보니 이민족에게도 개방적이어서 중국인이 아니더라도 출세할 길이 많았기 때문입니다. 그래서 최치원도 중국에서 높은 관리까지 하고 귀국했으나 결국 6두품이라는

청해진 해상 네트워크
(KBS '역사저널 그날' 화면 캡처)

장보고 장군 영정
(중학교 역사 교과서 캡처)

신분제의 한계를 넘지 못했습니다. 장보고 역시 미천한 출신이어서 신라에서 벼슬을 할 수 없는 신분이었지만 중국에서 장군으로 크게 출세한 뒤 돌아왔기에 흥덕왕으로부터 신라 벼슬 명칭이 아닌 대사(大使)란 별칭을 하사받은 것이죠. 🐻

해적을 토벌하여 해상 유통망을 장악한 그는 청해진으로 피신한 왕족 김우징을 도와 달구벌(대구) 전투에서 10만 신라 정규군을 깨부수고 민애왕을 죽인 후 김우징을 신무왕으로 앉히지만, 불과 1년도 안 되어 신무왕이 사망하면서 아들 문성왕과 본인 딸의 결혼 약속은 서라벌 귀족들에 의해 무시되고 맙니다.

> 장보고 : "내가 왕을 만들어주었는데 서라벌 금수저들이 반대한다고 결혼 약속을 팽하다니억울궁복."
>
> 부하 장수 : "이러고 있을 수 없지 않겠습니완도? 다시 한번 뭍으로 올라가 서라벌을 아작내버립시다청해진."
>
> 장보고 : "그럴 예정이지만 일단 장부터 보고. 전쟁은 보급이 제일 중요하다는 게 일상다반사대사."
>
> 신라 귀족 : "헉. 큰 일이라카이신라. 저 근본 없는 섬 놈이 우릴 공격하면 우짜노서라벌?"
>
> 염장 : "내가 장보고를 잘 아니 나에게 기회를 달라단도. 확실하게 염장을 질러버리겠염장."

이에 한을 품고 있는 장보고의 반란을 두려워한 서라벌 귀족들은

서남 지역 호족인 염장을 보내어 결국 장보고를 살해하고 청해진도 점령하여 주민들을 모두 전북 김제로 보내버리면서 약 14년밖에 되지 않는 짧았던 청해진의 역사도 마감합니다. 이처럼 신라로서는 장보고가 역적이었기에 기록이 그리 많지 않지만, 중국에서는 지방 반란을 진압한 장군으로서의 기록과 함께 장보고의 도움을 받아 중국까지 법문을 구하러 건너간 일본 스님 엔닌(圓仁)의 책자 《입당구법순례행기》에 상당한 기록이 남아 있기에 그의 행적을 조금이나마 알 수 있는 것이죠. 이처럼 통일신라의 몇 안 되는 유명한 영웅인 장보고는 씁쓸한 결말을 맺네요. 🐻

임금님 귀는 당나귀 귀

그러나 이 시대에도 재미난 이야기 하나가 전해지니 그것은 바로~ 경문왕의 당나귀 귀 이야기예요. 🐻 《삼국유사》에 나오는 이 당나귀 귀를 가진 제48대 경문왕(재위 AD861~875) 이야기는 이렇습니다.

경문왕은 임금이 된 뒤 갑자기 귀가 길어져 나귀 귀처럼 커져버렸다네요. 그래서 왕은 얼른 본인의 모자를 만들던 복두(幞頭)장이를 불러 자신의 귀를 덮을 정도로 큰 왕관을 만들게 하고는 "누구에게라도 발설할 경우 죽음을 면치 못하리라."라고 이야기했답니다. 그래서 이 복두장이는 평생 그 비밀을 간직해야 했는데, 이게 너무 큰 스트레스가 되어 죽을 지경이 되자 도림사 절 뒤편 대나무 숲에 가서 "임금님 귀는 당나귀 귀~."라고 외치고 편안히 죽음을 맞았다나요? 🐻

그 뒤로는 바람이 불면 대나무들이 흔들리면서 "임금님 귀는 당나귀 귀~, 임금님 귀는 당나귀 귀~."라고 계속 소리가 났다고 합니다. 그 소문을 들은 경문왕은 "그건 기분 탓"이라며 몹쓸 대나무 숲을 싸~악 밀어버리고 산수유를 심게 했으나 여전히 "임금님 귀는 당나귀 귀~, 임금님 귀는 당나귀 귀~."라고 소리가 났다고 합니다.

그런데……, 이 이야기 어디서 많이 듣던 옛이야기 아닌가요? 🐻 실제로 이 이야기의 원조는 그리스 희극 시인 아리스토파네스(Aristophanes)의 기록이 최초라고 하네요. 지금의 터키 지역에 있던 프리지아(Phrygia)왕국의 미다스(Midas)왕이 어느 날 귀가 당나귀 귀처럼 커져서 이발사가 왕의 머리카락으로 귀를 가려주었다가 그 비밀을 갈대 숲에 외치고 나니 그후 갈대가 바람에 흔들릴 때마다 "임금님 귀는 당나귀 귀~."라고 했다네요. 이 미다스왕은 그 외에도 만지는 모든 것이 금으로 변하게 되어 후회했다는 이야기의 주인공이기도 한데, 지금도 영어식 발음으로 '마이더스의 손'이란 유명한 표현이 남아 있기도 하지요. 🐻

어쨌거나 이 '당나귀 귀 임금님' 이야기는 유럽 각지로 퍼지고 터키를 지나 투르키스탄, 키르키스스탄, 몽골을 거쳐 우리나라까지 분포하고 있다고 합니다. 하지만 중국과 일본에선 이런 유형의 설화가 보이지 않는다고 하지요.

즉, 누누히 말하지만 수·당 시대 이후 중국이 팽창해 모든 외부 정보가 차단당하기 전까지 한반도의 국가들에는 북쪽 초원의 길 등을 통해 그리스, 중앙아시아 지역에서 많은 이들이 건너왔고, 그러면서 자연스레 그들의 문화도 널리 퍼졌던 것이죠. 다만 각지를 지나오면서 현지화되어 우리나라에서는 이발사 대신 모자를 만드는 복두장이로 바뀌고 갈대 대신 대나무 숲으로 바뀐 것이지요.

그래서 이에 착안해 페이스북의 익명 게시판들이 '○○○대나무 숲'으로 불리고 있으니 참~ 역사가 깊다고 하겠습니다. 🐻

그런데 왜 경문왕 편에 이 그리스 설화의 한국판 이야기가 실려 있을까요?

원래 경문왕은 왕이 될 태자 신분이 아닌 왕족이었는데 헌안왕의 큰딸과 결혼해 왕위를 물려받고 이후 둘째 딸과도 결혼한 특이한 경력의 임금이었지요. 그의 재위 기간은 각지에서 역병, 지진, 홍수가 연이어 일어나고 진골 귀족의 반란이 이어지는 등, 신라의 국운이 기울어 가던 시기였습니다. 게다가 그의 셋째 딸이 진성여왕이었고 그후 후삼국으로 다시 쪼개지는 암울한 상황이었지요. 그래서 당시 사람들이 경문왕이 우유부단하고 줏대 없이 두 왕비에게 휘둘리는 사람이라고 비난하기 위해 이 물 건너 온 이야기를 덧붙이지 않았나 분석한다고 합니다. 🐻

이제 후삼국 이야기로 넘어가야 하지만, 이에 앞서 통일신라의 북쪽에 있었던 또 하나의 우리 민족의 국가, 발해 이야기도 짚고 넘어가야겠지요?

02
해동성국 발해 – 잊혀진 만주의 꿈

1990년대 문화 대통령 서태지는 3집 타이틀곡으로 《발해를 꿈꾸며》를 부르며 우리 민족이 가장 큰 땅을 차지했던 발해를 다시금 생각나게 했지요. 🐼

오랜 기간 우리는 삼국시대 이후 고려시대 이전 기간을 통일신라시대라고 불렀지만, 최근에는 발해를 포함해 남북국시대라고 부르는 것이 보편화되었습니다. 발해가 고구려 유민이 중심이 된 나라였고 고구려 계승 의식을 지녔기에 우리 역사임은 분명하지만, 가끔 고구려보다 더 넓은 땅을 차지했다는 이유로 발해가 우리 민족의 최고 전성기라고까지 생각하는 건 다소 과하다는 걸 일단 말씀드리고 싶네요.

먼저 많은 분들이 잘 모르는 발해의 역사부터 대강 철저히(?) 소개해드리겠습니다.

고구려 멸망 후 당나라는 고구려의 부흥을 막기 위해 다수의 고구려 상류층을 중국대륙 곳곳 오지로 보내버립니다. 이들 대다수는 이후 생존에 급급하다가 몇 세대가 지나며 중국에 흡수되어버렸지만, 다행히 고구려와 가까운 요동 영주(榮州)에 붙잡혀 갔던 이들은 696년 거란인 이진충의 난이 일어나 영주 도독을 죽이는 반란이 일어난 틈을 타 동쪽 지방으로 내달리니, 이들 무리를 이끈 걸걸중상의 아들이 대조영이었지요.

이동 도중 아버지가 사망하면서 자연스레 지도자가 된 대조영은 애초 요동성을 점령하여 알짜배기 요동 땅을 기반으로 삼고 싶었으나 이해고 장군의 당나라 군대가 예상외로 거란 반란군을 격파하고 요동성까지 공격해 들어옵니다. 이에 다시금 동쪽으로 후퇴하다가 추격해 오던 당나라 군대와의 천문령 전투에서 승리하고, 남아 있던 고구려 유민과 말갈족을 규합해 드디어 698년 만주 동모산 기슭에 새 나라를 세우게 됩니다.

발해 최대 영토
(중학교 역사 교과서 캡처)

⊙ 발해의 5경
거란
당
흑수 말갈
영주 회원부 동평부
철리부 용천부 안원부 안변부
상경 솔빈부
부여부 동주 발해 정리부
막힐부 현덕부 중경 용원부
장령부 서경
압록부 남해부
신라
황해 금성
동해
⊙ 발해의 최대 영역

였
틀 견
8세기 후
의 통치 체제
였으며, 신
9세기 전
옛 고구려 영
바다 동쪽의
루었다.

이 혼란기에 당이 비록 거란 이진충의 반란은 진압했으나 뒤이어 일어난 돌궐에게 영주 지방까지 빼앗기면서 만주 일대의 지배를 포기하기에 이르니, 결국 705년에 동모산으로 사신을 보내어 건국을 승인하고 713년에 대조영을 발해군왕(渤海郡王)으로 임명하면서 '발해'라는 이름이 정식 국호가 됩니다. 원래 진(震)이라는 자체 국호가 있었지만, 중국 왕조는 자기네가 천하의 중심이라고 자부하며 스스로는 한 글자 국호를 쓰고 중국계 번국에게는 한 글자 국호, 착한 오랑캐 번국에게는 두 글자 국호를 내리는 전통이 있었기에 발해만 인근에 위치한 신생국가에게 인근 지명을 넣은 국호를 하사한 것이죠. 게다가 국왕도 아닌 군왕이라는 한 단계 낮은 직위를 수여했음에도 아직 세력이 미약했던 대조영은 이를 수용합니다. 심지어 신라는 대조영에게 대아찬 벼슬을 주며 한 단계 낮은 국가로 취급합니다. 해당 지역은 고구려 당시에도 말갈족이 다수인 변방 지대였기에 발해 주민 대다수는 말갈 부족이고 지배층만 고구려인이어서 지금도 그 정체성에 대해 논란이 있지만, 그후 종종 발해 왕들은 외교문서에 스스로 고려왕이라 칭하며 고구려의 후예임을 주장합니다.

이처럼 나라를 세운 고왕(高王) 대조영은 당과의 대결은 피한 채 동모산을 중심으로 만주의 변방 동북 지역을 안정화시키는 데 주력하다가 사망하고, 2대 무왕(武王, 대무예) 대에 이르러 드디어 732년부터 당과의 전투를 벌여 요서 지역까지 깊숙이 진격하지만 결국 회군하고 맙니다. 이때 신라도 당의 요청을 받아 무려 10만 명이 출병하지만 패배했다는 기록이 남아 있기는 한데, 큰 전투 없이 성의만 보여주고 물러섰단 의견도 존재합니다. 어쨌거나 그 덕에 신라는 다시금 당나라와 친하게 지내게 되고, 이미 차지한 지 오래된 대동강 이남의 국경선을 정식으로 인정받게 됩니다. 그후 당과 발해 간 더 이상 전쟁이 일어나지 않자 신라는 발해와 국교를 맺고 서로 친하게 지냄에 따라 그 이후로는 두 나라 간 전투는 일어나지 않습니다. 🐻

이후 3대 문왕(文王, 대흠무)은 당나라와 화친을 맺고 당나라식으로 관직을 편성하는 등 문화를 진작시키기 시작하지만, 이후 30년 간 6명의 임금이 바뀌는 대혼란기를 겪게 되면서 많은 지역을 상실합니다. 이후 10대 선왕(宣王, 대인수, 재위 AD818~830) 대에 이르러서야 내정이 안정되었고, 다시금 대외로 팽창해 발해의 남쪽 국경이 신라와 닿게 되니 신라는 826년에 대동 강변을 따라 장성을 쌓아 경계합니다. 또한 발해는 서쪽으로 요동까지 진출하면서 당시 '해동성국(海東盛國)'이라고 불리게 됩니다. 이 과정에서 앞서 설명한 요동 건안성의 백제 자치국은 멸망하게 되지요. 🐻

즉, 우리가 알고 있는 발해의 거대한 영토는 이때에 이르러서야 확장된 것이니 대조영이 건국한 뒤 오랜 기간 발해는 신라와 국경을 접하지도 않았어요. 그 중간 지역은 여러 말갈 부족이 흩어져 목축을 하는 상황이었기에 대동강 유역은 자갈밭으로 변했다고 할 정도로 사람이 살지 않는 황무지로 버려졌었고, 당시 당나라도 혼란 상황이라 요동은 거란과 돌궐 등이 수시로 차지하며 주민이 남아 있지 않아 이후 발해 땅이 되어서도 변방으로 방치하는 상황이었습니다.

그러니 이때 지도를 보면 발해 영토가 최전성기 시절 고구려보다 더 넓었다고는 해도, 고구려 시대 주축 농경지는 버려졌고 발해의 중심지인 상경용천부 일대는 농사가 잘되지 않는 척박한 지역이라 반농반목 상태에 머물렀기 때문에 최전성기라 하더라도 전체 인구가 150만 명으로 고구려의 절반 수준이었어요. 그러니 국력 역시 고구려의 절반 수준에 불과했습니다. 🐻

상경용천부 유적
(© 우리나무닷컴)

그래서 당나라 조정에 도착한 신라와 발해 사신이 서로 자신이 더 상석에 앉아야 한다고 다툴 때 항상 당나라가 신라 손을 들어준 것도 당시 신라의 국력이 발해보다 강하다는 걸 인정한 것이었죠.

게다가 신라와 발해는 서로 같은 민족이라고는 생각하지 않고 그저 데면데면한 이웃 관계로 지냈습니다. 그러다 보니 발해에서 일본으로 사신을 보낼 때에도 안전하게 동해안을 따라 신라 영토를 거쳐 대마도를 지나는 루트로 가지 못하고 동해 바다를 곧장 가로질러 가는 위험한 항로를 유지합니다.

그후 발해는 최전성기를 이끈 선왕이 사망하자마자 다시금 내부 분열이 시작되어 886년에 이르면 이미 발해와 신라 사이 함경도 지역의 말갈 부족들이 독립해 신라에 조공을 바치겠다고 연락한 기록도 남아 있고, 요동 역시 거란과 뺏고 뺏기는 전투가 이어집니다. 따라서 신라와 발해가 서로 국경을 맞댄 남북국 시기는 엄밀히 따져서

60년 정도에 불과한 짧은 기간이고, 발해가 광활한 영토를 지배했다는 이유만으로 '고구려보다 더 강한 나라이고 신라와 함께 가장 넓은 영토를 가졌으니 우리 민족의 최전성기 아니냐?'라는 생각은 실상을 알고 보면 영~ 아닌 겁니다. 🐻

이후 발해는 926년 15대 대인선왕을 끝으로 정말 허무하게 무너집니다. 요동 땅에서 일어난 거란이 침공하자마자 보름 만에 망하고 말았어요. 당시 멸망 직전 부여 지역을 다스리던 귀족 집단이 신생국 고려로 망명하는 등 내부 갈등이 심했던 데다가 거란 기마부대가 기습적으로 수도까지 진격해 포위한 지 단 4일만에 발해를 함락시켜버린 것이죠.

이 무렵 백두산이 대폭발했다는 사실이 밝혀져 그게 발해 멸망의 원인이라는 주장도 대두되었지만, 최근 연구에 따르면 백두산 폭발은 발해 멸망 후 20여 년 뒤에 일어난 사건으로 밝혀졌지요. 당시 이 어마어마한 화산 폭발로 인해 비로소 천지 못이 생겨났다는 주장도 있고, 조만간 또 폭발할지도 모른다고 하지요. 🐻

이처럼 이민족에게 느닷없이 멸망한 뒤 발해 자체의 역사 기록은 사라졌고 다른 나라의 역사서에 남은 기록만 있는 터라 제가 앞서 설명한 정도 이상의 상세한 내용은 여전히 알 수 없습니다. 🐻

다만 926년 멸망 이후 왕족을 비롯해 고려로 귀순한 수많은 발해인 덕분에 고려의 인구와 군사 수가 월등히 많아지게 되며 평양 이북으로 영토를 확장하게 되면서 후삼국 경쟁 중 고려(후고구려)가 가장 앞서가는 계기가 되었고, 10년 뒤 후백제까지 흡수하는 데 큰 기여를 했다는 주장도 존재합니다.

또한 고려는 발해 유민을 품으면서 이름뿐인 남북국시대였지만 통일신라와 발해 모두를 승계하고 자력으로 통일한 사실상 첫 통일 왕조라는 의미를 갖게 되었습니다.

또한 고려가 초기부터 거란을 짐승의 나라라고 비난한 것에 대해, 같은 민족 국가인 발해를 멸망시킨 데 분노한 것이라고 하는데, 정치라는 게 그런 감성만으로 이루어지지는 않아요. 고려가 발해를 멸망시킨 거란을 비난한 것은 이미 당시 고려의 주축 군대에 다수의 발해 군사가 유입되었고, 옛 발해 영토로도 국토를 확장하면서 발해 유민을 적극적으로 고려인으로 포섭하고자 그런 퍼포먼스를 한 것이에요. 실제로 발해 부흥 운동이 그후 여러 차례 일어나지만 고려는 이를 지원하지 않습니다. 아마도 당시 고려는 고구려의 후예임을 주장하며 국호를 고구려의 후기 국호와 동일하게 한 상황이었기 때문에 자기네보다 앞서 고구려의 후계자라고 자칭한 발해의 부활을 반기지 않았는지도 모릅니다.

그렇게 발해가 잊혀지던 중 조선 후기 1784년 정조 시대에 이르러 북학파 실학자 유득공이 《발해고(渤海考)》를 저술하며 처음으로 발해 역시 우리 민족의 역사임을 환기시켰고, 현재에 이르러서는 우리 민족의 역사로 인정하죠. 하지만 중국이나

유득공의 《발해고》
(© 한국학중앙연구원, 김지용)

일본에서는 여전히 발해를 발해말갈이라고 표기하여 우리나라의 역사가 아닌 만주족의 역사로 규정하려 하고 있고, 발해 유적에 대한 우리나라나 북한 사학자들의 방문도 철저히 통제하고 있어요.

그러나 만주족의 조상인 흑수말갈은 발해의 일부가 되었던 다른 말갈 부족과 달리 발해의 지배를 벗어나 끊임없이 당나라 편에 서서 반기를 들었고, 이후 이들이 금나라-청나라로 이어졌기에 발해가 이들 만주족의 선조 국가라는 이들의 주장은 새빨간 거짓말입니다. 이처럼 중국은 동북공정을 통해 고구려를 자기네 지방정권이라고 주장함과 동시에 발해에 대해 노골적으로 발해말갈이라고 부른다는 사실이 아직

일본 역사서 내 지역별 국가 연표
(한국 국가는 노란색 바탕이나 발해는 다른 색으로 칠함)

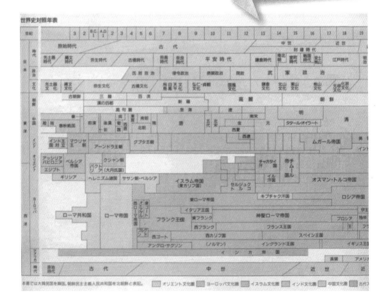

은 우리 일반인들에겐 잘 알려지지 않았지요. 🐻

　비록 우리의 생각보다 강한 나라는 아니었지만 오랜 기간 잊혀졌던 발해 역사에 대해 우리 모두 관심을 갖고 지켜봐야 하겠습니다.

03
후삼국시대 – 다시 갈라선
삼국과 고려의 재통일

드디어 후삼국시대로 넘어옵니다.

통일신라는 서라벌 왕족과 귀족 이외의 사람들에겐 출세길이 막힌 나라였고, 중앙집권화도 덜 된 국가라는 한계가 있었습니다. 그래서 지방에 파견된 귀족들이 알아서 다스리는 지방분권이 가속화되면서 수탈이 늘어납니다. 특히 장보고처럼 신분에 의해 출세가 좌절되는 상황이 결국 반란으로 연결되었고, 그중 두각을 나타낸 견훤, 궁예에 의해 다시금 나라가 쪼개지니 이를 후삼국시대라 칭하게 되지요.

후삼국시대 (중학교 역사 교과서 캡처)

❀ 후삼국의 성립 호족은 영역과 군사력의 크기가 다양하였다. 견훤과 궁예는 중소 호족을 모섭하여 세력을 확대하고 나라를 세운다.

신라 말기 수많은 반란이 있었으나 900년 견훤의 후백제 건국을 후삼국의 시작이라고 흔히 이야기합니다.

견훤은 원래 신라 장군으로서 지금의 전남 지역 해적을 소탕하는 임무를 맡아 파견되었으나 892년 반란을 일으키고 899년 무진주(지금의 광주광역시)를 점령해 스스로를 왕이라 칭하고, 900년 당시 호남지역 최대 거점인 전주성을 점령한 뒤 드디어 국호를 백제로 정하고 백제의 부활을 선언했지요. 따라서 당시엔 엄연히 백제국이라 불리었으니 나라 이름이 후백제라는 건 엄밀히는 가리지날 정보예요.

견훤 역시 왕조를 열면서 자신의 남다름을 과시하게 되는데요, 그의 탄생 신화는 지금까지의 신화와는 남다릅니다. 즉, 하늘에서 내려오거나 알에서 태어났다고 하기엔 아버지 아자개가 멀쩡히 경북 상주 호족으로 잘 지내신 분이다 보니 《삼국사기》에는, 어린 시절 부모가 농사일을 하면서 아기 견훤을 잠시 나무 밑에 두었는데 지나가던 호랑이가 젖을 먹여주었다고 되어 있지요. 이는 로마를 건국한 로물루스, 레무스가 늑대 젖을 먹었다는 것과 아주 유사한 방식입니다. 우리나라에선 호랑이가 제일 무서운 맹수인 반면, 이탈리아에선 늑대가 제일 무서운 맹수였으니 그런 맹수조차 이미 떡잎부터 알아보고 젖을 줄 정도로 뛰어났다고 한 거지요. 🐻

궁예의 탄생 신화

901년 후고구려를 건국해 한반도 중부를 평정한 후, 왕건에 의해 쫓겨난 궁예 역시 탄생 신화가 있지요.

탄생 신화를 소개하기 전에 먼저, 후고구려라는 표현 역시 가리지날입니다. 김부식이 《삼국사기》를 쓰면서 옛 고구려와 헷갈리지 않게 하려고 앞에 '후(後)' 자를 붙인 건데, 고구려 역시 장수왕 이전 고씨 고려의 옛 이름을 쓴 것이니 가리지날 2단 연속 콤보인 셈입니다. 🐻

궁예의 탄생 신화는 잘 알려져 있습니다. 신라 헌안왕(또는 경문왕)의 아들로 태어났으니 원래 왕자였으나, 단오날에 이미 이를 가진 채 태어난 데다가 흰 빛이 하늘로 올라가자 불길한 징조로 여기고 나라에 우환이 미칠 것을 우려해 아기를 죽이기로 결정하고 아래로 던졌는데 유모가 급히 받으면서 그만 손가락으로 아기의 한쪽 눈을 찔러 애꾸눈이 되었다는 지극히 인간적이고 슬픈 이야기로 포장되어 있습니다. 그래서 여러 학자들이 당시 역사 기록에서 실제 그런 사실이 있었는지 찾으려고 했지만, 실제 기록과 맞지 않았다고 해요. 그런데 그건 그럴 수밖에요. 이는 궁예가 스님으로 지내면서 알게 된 불경 속 인도 아사세왕자 설화에서 따온 창작 스토리이거든요. 🐻

그 오리지날 설화의 앞부분은 이렇습니다.

석가모니가 출가하시던 때에 인도 마가다왕국의 빔비사라왕이 왕자를 얻고자 노력했는데 한 예언자가 말하길 "한 선인(仙人)이 죽으면 그 인연으로 왕자가 태어날 것입니다."라고 합니다. 그 선인이 죽을 때까지 기다릴 수 없다고 생각한 왕이 자객을 보내 그 선인을 죽였다고 합니다. 그러자 바로 아내가 임신해 아사세왕자가 태어나죠. 하지만 아기가 손을 움켜쥐고 있기에 펴보니 "미생원(未生怨), 즉 나는 원한을 갖고 태어났다."라고 써 있었답니다.

그래서 점술가들이 이 아기를 죽여야 한다고 간언해 결국 왕이 요람을 누각에서 떨어뜨려 죽이려 했는데, 마침 지나가던 시종이 아이를 받아냈으나 새끼손가락이 부러졌다고 하지요. 그후 출생의 비밀을 알게 된 아사세왕자가 부모에게 복수를 하게 되는데……. (이하 생략)

본인의 근거지이던 신라 5소경 중 하나인 서원경(청주) 사람들을 데리고 새 수도 철원에 이주한 것으로 보아 충청도 출신의 근본이 모호한 승려이던 궁예는 본인의 애꾸눈과 아사세 설화를 결합해 본인이 죽을 뻔한 신라 왕자라고 신분 세탁을 했을 겁니다.

궁예는 처음에는 기훤이란 지방 호족의 수하로 들어갔다가 다시 양길의 부하가 되죠. 이후 송악(개성)의 호족 왕씨 일가의 후원을 받으면서 드디어 독립해 901년 다시금 후고구려, 즉 고려를 건국합니다.

당시 궁예는 방치되어 있던 고구려 평양성 옛터를 찾아가 "옛 고구려의 영광을 되찾지 않아야 하지 않겠느냐?"며 새 나라의 이름을 다시금 고려라 했다고 하는데, 역사서에는 궁예가 비록 오만방자한 폭군으로 그려지긴 했지만, 건국 과정에서 보인 그의 능력을 보면 스토리텔링과 퍼포먼스가 탁월한 사람이었던 것 같습니다. 🐻

왕건의 탄생 신화

고구려계 호족이던 왕건 집안은 궁예의 고려 건국에 결정적 도움을 주지만, 이후 궁예는 강원도 철원으로 수도를 옮기고 국호를 마진, 태봉으로 잇따라 바꿉니다. 철원을 안 가본 사람은 왜 하필 강원도 산골로 수도를 옮겼을까 싶겠지만, 먼 과거 신생대 추가령구조곡 화산 폭발 후 용암이 고르게 퍼진 강원도 최대 규모의 철원 평야가 있고, 도시 이름(鐵原, 철이 나오는 땅)에서 유추할 수 있듯이 철광석 산이 많아 무기 제작에도 유리한 곳이지요.

하지만 권력에서 밀려나던 고구려계 호족들은 918년 궁예를 몰아내고 왕건을 추대하면서 궁예를 아주 악인으로 기록합니다. 하지만 당시 왕건이 왕좌에 오르자 충청 지역 호족들은 견훤에게 투항했으며, 궁예가 나라를 뺏기고 통곡하다가 죽었다는 명성산 인근의 설화에서는 그를 불쌍히 여기는 내용이 전해져 오는 등, 역사서의 기록과는 다른 궁예에 대한 평가도 여전히 남아 있습니다. 역시 역사는 승자의 기록이라고 해야 할까요? 🐻

이처럼 궁예를 몰아낸 직후 내부 반발로 위기에 처한 고려로서는 민심을 다시 잡기 위해서는 왕건에 대한 신격화가 시급했는데, 역대 건국자 중 가장 화려한 탄생 신화로 기록됩니다.

즉, 왕건의 외가는 신라 성골인 호경 장군의 후손인데, 호경은 아들 강충을 낳고 강충은 아들 보육을 낳고 보육은 딸 진의를 낳았는데, 당 숙종이 아직 태자이던 시절 신라에 놀러 왔다가 이 진의와 사랑에 빠져 작제건을 낳았고, 작제건은 다시금

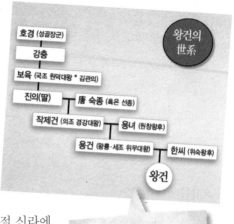

왕건의 世系

호경 (성골장군)
↓
강충
↓
보육 (국조 원덕대왕 * 김관의)
↓
진의(딸) ─ 唐 숙종 (혹은 선종)
↓
작제건 (의조 경강대왕) ─ 용녀 (원창왕후)
↓
용건 (왕룡·세조 위무대왕) ─ 한씨 (위숙왕후)
↓
왕건

왕건의 가계도 (© pub.chosun.com '역사저술가 김정현')

서해 용왕의 딸 저민의와 결혼해 왕건의 아버지 왕룡을 낳았다고 합니다. 이런 훌륭한 피를 이어받은 이가 왕건이란 거지요. 아이쿠 길어라~. 🐻

다만 역사적으로는 고구려계 호족 세력인 할아버지 작제건이 서해 바다를 통해 중개무역으로 큰돈을 벌었기에 해상 루트에 밝았던 점과 후고구려 장군 시절부터 후백제의 안마당인 금성(나주)을 점령해 두고두고 후백제를 괴롭힌 것 역시, 왕씨 가문의 오랜 해상 네트워크 덕분이라고 평가하지요.

참고로 당시엔 호남에선 견훤이 수도로 정한 완산주(전주)에 이어 금성(나주)이 두 번째로 큰 고을이었습니다.

이에 고려 초기인 1018년 지방 조직을 재편하면서 호남지역을 전

주와 나주 두 도시의 첫 자를 따서 전라도라 정하게 되고, 영남지역은 당시 신라의 수도이던 경주가 가장 번성했고, 견훤의 아버지가 버티던 상주가 두 번째로 큰 도시여서 두 도시의 첫 자를 따서 경상도라 이름 지었지요. 🐻

어쨌거나 외우기도 힘든 이런 탄생 신화를 통해 '너희들과는 혈통이 다른 인물'이라고 널리 알린 왕건은, 신라 마지막 왕 경순왕이 견훤을 두려워해 천년왕국 신라를 스스로 바친 데 이어, 강력한 라이벌이었던 견훤마저 아들에게 배신당하면서 내분이 발생해 후백제가 스스로 무너지면서 936년에 통일을 이루게 되니, 신라에 이어 두 번째로 다시금 한반도를 통일하게 됩니다. 그리고 재통일 10년 전 발해가 멸망하면서 유입된 수많은 유민과 북방 영토 역시 왕건에겐 크나큰 선물이 되었습니다. 🐻

하지만 고려의 통일은 건국자 1명이 강력한 무력을 바탕으로 승리한 것이 아니라, 여러 지방 호족들의 군사력을 모아 승리한 만큼 각 지방에 대한 직접적인 통치는 이루어지지 않았고, 이 같은 상황은 조선이 건국되며 중앙에서 파견한 관리가 해당 지역을 일사분란하게 장악할 때까지 470여 년간 두고두고 민생 불안과 사회적 혼돈을 가져오게 됩니다.

이제 고려의 위기로 넘어가볼게요.

04

고려 전기 – 서희가 세 치 혀로 거란군을 물리쳤다고요?

우리 역사에서 가장 훌륭한 외교관은 누구일까요?

그렇죠. 다들 고려시대의 '서희'라고 바로 답할 겁니다.

이는 조선시대에도 마찬가지여서 선비들이 즐겨 하던 관직 승격 놀이인 '승경도 놀이'에서도 외교를 담당하는 예조판서 자리에는 늘 서희가 손꼽혔다고 하니, 이미 수백 년간 그 명성은 계속 이어져 온 것이지요.

이천시 서희 동상
(© media.icheon.com)

우리 역사를 통틀어서 침략한 대군을 맞아 홀로 담판에 나서 전쟁을 종결시켰을 뿐 아니라, 오히려 땅까지 획득하고 온 경우는 실로 서희가 유일하니 신의 경지에 이른 협상가로 칭송되는 것은 너무도 당연한 결과이긴 한데요.

하지만 평범한 직장인인 우리에게는, 외부와의 협상이 꼬였을 때 상사로부터 "서희는 세 치 혀로 나라를 구했다는데, 대체 너는 왜 이 모양으로 진행했느냐!"고 비교되는 애증의 아이콘이기도 합니다. 아놔~, 5000년 역사에서 그런 경우는 딱 한 번 있었는데, 서희랑 비교하는 건 절대적으로 무리라고요~. 🐻

그런데……, 서희가 세 치 혀, 즉 말빨로 80만 거란군을 되돌리고 강동6주까지 공짜로 얻었다는 이야기는 사실 가리지날입니다. 🐻

강동6주
(중학교 역사 교과서 캡처)

우리는 현란한 서희의 말빨에 어리숙한 소손녕이 설득당해 땅까지 선물로 주고 되돌아갔다고 알고 있지만, 서희의 담판은 그렇게 일방적으로 진행된 것이 아니에요.

혹시 서희의 말솜씨에 녹아서 되돌아간 순진남 소손녕 장군은 그 후 어찌 되었을지 생각해보신 적 있으신가요? 이제 와 생각해보니 그 정도로 사고를 쳤으면 최소한 목이 달아나지 않았을까 생각되시죠? 문득 눈가에 이슬이 맺히며 "아아~, 그는 알고 보니 착한 사람이었습니다."라고 추모하고 싶겠지만, 놀랍게도 요나라 성종 황제는 소손녕 장군의 협상을 치하하고 심지어 벼슬을 올려주기까지 했어요. 어째서 영토까지 내주고 물러난 소손녕이 칭찬을 받은 것일까요? 🐻

일단 당시 상황을 살펴봅시다.

거란이 고려를 처음 침공한 993년은 거란이 한창 송나라와 전쟁을 하던 시기였습니다.

예전 고구려에 복속하다가 당나라에 굴복해 있던 거란족은 916년 요하 일대를 기반으로 나라를 세운 뒤 불과 10년만인 926년에 발해를 멸망시켜 만주 일대를 차지하고, 송나라 영토이던 베이징 지역 연운 16주까지 점령하는 등 최전성기를 맞이하지만, 더이상 송나라를 남쪽으로 밀어내지 못하고 전쟁이 교착상태에 빠진 상황이었어요. 이 같은 상황에서 거란은 송과 국교를 맺고 있던 고려가 공격하지 않을까 우려해 먼저 침공하게 됩니다.

역사책에는 1차 거란 침입 시 무려 80만 대군이 동원되었다고 나와 있지만, 여전히 송나라와 팽팽히 대치하던 상황에서 고려 침략을 위해 그렇게 많은 군사를 파견할 수 없었기에 소손녕 장군이 지휘하던 최대 인원인 6만 명에 불과했을 것이라는 게 학계의 정설이지요.

애초 기습적으로 침공한 거란군은 초기에 승리를 거두고 있음에도 남하하지 않고 "우리는 80만 대군이니 어서 항복하라."는 권고를 보내옵니다. 이에 소손녕을 만나러 간 고려 사신 이몽전이 "자비령 북쪽 땅(평안도 전체)을 내놓으면 철군한다."는 제안을 받아 오고, 80만 대군이라는 말을 들은 신하들이 겁을 먹고 서경 이북 땅을 주자고 간언하기 시작합니다.

하지만 정세에 밝은 서희는 승리를 했는데도 먼저 협상 제안을 하는 것을 보니 거란군이 장기간 전투를 부담스러워하고 있는 것이라는 속사정을 간파하고, 장기전으로 맞설 것을 청하지요. 그러자 만족한 고려 성종이 서희를 중군사로 임명해 시중 박양유, 문하시랑 최양과 함께 적을 방어토록 합니다. 그러고 보니 양쪽 모두 군주 묘호가 성종이네요. 🐻

이에 중책을 맡은 서희는 바로 담판 짓고자 거란군 진지로 찾아가지 않습니다. 일단 협상에 유리한 상황을 만들기 위해 고려군의 특기를 살릴 수 있는 안융진 산성을 선택해 방어전을 펼치면서 고려의 첫 승리를 거두게 됩니다. 말을 타고 평원을 가로지르며 돌격하던 거란 기병은 고려군을 평지에서 격파해 왔지만, 산성에 틀어박혀 화살을 쏘아대는 고려군을 만나자 기병이 별 소용 없다는 사실을 깨닫고 동요하기 시작했다고 합니다.

게다가 유목민 출신인 거란군은 현지에서 식량을 구하는 것이 일상이었기에 식량 보급부대 없이 왔는데, 고려군이 우리 민족의 장기를 살려 평야를 불태우고 백성과 가축을 모두 산성으로 피신시켜 주변을 모두 허허벌판으로 만들어버리는 청야 작전을 구사해 먹을 것이 태부족인 상황으로 내몰리게 됩니다. 아무리 잘 싸우는 군대라도 굶으면 아무 소용이 없다는 건 역사의 진리! 🐻

아마도 거란 군사들은 이렇게 탄식하지 않았을까요?

"배달의 민족이 다스리는 땅이라길래 24시간 배달 서비스되는 줄 알았다거란~." 그게 1100년 뒤에나 가능한 거라니까요~. 🐻

이에 소손녕은 두 차례 더 서신을 보내며 협상을 재촉했지만, 서희는 시간을 끌다가 드디어 국서를 들고 거란군 진영에 나타납니다. 그러자 기선을 제압하기 위해 소손녕은 서희에게 절을 올리라고 윽박지르나, 서희는 "당신이 임금도 아닌데 왜 내가 절을 하느냐!"고 가볍게 무시해버립니다. 🐻

그러자 그때서야 소손녕은 마지못해 서희와 협상 테이블에 앉게 되고, 앉자마자 "고려는 신라 땅에서 일어났고 우리 거란은 옛 고구려 땅에서 일어났으니 과거 고구려 영토인 자비령 이북 땅을 내놓으라."며 뜬금없는 원조 논쟁을 시작합니다. 하지만 서희는 "우리야말로 나라 이름부터 고려이며 언어와 풍속도 옛 고려 그대로이다."라고 대꾸하면서 "오히려 요나라 수도 심양도 옛 고려 땅이니 내놓으라."고 받아치자 소손녕은 할 말이 궁색해지고 말았다지요? 👀

추가 설명을 하자면 우리 역사책에 "왕건이 고구려를 계승하는 의미에서 고려라고 국호를 정했다."라고 나오지만, 왜 '구' 한 글자를 빼고 썼는지 그 이유는 안 알려주고 있어요. 고구려는 장수왕 11년인 432년에 이미 나라 이름을 고려라 줄였고, 멸망 시까지 계속 고려라 자칭했지요. 실제로 중원고구려비 비문에 장수왕이 스스로를 '고려태왕'이라고 칭하고 있지요. 하지만 김부식이 《삼국사기》를 저술하면서 왕씨 고려와 과거 삼국시대 고씨 고려가 헷갈릴 것을 염려해 고씨 고려의 초기 이름인 고구려라고 적은 건데, 그런 배경 이야기를 해주지 않다 보니 고려란 이름이 실은 고구려 시절부터 쓰던 국호를 다시 쓴 것이라는 설명이 빠져 있는 거예요.

이처럼 고려라는 국호는 과거 삼국시대 고려 국명을 그대로 다시 쓴 것이고, 그 옛 고려 영토 안에 지금의 거란 영토 대부분이 속한 것이 사실이니 소손녕으로서는 더이상 트집을 잡지 못하게 됩니다.

씨름에서도 샅바를 잡는 순간 승부는 끝나는 법. 서희가 만만찮은 인물임을 간파한 소손녕은 그제야 "왜 우리와 더 가까운데 송나라와 교류하느냐?"고 본심을 내비쳤고, 서희 역시 "우리도 거란과 친하고 싶지만 우리 사이에 여진족이 가로막고 있어서 그러니 그 땅을 우리가 차지하도록 양보해준다면 요나라와 국교를 맺을 수 있다. 이렇게 두 나라가 싸우는 것은 국력 낭비이니 서로 도움을 주고받자."라고 화답하게 된 겁니다. 🦉

이처럼 서희는 거란이 무엇을 바라는지 정확히 꿰뚫고 있었고, 소손녕 역시 무엇을 버리고 무엇을 챙길지 명확히 이해했기에 "고려는 송과 국교를 끊고 거란과 교류할 것이며, 이를 위해 거란은 고려가 거란과 연결될 수 있는 강동6주의 영유권을 고려에 보장한다."는 합의를 도출하고, 요나라 황제의 승인을 받음으로써 결국 서로에게 이익이 되는 협상을 마무리 짓게 됩니다. 7일이 걸렸다는 이 협상을 통해 요나라는 고려가 송과 단교하도록 하겠다던 애초 목표를 얻었기에 소손녕은 서희에게 낙타 10마리, 말 100필, 양 1000마리와 비단 500필을 선물로 주고 되돌아가게 된 것이지요.

이 협상을 승인했던 요나라 황제 역시 만족하기는 마찬가지. 군사 손실을 최소화하고 조기에 목표를 달성한 소손녕 장군은 승진하게 되고, 고려 역시 전쟁을 조기에 종결하고 압록강까지 영토를 인정받는 외교적 승리를 가져온 겁니다. 다만 그 강동6주는 빈 땅이 아니라 여진족(말갈족)들이 살고 있던 곳이란 게 문제였지요.

당시 거란 땅도 고려 땅도 아니었던 이곳에 그냥 살던 옛 발해 주민 여진족들은 아무것도 모르고 있다가 두 강대국이 서로 땅 가르기 협상을 하고 고려군이 침공하자 압록강 건너 만주로 도망가게 되지만 이 과정에서 고려 역시 많은 군사를 희생했으니 공짜로 땅을 받은 게 아니에요. 🐻

이처럼 고려의 외교는 능수능란했습니다. 거란과 합의를 통해 송과 단절한 것이 알려질 경우 문제가 커질 것을 잘 알았기에 "거란이 대군을 이끌고 쳐들어왔으니 원군을 보내 달라."고 요구하고 송이 불가능하다고 답을 하자 그 이유를 근거로 단교해버린 겁니다. 원인 제공은 고려가 했지만 결과적으로는 송나라에 책임이 있는 모양새가 되도록 한 후, 거란의 연호를 받아들이는 치밀한 전술을 구사한 것이지요. 🐻

즉, 고려는 서희로 대표되는 외교 전문가들이 냉정히 국제 정세를 판단해 전략을 확립하고, 협상 우위를 점하기 위해 고려군이 유리한 산성 전투로 끌어들여 기세를 꺾는 치밀한 전술을 구사했으며, 임금은 신하들을 믿고 협상 전권을 일임함으로써 실리를 챙기고 명분도 얻는 환상적인 팀워크를 선보였던 겁니다. 이처럼 고려-거란

1차 전쟁은 서희라는 한 위대한 영웅의 현란한 말솜씨로 나라를 구한 것이 아니라 왕을 비롯해 조정 구성원 모두가 최선의 협력을 보였기에 가능할 수 있었던 거지요. 🐻

또한 고려는 외교로 해결이 안 되면 여지없이 맞서 싸우는 전법을 구사합니다. 이에 거란의 2차, 3차 침공 시에는 서희에 의해 고려 영토로 인정받아 개척한 강동 6주에 쌓은 여러 성들이 유기적으로 연결되어 적을 차단했고, 3차 침입 시에는 강감찬 장군의 귀주대첩으로 거란의 정예군 중 하나인 우피실군이 전멸에 가까운 타격을 입

강감찬 장군의 귀주대첩 (© 이용환 그림, 한국기록유산 Encyves)

어 더이상 거란이 송나라를 압박하지 못하게 되면서, 송, 거란, 고려 3국간 힘의 균형이 맞춰집니다.

이에 송나라는 거란의 최강 부대를 압살해버린 고려를 우대하지 않을 수 없게 됩니다. 당시에 송과 거란이 각각 황제라고 칭하자 고려 역시 스스로 황제국임을 내세우게 되지요. 중세 유럽에서야 교황이 신의 이름으로 한 명의 황제만을 로마제국 황제의 후예로 지명했지만, 동양에서는 힘센 쪽이 스스로 황제라고 부를 수 있었으니까요. 🐻

우리는 흔히 5000년 내내 중국에 짓눌리다가 현재에 이르러서 겨

우 수십 년간 중국을 얕볼 수 있는 위치로 올라섰다가 다시금 눈치 보는 시대로 회귀하고 있다고 생각하지만, 귀주대첩 이후 고려 사신은 송나라에 가서 갑질을 톡톡히 했다고 합니다. 🐻

소동파. "난 고려가 싫어송~." (위키피디아)

그래서 북송의 문신이자 대문장가이자 동파육 요리법의 발명가로도 유명한 소동파는 고려를 증오한 대표 인물이 되고 맙니다. 소동파는 7번이나 "고려 오랑캐와는 상종도 하지 말라."는 상소를 올렸다지요? 그 이유가 바로 고려 사신들에게 접대하는 비용이 10만 관도 넘게 들며 고려 사신이 가는 곳마다 백성들과 말을 징발하고 영빈관을 수리하느라 고통받고 있다며 그 돈이면 수만 명의 백성을 구할 수 있다는 논리였습니다. 🐻

소동파의 이름에서 유래한 동파육 (구글 이미지)

송 황제 : "여봐라송. 고려에서 사신이 온다카더라송. 울리 살람 성대한 잔치 준비하고 영빈관 빨리 수리하라송."
고려 사신 : "여~ 황제님. 성대히 환영해주셔서 감사하고려. 우리에게 줄 선물도 잘 준비

했고려?"

소동파 : "아. 열받아동. 동쪽 오랑캐한테도 뜯기다니파! 동파육이나 쪄서 빼갈이랑 마시면서 스트레스 풀동파~."

고려 사신 : "동파 선생, 열받으셨고려? 거란이 쳐들어올 때 우리 고려가 송을 도와줄지 다시 한번 고려해볼 고려?"

송 황제 : "거. 동파는 찌그러져 있으라송. 불쾌하게 만들어 미안하다 사랑한다송. 우리랑 계속 잘 지내자송."

고려 사신 접대에 쓰인 비용이 정말 10만 관이었는지는 알 수 없지만, 그 상소문이 사실이면 북송이 서하(西夏)에게 뜯기던 공물의 2배 비용이고 거란에 바치던 공물값에 필적하는 수준이었답니다. 거란이나 서하에게는 군사력에서 밀리니 그만큼 뜯기는 건 어쩔 수 없지만, 도와준다던 동맹국에게도 뜯기는 건 참을 수 없었나 봅니다.

이처럼, 거란을 물리친 고려는 중원 정통왕조인 송나라로부터도

상납을 받으며 큰소리를 쳤으니 실로 우리 역사상 최고의 전성기가 바로 이때가 아니었을까요? 🐼

비록 영토는 줄었지만 고려 인구는 고구려에 비해 2배 이상 많았고 상시 동원 가능한 군대가 20만~30만 명이었다고 하니 국력은 고구려보다 오히려 더 강했으며 후대 조선보다 더 강력한 상비군을 조직한 국가였어요.

이처럼 고려가 한때 중국에게 갑질한 내용을 정작 우리는 잘 모르고 있지만, 중국인들은 그게 그렇게 사무쳤는지 1999년 제작한 대만 드라마 '소년 포청천'에 고려 태자가 송나라에 와서 행패를 부리다가 살해당하자 고려가 이에 앙심을 품고 쳐들어올까 봐 송 황제가 덜덜 떠는 에피소드가 등장했다고 하네요. 뭐 고려 태자가 살해당했다는 건 전혀 역사적으로 말도 안 되는 내용이긴 하지만요. 어이~, 너네 중국은 쭉 우리한테 갑질했어. 이 사람들아! 🧷

어떻습니까? 그동안 몰랐던 고려의 위대함이 새삼 놀랍지 않으세요? 🐼

05
고려 후기 – 몽골의 그늘 아래에서

거란의 정예병을 물리쳐 송나라 침공 우려를 대신 제거해준 고려는 송나라에 큰소리를 치게 되었고, 이 같은 자신감에 윤관이 이끈 고려군이 여진족을 토벌하기까지 합니다. 이후 요나라를 꺾은 신흥 강국 금나라와도 외교관계를 잘 정립해 200여 년간 외침을 당하지 않게 되지만 정작 내부에선 '묘청의 난'에 이어 '무신 정권 시대'로 접어드는 혼란기가 이어집니다. 🐻

묘청의 난

신채호 선생이 '조선 역사 제1대 사건'이라 칭하며 자주정신이 몰락

하고 사대주의가 판치는 세상으로 바뀐 결정적 장면이라고 비분강개한 '묘청의 난'은 그 평가가 실로 여러 가지입니다.

묘청은 원래 서경(평양) 출신 승려였다고 하는데 점술 예언을 잘해 드디어 고려 인종에게까지 소개되고 왕실 고문까지 차지합니다. 묘청은 인종의 신임을 얻은 뒤 서경 천도를 주장합니다. 즉 개경의 기운이 다했으니 서경으로 수도를 옮기면 주변 국가들이 모두 고려에게 머리를 숙이게 된다고 주장한 것이죠. 그가 이 같은 주장을 한 것은 그동안 야만족이라 얕보던 흑수말갈이 거란을 무너뜨리고 금나라를 세운 뒤 고려를 압박하던 국제 정세를 이용해 서경 귀족들과 함께 새로운 권력을 차지하려던 것이었습니다.

이 같은 묘청의 예언에 혹한 인종이 찬성하는 기색을 보이자 서경 출신 귀족들과 힘을 모아 대화궁이란 대궐을 새로 짓고 임금님을 초청하는데 이때 묘청은 무리수를 두게 됩니다. 즉 대동강에 기름 떡을 몰래 가라앉혀 강물에 비친 햇살이 무지개빛을 띠게 하면서 "대동강에 잠든 이무기가 흘린 침이 나오니 서경이야말로 상서로운 곳"이라고 설명하고, 개경 귀족을 대표하는 김부식과 논쟁을 하다가 "산 위로 남극성이 떠올랐다."고 외치며 상서로운 기운이 서경을 비춘다고 했다는데, 실은 묘청 측 사람들이 산 위에서 들고 있던 등불이었다고 합니다. 이 거짓말이 들킨 것은 김부식이 천문에도 지식이 밝아 남극성(또는 노인성, 카노푸스)은 개경에서도 여름철 지평선에서나 보이는 별인데 더 북쪽에 위치한 서경에서 보일 리가 없다고 판단해 하인들을 시켜 산으로 냅다 뛰어가게 한 것이죠. 천문학이 이렇게 중요합니다. 여러분~! 🐻

이처럼 어설픈 묘청의 퍼포먼스와 개경 귀족의 극렬한 반대로 인종이 서경 천도를 차일피일 미루던 중, 대화궁에 벼락이 떨어지고

서경 행차 도중에도 비바람이 몰아치는 등 각종 기상 악재가 이어지자 개경 귀족들이 "이 같은 여러 기상 악화는 불길한 징조"라고 반대해 천도 계획을 무산시키고 맙니다. 여러분, 큰일을 도모하기 전에는 반드시 기

어린이 역사책에 등장한 묘청과 김부식 (© 다산어린이)

상전문가에게 자문을 구하세요. 꼭이요~ .

결국 천도 계획이 어그러지자 1135년 묘청은 본색을 드러내 반란을 일으키게 되니, 나라 이름은 위(爲), 연호는 천개(天開)라 하여 황제국임을 선포하고 개경 귀족을 타도하려고 하지요. 하지만 이들이 가짜 어사를 동원해 평안도 지역 군인들을 접수하려던 것이 때마침 개경으로 휴가 가던 군인들에게 들키면서 조기에 들통이 나니 김부식의 토벌군이 서경을 포위합니다.

이에 동요한 반란군이 스스로 묘청을 죽인 뒤 항복하려 했고 김부식도 빨리 종결하고 싶었으나, 다른 개경 귀족들이 아예 서경 세력을 밟아버릴 생각에 토벌을 계속 주장하고 개경에 있던 서경 출신 귀족들도 살해하니, '송인'으로 유명한 정지상도 이때 살해당하고 맙니다. 당시 개경에 있던 서경 출신 귀족들은 속으로는 묘청에게 박수를 보내고 지지했겠지만 설마 반란을 일으킬 줄 모르고 있다가 떼죽음을 당한 것인데, 직접 살해에 가담하지 않은 김부식이 욕을 다 듣고 있지요.

그후 묘청을 죽인 조광이 이끈 반란군은 견고한 평양성에 의지해 1년 넘게 버티면서 금나라에 도움을 청하기까지 하자, 송나라 역시

묘청의 난 토벌 경로
(구글 이미지)

고려에게 10만 군사를 빌려주겠다고 나서지요. 하지만 고려 조정은 잔당만 남아 금방 끝난다고 거절했고, 결국 관군의 기습작전이 성공해 묘청의 난은 종결됩니다. 그러고 보면 대체 어느 쪽이 더 자주적인 건지 헷갈리지 않나요? 🐻

다만 이 과정에서 기습작전을 주장한 윤언이 장군(윤관의 아들)의 공이 가장 컸지만, 김부식이 슬쩍 그 공을 가로채는 꼼수를 부려 나쁜 직장 상사의 표본으로 비난받고 있어요. 드디어 김부식의 잘못을 하나 말씀드릴 수 있게 되었네요. 🐻

이처럼 자세한 내용을 알고 보면……, 묘청은 그저 현란한 말솜씨로 인종을 속이려다가 고구려 계승 의지를 가진 서경 세력만 몰락하게 한 어설픈 사기꾼이었던 것이니, 신채호 선생이 '조선 제1의 사건'이라 칭한 건 과하다는 생각이 들어요.

어쨌거나 이 같은 난을 겪은 인종은 고려왕조의 정당성을 널리 알리고자 《삼국사기》 편찬을 명했고, 반란을 진압한 총사령관 김부식은 사사편찬 TF장으로 변신해 서경 세력에 대한 반발심으로 신라를 중심으로 한 '일통삼한' 사관의 사서를 쓰게 되었던 겁니다.

무신 정권의 시대

고려는 문신을 우대한 관료 사회여서 거란을 물리친 서희나 강감찬, 여진을 정벌한 윤관, 묘청의 난을 진압한 김부식 모두 문신 출신 사

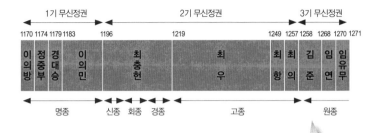

1기 무신정권				2기 무신정권			3기 무신정권			

1170 1174 1179 1183　　1196　　　　1219　　　　　1249 1257 1258 1268 1270 1271

| 이의방 | 정중부 | 경대승 | 이의민 | 최충헌 | 최우 | 최항 | 최의 | 김준 | 임연 | 임유무 |

명종　　　　신종 희종 경종　　　고종　　　　　원종

무신 정권기 권력자와
고려 임금

령관이었습니다. 🐻

　이는 당시 송나라의 분위기와도 일맥상통

했는데, 지방 호족 출신으로서 혼란기를 평정한 건국자들이 또 다른 군사 반란을 두려워해 무신에게 권력을 주지 않으려는 제도를 만들어 무신은 정3품까지만 승진토록 제한을 두었기에 전쟁이 터지면 전쟁에 조예가 있는 문신이 총사령관을 맡을 정도였지요. 유일한 예외라면 북방 여진족을 격파해 엄청난 무공을 자랑하던 척준경이 '이자겸의 난'을 제압해 정2품에 오른 정도였다지요.

　그랬기에 이후 조선에서는 무신(무반)도 문신(문반)처럼 정1품까지 올려주게 되면서 드디어 양반(兩班)이란 새로운 지배층 칭호가 등장하게 되는 것인데, 무신을 동등하게 우대했음에도 오히려 군사력은 떨어졌으니 역사의 아이러니이긴 합니다. 🐻

　어쨌거나 오랜 기간 고려는 무신을 무시했는데 1170년 의종의 잔치 자리에서 한 술 취한 문신이 호위 무관의 빰을 때리는 사건이 빌미가 되어 그동안 무시당하던 무관들이 분노해 지도자 정중부의 지휘로 왕과 문신들이 시해됩니다.

이후 무신 정권은 정중부가 피살되고 경대승이 차지하더니 다시금 이의민이 권력을 잡았다가 최충헌에 의해 암살된 뒤 최씨 일가가 60여 년 4대 동안 정권을 잡아 밀실 정치가 시작됩니다. 당시 고려의 정치 구도는 마치 일본의 막부 정치처럼 왕은 허수아비이고 무신 유력자가 실세를 차지한 상황이었지요. 🐻

몽골제국의 등장

그렇게 고려의 무신 정권은 100년이 유지되니 그대로 시간이 흘렀다면 일본의 막부와 유사한 정치구도로 변했겠지만, 역사상 가장 거대한 제국, 몽골(원제국)이 등장하면서 동아시아의 평화는 깨지고 고려역시 이에 휩싸이고 맙니다. 칭기즈칸이 궐기한 후 몽골군은 유럽 폴란드까지 진출하니, 송나라에 조공받던 중앙아시아 서하는 몽골군에 의해 아예 민족 자체가 멸족해버릴 정도로 초토화되지요. 🐻

그러나 고려의 협상 능력은 이 같은 무시무시한 몽골 침공 시에도 여지없이 발휘됩니다. 1231년 시작된 몽골의 1차 침략 당시 몽골

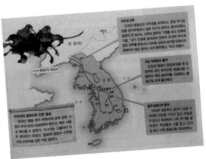

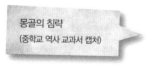

몽골의 침략
(중학교 역사 교과서 캡처)

군이 수전에 약한 것을 알았기에 강화도로 수도를 옮기며 30년 가까이 버티던 고려 조정은 1259년 드디어 항복을 결심하게 됩니다.

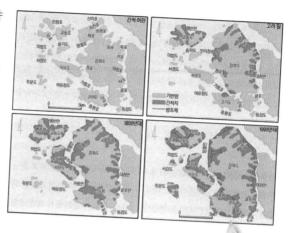

강화도의 매립 역사
(© news.kmib.co.kr)

일부에선 빤히 바라보이는 강화도를 못 넘어왔다는 것이 말이 안 된다며 대륙 고려를 주장하기도 하는데, 당시 강화도는 지금과는 전혀 다른 모습이었지요. 몽골 침공 당시 강화도는 수많은 작은 섬으로 나뉘어 있었고, 해안가는 좁고 가파른 데다가 물살도 거세었지만 이후 꾸준히 개간하여 지금의 모습으로 바뀐 겁니다.

고려는 1차 몽골 침략 당시 용인 처인성에서 승려 김윤후(金允侯)가 몽골군 사령관 살리타를 화살로 쓰러뜨려 철군시키는 등 극렬하게 저항함에 따라, 몽골군은 침공 후 약탈하

처인성 전투 상상도
(© 우리역사넷)

293

고 물러나는 식으로 움직였다네요. 그러다가 5차 침입 후에는 약탈 대신 정복 전쟁 형태로 양상이 바뀌었고 1258년에는 지금의 함경남도 지역 주민들이 고려 관리들의 과도한 세금 징수에 반발해 아예 몽골에 항복함으로써 쌍성총관부가 설치되는 등, 고려 국토가 잠식되기 시작한 것이죠. 그러니 이러다간 강화도를 제외한 전 국토가 몽골 땅이 될 것이란 우려 속에 최씨 무신 정권을 무너뜨리고 강화 조약을 서두르게 됩니다.

하지만 이때도 고려는 몽골과 거래를 시도합니다. "태자가 국왕을 대신해 몽골에 가겠으니 우선 몽골 군대를 철수시켜 달라."고 말이죠. 이 같은 유리한 조건을 만든 후 고종은 강화를 체결하라고 태자(훗날의 원종)를 보내게 되는데, 당시 몽골 황제 뭉케칸은 남송을 공격하기 위해 사천에 머물고 있었다고 합니다. 그래서 지금의 베이징인 연경(燕京)을 지나 사천까지 머나먼 길을 가게 되었는데, 하필 그때 뭉케칸이 사망하고 동생 아릭 부케와 쿠빌라이 간 후계자 싸움이 시작되는 상황이 전개되었으니 고려 사신단은 "어이쿠, 내 팔자야~!"라는 심정이었겠지요. 🐻

쿠빌라이 칸 (위키피디아)

당시 몽골 수도에서 뭉케칸의 장례를 진행하고 있던 아릭 부케가 가장 유력한 후계자였지만, 고려 태자는 고심 끝에 방향을 틀어 쿠빌라이 편을 드는 도박을 감행합니다. 이에 쿠빌라이는 뜻밖의 손님 방문에 두 팔을 들어 환영하며 "고려는 만리 밖의 나라로 옛날 당태종이 친히 원정하고도 굴복시키지 못했는데, 그런 나라의 태자가 스스로 나에게 귀부하니 이는 하늘의 뜻"이라고 말했다지요? 이에 자신감이 생긴 쿠빌라이는 "30년간 굴복하지 않던 고려가 나에게 항복했으니 이제 대세는 나에게 있다."고 대대적으로 선전하며 주변 세력을 끌어모아 결국 승리하여 몽골 칸으로 등극하고, 그후 남송까지 정복하면서 중국식으로 원(元)으로 나라 이름을 바꾸고 몽골제국 칸이자 원 황제 세조(世祖)가 됩니다. 🐶

이때 태자는 황제 계승 전쟁을 벌이던 쿠빌라이와 함께 몇 달간 동행하게 되는데, 아버지 고종이 승하했다는 소식을 뒤늦게 접하게 됩니다. 실은 고려 고종이 뭉케칸보다 열흘 먼저 사망했지만, 너무 멀리 있다 보니 뒤늦게 안 거죠.

그러자 쿠빌라이는 고려 태자를 직접 고려 왕으로 임명하고 호위병을 붙여 귀국을 허락합니다. 왜냐하면 당시 무신 정권 수장인 김준이 태자가 없는 사이에 태자의 동생인 안경공을 왕으로 올리려고 계획하고 있다는 소식을 들었기 때문이지요. 이처럼 몽골제국 역사상 다른 나라 왕위에 관여한 것은 고려가 유일합니다. 그 외 나라는 아예 깡그리 멸망시켜버렸거든요. 당시 태자의 선택이 국가와 민족의 운명을 구한 겁니다. 땡큐예요~! 🐻

이처럼 몽골군의 호위를 받으며 당당히 돌아온 태자는 원종으로 등극하지만 쿠빌라이에게 서신을 보내 "고려가 몽골에 사대의 예는 갖추되 몽골은 고려의 주권과 풍속에 간섭하지 않는다. 개경 환도를 보채지 말라. 몽골 군대는 철수한다. 항복한 고려인은 돌려보낸다."
는 등 6개 합의를 이끌어냅니다. 패전국임에도 쿠빌라이가 칸에 등
극하는 데 일조한 덕에 마치 승전국 마냥 당당히 요구한 것이죠. 🐻

삼별초의 난 – 민족 저항운동인가, 무신 정권 잔당의 저항인가

그러한 일련의 과정이 숨 가쁘게 진행되던 원종 초기에 '삼별초의
난'이 터집니다.

제가 학교 다닐 때만 해도 국사 교과서에선 삼별초의 난에 대해

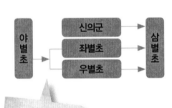

삼별초의 변천사

'몽골에 굴복한 왕실의 결정에 반
발해 민족의 자존심을 지키고자 일
어난 무신들의 항쟁'이라며 자못
숭고하게 표현했지만, 알고 보면
이 역시 현 상황에서 당시 일을 평가하면서 생긴
왜곡입니다.

삼별초(三別抄)는 원래 무신 정권기 최우가 만든 일종의 야간 순
찰 군대 조직이었다고 하지요. 도적을 잡는다는 목적으로 만든 야별
초(夜別抄)가 시초인데 조직이 커지며 좌별초, 우별초로 나뉘고 여
기에 몽골군에 잡혀갔다가 돌아온 신의군까지 합쳐지면서 3개의 별
초부대라 하여 삼별초가 되었다고 합니다.

당시 고려 정규군이 몽골과의 전쟁으로 워낙 조직 체계가 엉망이

현장 다가가기 삼별초의 흔적이 남아 있는 항몽 유적지들

삼별초는 강화도에서 진도로, 다시 제주도로 옮겨 가며 4년간 몽골에 대항하였다. 진도 용장성, 제주 항파두리 항몽 유적 등에서 당시 삼별초의 흔적을 찾을 수 있다.

⊙ 진도 용장성 삼별초가 몽골과의 전쟁을 위해 쌓은 성이다. 현재는 용장산 기슭에 성벽 일부와 궁궐 및 절의 터가 남아 있다.

⊙ 제주 항파두리 항몽 유적 삼별초가 여·원 연합군에 맞서 마지막까지 싸운 곳이다. 당시에 쌓았던 토성이 일부 남아 있다.

지도 속 왼쪽에 제시된 유적지가 있는 곳을 지도에 표시해 보자.

되면서 삼별초가 정규군 조직이 되어 왕궁 보초부터 몽골과의 전투, 각 지역 공물 수송 등 모든 일을 다 처리했다네요. 그러던 중 덜컥 고종이 몽골에 항복하고 원종이 등극하면서 눈엣가시인 무신 정권 친위대 삼별초 해산을 명령하고 일부만 다시 정규군으로 채용합니다.

그러자 졸지에 실업자 신세가 된 삼별초 실업자들이 분개해 1270년 배중손을 중심으로 뭉쳐 난을 일으키면서 왕족 왕온을 부추겨 새로운 고려 왕으로 추대하니, 고려왕조 입장에선 완벽한 반역이 된 것이죠.

애초 강화도에서 시작했지만 배를 타고 전남 진도로 이동한 뒤 제주도와 남해안을 석권하며 일본에도 사신을 보내어 자신들이 정통 정부라며 원군을 요청합니다. 이에 원종은 기존 고려군이 워낙 약세인지라 몽골군의 파병을 요청해 고려 정규군-몽골 연합부대가 진도를 함락시키니, 배중손과 얼떨결에 왕이 되었던 왕온이 사망하고 김통정의 지휘하에 패잔병들은 제주도로 도망가 항전하게 됩니다.

이처럼 제주도로 삼별초 반란군이 들어오자 처음에는 제주도민들이 해방군이라며 기뻐했다고 합니다. 원래 제주도는 삼국시대엔 백제, 이후 통일신라에게는 조공만 바치는 탐라국으로서 엄연히 별도의 나라였지만, 고려시대에 들어 1105년 고려의 직할지로 격하되고 1214년 고종이 제주군이라 부르게 됩니다. 그러니 불과 160여 년 전까지 엄연히 독립국 주민이던 제주도민들은 이들 삼별초가 제주도를 수도로 삼아 독립할 수 있으리라 기대한 것인데, 삼별초는 고려군을 막아야 한다며 오히려 제주민들을 착취할 뿐이었고 일본과 류큐(오키나와)로 원군을 청하러 사신을 파견하지요. 🐻

> 삼별초 사신 : "안녕들 하신가. 우리는 새로운 고려 정부 사신이별초."
>
> 무로마치 막부 : "아노, 무슨 소리이지마치? 새 고려 정부라니뽄?"
>
> 삼별초 사신 : "너넨 뉴스도 안 보는가고려. 몽골한테 왕이 항복하길래 우린 끝까지 싸울 건데 좀 도와 달라절박."
>
> 무로마치 막부 : "에 또……, 뭔 소린지 모르겠다니뽄, 저 아래 류큐에나 가서 요청해라교토."
>
> 삼별초 사신 : "에잇. 안되겠다. 저 남쪽 류큐국으로 가자."

그러나 결국 고려-몽골 연합군이 삼별초를 진압하면서 이들을 도우던 제주민들까지 살해하고 맙니다. 게다가 몽골은 이 땅이 몽골인들에게는 없어서는 안 될, 말을 키우기에 적합하단 사실을 깨닫고 탐라총관부를 설치해 몽골 직할 식민지로 삼아 90여 년간 통치하게 되고, 공민왕이 다시금 1367년 고려 땅으로 되찾게 되자 일부 몽골인들이 원나라 컴백을 외치며 '목호(牧胡)의 난'을 일으키니, 최영 장군이 배를 타고 건너와 다시금 이들과 부역 제주민들을 처단하죠. 제주 토착민들은 이 시대도 참 험난하게 사신 겁니다. 🐻

또한 이때 삼별초가 일본에 원군을 청하게 되면서 일본 무로마치 막부는 몽골제국이 예전 당나라처럼 한반도를 점령한 뒤 일본을 공격할 것을 예상해 방어 준비를 시작하면서 일본에선 삼별초에 대한 이미지가 매우 좋았다고 하네요.

이처럼 애초에 당나라가 한반도를 점령한 후 일본을 공격하려던 야심은 600년 뒤 몽골에 의해 재현되는데, 당시 일본은 삼별초 덕분에 침공을 미리 알고 준비했음에도 몽골군이 고려 수군과 함께 두 차례 쳐들어왔을 때에는 육상 전투에서 철저히 패배하지만, 폭풍이 닥쳐 몽골-고려 수군의 배들이 침몰하는 바람에 어부지리로 연달아 승리하자 '카미카제(神風, 신의 바람)'가 일본을 지켜준다는 망상을 갖게 됩니다. 그러한 망상은 이후 제2차 세계대전 때까지 이어졌지요. 🐻

그런데 입장을 바꿔 당시 고려 백성의 시각에서 본다면, 30여 년간 몽골 침략 끝에 겨우 평화를 누리려던 많은 고려 백성들로선 그동안 무신 귀족의 호위병으로 잘 지내다가 실업자가 된 뒤로 섬 주민을 인실 삼아 반항한 이들 삼별초의 저항에서 그 무슨 희망을 보았을까요? 그러니…… 삼별초가 몽골에 대항에 끝까지 저항했다는 그 이유만으로 자주정신의 발로이니 민족적 저항이니 하고 고평가했던 건 솔직히 오버한 거라고 생각합니다.

원종이 이처럼 몽골의 힘을 빌려 왕권을 다시 찾은 것은 고려 왕실로선 다행스러운 일이었지만, 이후 고려 왕들이 원나라 공주와 결혼해 부마국이 된 것에 대해서는 다들 안타깝게 생각하죠? 그런데 알고 보면 이는 몽골의 요구가 아니라 고려 원종의 요청이었어요. 👹 당시 무신 정권이 아직 끝나지 않아 임연에 의해 원종이 강제 폐위되었다가 마침 몽골에 있던 아들이 쿠빌라이에게 요청해 몽골군의 도움으로 왕위를 되찾고 무신 정권을 타도하게 되자 아예 몽골에 착달라붙어 왕권을 보장받으려 한 것이었지요. 그랬기 때문에 비록 묘호는 중국 황제와 맞먹는 '조, 종' 대신 '충○왕'이란 묘호로 한 단계 낮아지긴 했지만, 고려 왕들은 원 황제의 외손자였기에 세계제국인 원 황실 서열 7~8위에 이르는 높은 지위를 갖게 됩니다.

우리는 흔히 고려의 원 간섭기를 매우 나쁘게만 생각하는데, 이때 아주 흥미로운 일이 하나 발생하지요.

중국 문화에 푹 빠져 중국식으로 나라 이름을 원(元)으로 바꾸고 황제 노릇을 하기 시작한 쿠빌라이칸은, 원종의 아들인 충선왕이 몽골 공주와 결혼하고 즉위한 1308년에 하교를 내려 동성결혼 중지를 명합니다. 그 하교 명령은 "이제 고려 왕족은 몽골 황족의 일원이 되었으니 더 이상 동성(같은 성씨)끼리 결혼하지 말라. 이를 어기는 자는 원세조의 뜻을 어긴 것으로 여겨 중죄로 다스릴 것이다. 이제 왕실 종친은 마땅히 재상집의 딸을 아내로 맞도록 하고, 재상 집안의 아들은 종실 딸에게 장가들 것이다. 귀족 가문도 동성 간 결혼은 못하나, 외가 4촌 간의 구혼은 허락한다."는 것이었지요. 즉, 중원을 차지해 당시의 글로벌 스탠더드인 중국식 제도를 도입하던 몽골 원제국이 고려에게도 중국식 결혼제도로 바꾸도록 강제한 것입니다.

우리가 삼국시대 이야기를 보다 보면 의외로 근친혼이 많이 나오죠. 사촌지간이거나 삼촌과 조카 사이는 물론 배다른 남매끼리도 결혼하는 등 지금 시각으로 보면 경악할 만한 경우가 많은데, 당시엔 성골, 진골 등 왕족 혈통의 순수성을 보존하기 위해 그게 당연한 이치였다고 합니다. 이 같은 풍속은 고려시대에도 이어져 왔는데, 김부식도 《삼국사기》에서 "우리나라 근친혼은 민족 고유의 전통인데 중국의 예속으로 이를 잘못되었다고 하면 안 된다."고 기록했다고 합니다.

당시 중국을 다녀온 일부 귀족들이 중국과 달리 우리나라는 여전히 근친혼을 한다며 비판하자 이를 옹호하고자 예전부터 내려온 전통이라고 주석을 단 것인데, 그 아름다운(?) 전통이 원제국의 명령으로 중단되었고, 이후 조선시대에도 왕실은 양반 가문 자녀와 결혼하는 것이 자연스레 유지되면서 오히려 최근까지 동성동본의 결혼은 불법으로 간주한 것이니, 역사의 아이러니라 할 만합니다. 🐻 반면 우리와 풍속이 많이 닮았던 일본은 이 같은 원나라의 간섭이 없었기에 지금도 과거의 아름다운 전통(?)을 더 많이 이어가고 있는 것이랍니다.

이처럼 고려는 비록 부마국이었지만 세계 중심 권력의 일부를 나뉘 가진 나라였습니다. 이에 고려시대 유학자로 잘 알려진 이제현 같은 학자들은 충렬왕 등을 따라 원나라 수도까지 가서 당시 전 세계에서 모여든 학자들과 토론을 하고 교류하는 등 글로벌한 학술 세계를 펼칠 수 있었던 거지요.

그랬던 한반도의 학자들은 이후 조선시대가 되면 공식 사절단 수행 외에는 해외로 나갔다가는 사형을 당하던 폐쇄적인 사회에 갇혀 퇴보하게 됩니다.

또한 원제국은 당시 여러 부족으로 나뉘어 지배하기 골치 아픈 여진족 통치를 위해 과거 고구려의 지배권을 인정해 고려 왕자들을 심양왕(瀋陽王)에 봉해 만주를 다스리게 했는데, 한때 충선왕이 두 왕위를 모두 가져 고려심왕(高麗瀋王)이라 불리기도 했습니다. 당시 이런 정세를 잘 활용했더라면 만주를 다시 찾을 수 있었을 텐데 마지막 기회를 놓친 건 아쉽습니다.

하지만 백성들로서는 고려 왕실이나 일부 학자들의 글로벌 네트워크는 딴 세상 이야기였고 몽골에서 파견된 다루가치나 원제국에 빌붙은 세력들에 의해 더 많은 세금과 노역을 강요당하고, 왜구와 홍건적의 침입 등 끊임없는 전란에 시달리게 되니 고려의 국력은 나날이 쇠락해져 갑니다. 🐗

고려의 마지막 – 유학자들, 새로운 세상을 꿈꾸다

쓰다가 보니 서희에 이어 고려시대의 외교력에 대해 쭈~욱 이어서 설명했네요. 이처럼 삼국, 고려시대만 해도 우리 조상들은 중국 유학을 통해 선진 문물을 도입하고, 멀리 아라비아까지 활발히 국제 무역을 전개하며 세계정세를 분석하고 소통하면서 협상 노하우를 축적해 내부는 물론 대외적으로도 위기를 극복해냈습니다.

하지만 오랫동안 이어져 온 지방 호족들의 토지 장악, 불교 도량의 거대화, 왜구의 침략 등 불안한 사회 구조로 인해 백성들의 불만이 이어지면서 유교적 새 질서를 꿈꾸던 신진유학자들이 병권을 가진 이성계와 힘을 합쳐 위화도 회군을 단행하고, 역성혁명으로 고려 왕조를 무너뜨립니다.

실제로 조선은 개국 초기부터 과거시험을 통해 채용한 관료를 전국 각지로 파견하여 역사상 최초로 전 지역을 직접 관할하는 강력한 통치 체계를 구축합니다.

당시 새 세상을 꿈꾼 유학자들은 정치에 깊숙이 관여하고 넓은 토지를 소유하고도 세금 한 푼 내지 않는 타락한 불교를 비판하

⬥ 위화도 회군 요동 정벌이 불가능하다고 판단한 이성계는 일단 압록강 가운데 있는 위화도에 머물렀다. 그는 4불가론을 들어 회군을 요청하였지만, 우왕이 이를 허락하지 않자 군대를 돌려 개경으로 향하였다.

위화도 회군
(중학교 역사 교과서 캡처)

고, 토지 소작과 고려청자 수출 등 상공업을 통해 돈을 번 권문세가 귀족을 타도하면서, 천민이 아니면 누구나 공정하게 과거시험을 통해 출세할 수 있고 왕권을 견제해 사대부가 다스리는 도덕적 새 세상을 열었다고 기뻐합니다.

그러나 개국 공신들의 꿈은 정도전을 암살한 이방원에 의해 깨어지고, 시간이 지날수록 과거 권문세족이나 불교 사원과 맞먹는 유교 서원들의 횡포로 똑같은 과오를 저지르게 되죠. 🐻

또한 신라, 고려시대의 자유로운 해외 무역 등 2, 3차 산업을 통한 고(高)부가가치 생산 활동을 인정하지 않고, 오로지 자급자족 농업 노동을 통한 경제 체제로 회귀하여 만성적인 경제난을 겪게 됩니다. 게다가 해외 유학은 고사하고 민간인의 출국 자체를 금지하고, 중국 이외 타 국가와의 교류도 단절했으며, 불교 등 타 종교는 억압하고 오로지 송나라의 자폐주의 유학 일파인 주자학에 집착하면서 세계 정세를 파악하는 데 소홀하게 되는 우물 안 개구리 신세를 자초합니다. 🐻

이제 고구마 100개의 답답함이 가득한 조선시대로 넘어가야겠네요.

퍽퍽한 고구마를 먹는 답답한 기분으로 조선시대부터 현재에 이르기까지의 굴곡진 역사를 풀어보겠습니다.

처음부터 알아서 사대하여 기특한 오랑캐가 된 조선은 쇄국주의를 고수합니다. 남송시대에 북방 오랑캐에게 조공을 바치면서도 정신 승리를 외치던 주자학을 받들어 모시며 세계의 변화를 모르고 있다가 건국 후 200년 만에 임진왜란, 병자호란을 당하고도 여전히 지배층은 당파 싸움을 벌이죠. 또 명나라가 멸망하자 '이제는 조선만이 중화사상을 가진 나라'라는 '소중화(小中華) 사상'에 빠져 결국 서서히 망국에 이르고, 그때의 역사적 과오가 지금 우리에게까지 고스란히 영향을 미치고 있기에 더더욱 안타깝습니다.

이 조선시대 이야기는, 성군과 암군으로 분류하는 여러 군주들의 또 다른 면과 함께 역사의 진행 경과를 살펴보고, 조선시대 여성의 삶, 임진왜란과 병자호란에 대한 새로운 시각과 함께 구한말 제국주의 침략자의 관점에서 조선 멸망 과정을 소개하고, 3.1절의 의미와 대한민국이라는 우리나라 이름의 탄생 이야기까지 다뤄보겠습니다.

4부

현재의 우리나라가
되기까지:
조선시대부터
대한민국 탄생까지

01
조선 전기 – 홍길동은 왜 세종대왕 시절에 활약했을까요?

우리나라 금융계에서 가장 사랑받는 캐릭터는 누구일까요?

아~, 아신다고요? 맞아요. '홍길동'이죠. 🐻

요즘에야 다 ATM 기기나 앱으로 거래하지만, 예전에는 돈을 찾으려면 은행 창구에 가서 입금증을 써서 내야 했기에 앞에 놓인 샘플을 보고 따라 썼는데……, 대부분 샘플 속 이름이 '홍길동'이었어요. 지금도 여러 금융기관에서 SMS 인증받을 때 성명 칸에 들어가는 예시 이름이 여전히 '홍길동'입니다.

이처럼 홍길동이 널리 인용된 건, 학교에서 우리나라 최초의 한문 소설은 김시습의 《금오신화》이고 최초의 한글 소설은 허균의 《홍길동전》이라고 배웠고, 약자의 편에 서서 싸운 조선시대 슈퍼 영웅으로서 널리 사랑받고 있기 때문인데요.

우리나라 첫 극장 애니메이션 역시 1967년 신동헌 감독님의 '홍길동'이었지요. 홍길동 시리즈 2탄은 '호피와 차돌바위'. 아, 이건 뭐 중요한 건 아닙니다만…….

1967년 우리나라 첫 애니메이션 '홍길동' 포스터 (구글 이미지)

그런데 말입니다……, 허균이 《홍길동전》의 저자라는 건 가리지날이라고 합니다. 🐻

실제로는 1700년대 후기 어느 이름 모를 저자가 썼을 거라는데, 《홍길동전》의 저자가 허균이라고 잘못 알려지게 된 건 한 일본인의 기고문이 시초였다고 합니다.

1927년 경성제국대학에서 조선문학을 강의하던 다카하시 도루 (高橋 亨) 교수가 쓴 《조선문학 연구-조선의 소설》이란 기고문에서 "옛 문헌을 살펴보니 이식 선생의 《택당집》이란 책에 '허균이 또한 홍길동전을 지었는데 가히 수호지 급이었다.'라고 되어있다뿐. 그런데 허균이노 다른 작품이 죄다 한문 작품인 걸 보면 《홍길동전》역시 한문 소설이 오리지날이었을뇌피셜."이라고 쓰면서 비로소 알려진 것이라지요? 하지만 경성제국대학 제자들은 이 내용의 앞부분만 받아들여 당시 알려진 한글 소설 《홍길동전》이 허균이 쓴 것이고, 이게 우리나라 첫 한글 소설이라고 정의내린 것이 지금껏 알려

저 왔다고 하네요. 🐻

이 외에도 허균이 한글 소설 《홍길동전》의 작가가 아닌 이유는 많다고 합니다.

우선, 현재까지 알려진 30여 판본 모두에서 허균이 사망한 1618년보다 70여 년 뒤인 1692년 《숙종실록》에 등장한 도적 장길산이 작품에 나올 뿐 아니라 숙종 때 처음 설치된 '선혜청'이란 관청 이름이 등장하고 있으니, 허균이 알 리 없는 내용들인 거죠. 또한 홍길동이 만들었다는 '활빈당(活貧黨)'은 실제로 조선 후기 전국의 부잣집을 털어가던 도적 떼들이 즐겨 쓰던 이름이기도 했지요. 300년 부잣집으로 유명한 경주 최부잣집은 평소 덕을 쌓아 주민들이 스스로 자경단이 되어 최부잣집을 지켜주면서 활빈당이 감히 접근하지 못했다는 기록도 전하고 있습니다. 🐻

게다가 최근 조선 중기 문인 황일호(1588~1641)의 《지소선생문집》에 홍길동의 일생을 그린 한문 소설 《노혁전》이 실려 있다는 사실도 알려졌습니다. 그런데 그 내용은 한글 소설 《홍길동전》과는 많이 다르답니다.

그 외에도 18세기 영·정조 시대에 들어서야 《전우치전》 같은 유사한 한글 소설이 여럿 나오게 되는데, 200여 년 전 《홍길동전》이 나온 후 중간에 한글 소설이 전혀 등장하지 않는 것은 매우 부자연스러운 현상이라고 하네요.

그런데 왜 18세기 후반에 그토록 많은 한글 소설이 등장할까요? 그건 영·정조 때에 이르러 민간 상공업이 발달해 전국에 시장이 발달하면서 오가던 사람들에게 책을 빌려주는 세책집이 크게 유행하면서 가능해졌다고 합니다. 오호~, 이미 이 시절에 도서 대여점이 존재했군요. 🐻

이처럼 여러 의문점이 많았음에도 허균이 한글 소설《홍길동전》의 저자라고 알려진 데에는 앞서 언급한 다카하시 도루 교수의 한국인 제자들의 애국적 연구 태도가 그 원인일 것이라고 합니다. 이처럼 무리수를 둔 이유는, 이미 일본은 11세기에《겐지모노가타리(源氏物語)》라는 장편 소설이 등장하고 중국도 14세기에《삼국지》,《서유기》등 장편 소설이 다수 등장한 터라 허균이 한글 소설을 썼다고 주장한다면 주변 국가보다 한참 늦은 고유 문자 소설의 출발점을 200여 년 앞당길 수 있었으니 민족적 자존심에 그렇게 주장했을 거라네요. 🐻

그런데 황일호의 한문 소설이건 후대의 한글 소설이건 왜 홍길동이란 동일 인물이 등장할까요? 이는 실제 연산군 시절에 홍길동이란 엄청난 도둑이 존재했기 때문이에요. 하지만 한자가 달라요. 소설 속 홍길동은 洪吉童인 반면, 실제 홍길동은 洪吉同. 🐻

실존 홍길동은 전국 단위 도적 떼의 수령으로서 특히 충청도에서 온갖 나쁜 짓을 일삼았다고 합니다. 하지만 그의 형인 홍일동이 세조 시절 호조참판에 오르는 등 권세가였기에 주변 고위직에게 뇌물을 바쳐 잡히지 않았고, 조카 딸마저 성종 후궁인 숙의 홍씨였으니 대단한 뒷배경을 가진 도둑이었던 것이죠. 그러나 결국 중종 시절 붙잡혀 옥사하고, 그를 도와주던 관리들도 처벌을 받았다고 합니다. 하지만 세월이 흘러흘러 300여 년이 지나자 진짜 나쁜 도적이었음에도 영국의 로빈후드 전설처럼 후대에 '연산군의 폭정에 대항해 일어난 의로운 도둑'이란 이미지로 각색되고, 《서유기》의 손오공처럼 분신술을 통해 탐관오리를 처단하는 조선판 슈퍼히어로로 이미지 세탁이 된 것이라네요. 🐻

그런데……, 실존 인물을 토대로 구전되어 온 내용으로 만든 한글 소설 《홍길동전》의 시대적 배경이 좀 이상합니다. 소설의 도입부는 이렇게 시작합니다. "됴선국 셰동대왕 즉위 십오년의 홍희문 밧긔 한 재상이 잇스되 셩은 홍이요 명은 문이니……." 실제 존재한 도적 홍길동은 연산군 시대 사람이었고, 이야기 속 조선 사회도 탐관오리가 판을 치는 어두운 사회인데 이상하게도 한글 소설 《홍길동전》의 배경은 역사상 최고의 태평성대로 여기는 세종대왕 시절로 그려진 것이죠? 왜 그랬을까요? 언뜻 이해가 잘 되지 않는데, 여러분도 그게 궁금하셨죠? 아~, 처음 듣는 이야기라고요? 🐻

역사상 최고의 성군이라고 평가받는 세종대왕은 조선시대 때에도 최고의 성군이라 인정받았습니다. 다만 지금은 세종을 한글 창제자이자 천문, 지리, 기술, 음악, 농업에도 조예가 밝으셨고, 백성을 위해 관료들을 24시간 달달 볶아 과로사시키던(?) 문화 군주로 여기지만, 당대에는 평가가 좀 달랐어요. 문화 융성이 핵심 성과였다면 붕어(사망)하신 후 '문종'이나 '성종' 같은 묘호를 드려야 하는데, 북방 4군 6진을 개척하여 국토를 넓힌 업적을 더 높이 찬양하여 영토를 크게 확장한 군주에게 붙이는 '세종'이라는 시호를 받으셨지요.

즉 조선판 광개토대왕이신 셈입니다.  실제로 세종 이후에 영토를 더 넓힌 임금이 없고 우리 역사상 압록강, 두만강 남쪽 한반도 전체를 한 국가가 차지한 것도 이때가 처음이긴 합니다.

"나는 인자한 군주이니라~ 허허허." 세종대왕 동상 (위키피디아)

이후 성종, 정조 등 후대 임금에게 통치자로서의 롤모델이 되신 세종의 업적은, 500여 년 뒤 대한민국에서도 크게 존경을 받으시어 일제로부터 해방된 후 새로 서울의 거리 이름을 재정비하면서 가장 넓은 도로인 옛 육조 거리를 세종로라고 새로 이름 지었고, 광화문 앞 광장에 동상과 기념관을 마련한 데 이어, 행정수도 이름도 세종특별시, 첫 번째 남극 과학기지 이름도 세종기지라고 짓는 등 여전히 사랑받고 있지만……, 조선시대 서민층에겐 지금 우리가 잘 모르는 세종의 흑역사가 있었기 때문에 홍길동 이야기의 주무대가 된 겁니다.

세종은 잘 알다시피 유교적 이상세계를 실현하는 군주가 되고자 노력하신 성군이십니다. 역대 어느 임금도 이분처럼 다방면에 걸쳐 넘사벽의 실력으로 문화 정치를 실현하신 분이 없지요. 그리고 자녀 생산에서도 열과 성을 다하사 18남 4녀를 낳으시니 조선 임금 중 넘버원이시고 뭐 하나 빠지는 거 없이 다 잘하셨어요.  하지만 완전

313

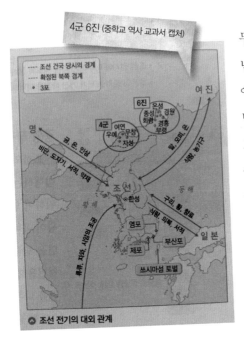

4군 6진 (중학교 역사 교과서 캡처)

● 조선 전기의 대외 관계

무결해 보이는 세종도 노년에는 수많은 질병 때문에 그랬는지 한짜증 하시면서 신하들의 간청에도 고집을 굽히지 않고 세상 물정과 다른 정책도 여럿 펼쳐 백성들의 원망을 받으신 분입니다. 뭐 다른 임금들은 더 원망받으셨지만요. 🐻

세종 역시 인간인지라 여러 실책을 범하시지만, 그중에서도 백성들에게 가장 가혹했던 실책은 4군 6진 개척 이후 백성들을 강제로 북방 개척지로 옮겨 살게 한 '사민(徙民) 정책'이었습니다. 세종 15년인 1433년 최윤덕 장군에게 명해 압록강에 4군을 설치하고, 김종서 장군에게는 두만강 일대의 여진족을 몰아내고 6진을 만들어 압록강과 두만강을 경계로 국경선을 확장토록 했는데, 문제가 발생합니다. 새로 얻은 국토에 주민이 들어와서 농사를 짓고 살아야 현지 주민들에게 국경 수비를 맡길 수 있는데, 춥고 척박한 새 땅으로 가려는 농민이 없었던 겁니다. 🐻

그래서 강원도, 충청도, 경상도, 전라도 주민들을 강제로 동원해 4군 6진 지역으로 이주시키는데, 이주민 숫자가 모자라자 1437년부터는 평안도, 황해도 등 북부 지역에서도 이주를 진행시켜 약 4만 5000여 명이 이동한 것으로 나옵니다. 하지만 아무리 혜택을 준다고 해도 남쪽 지방에선 3000리 길을 봇짐과 수레에 짐을 싣고 3달에 걸쳐 걸어가야 했으니, 남녀노소 가리지 않고 가는 길에 병으로 죽고 얼어 죽은 경우가 수천여 명에 이르렀단 기록이 엄연히 남아 있습니다. 당시 조선 인구가 700만 명 내외였으니 상당히 많은 백성들이 피해 입는 상황이었지요. 이에 신하들이 지나친 처사라고 진언하지만 북방 안정을 위해 어쩔 수 없다고 여긴 세종은 버럭 화를 내며 "그런 하소연에 국가 대계를 양보하란 말이냐!"라며 밀어붙였다네요. 그러나 실상은 백성들 중에 권세가와 연이 닿은 집안이거나, 돈을 많이 내거나, 중국 명나라에 바칠 특산물인 해동청 매를 잡아와 바치면, 예외로 빼주는 경우가 빈번했다고 합니다. 예나 지금이나 비슷하죠? 🐷

사실 '훈민정음'을 창제하실 때에도, 최만리 등 집현전 학자들이 단체로 반대하는 상황에서 정창손이 "백성은 교화되지 않는데 왜 그런 쓸데 없는 일을 벌이시냐."고 말하자 그를 파직 처분할 정도로 밀어붙였기에 한글 반포가 가능했던 것이긴 합니다. 파직시킨 정창손도 바로 그해 복직시킵니다만, 세종은 신하들에게 휘둘릴 사람이 아니었어요. 엄청 당찬 군주였다니까요!

또한 전 백성들에게 고통을 준 또 하나의 정책은 화폐 개혁의 실패였습니다. 고려 말기부터 중국 당나라 제도를 본받아 만들었던 저화(종이돈)를 다시 조선 초에 새로 만들어 유통시키지만 활성화되지 않아요. 왜냐하면 오랜 기간 쌀을 들고 가 다른 물건과 교환해 오던 사람들이 종잇조각에 불과한 지전을 믿지 못해 이용하려 들지 않았기 때문인데요. 그러자 관졸들을 풀어 시장에서 물물교환하던 이들을 적발해 강제로 수군에 징집하고, 끌려가던 이들은 "내 자식들마저 대대로 수군 노예로 살게 할 순 없다."며 자살해버리자, 이 소식을 들은 부인마저 목을 매고 말았다는 기록이 남아 있습니다.

실제로 조선 수군은 군역 중에서도 가장 힘든 보직이었기에 이탈자가 많아지자 부모에서 자식으로 대대로 강제 차출되는 노역으로 변질되어 일생을 지정된 바닷가 지역에서 살아야 했다고 합니다. 평민이라고는 하나 유럽 중세의 농노와 다를 바 없었지요. 하지만 그런 처우를 받은 수군이 임진왜란 때 조선을 구하게 되니 이것도 역사의 아이러니입니다. 🐹

이처럼 자살하거나 고리대금업자에게 벌금을 빌려 평생 고생하는 이가 속출해 백성들의 원망이 커지지만, 세종은 "좋은 정책인데 어린 백성이 종이돈을 못 믿는다니 금속으로 만들면 되겠지."라며 다시금 동전인 '조선통보'를 만들게 하시죠.

하지만 고려 말기 상공업의 발달로 빈부 격차가

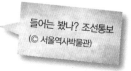

들어는 봤나? 조선통보
(© 서울역사박물관)

심해지면서 "권문세족만 부를 차지한다."는 사회 불만을 이용해 역성혁명에 성공한 뒤 농본주의를 국가 정책으로 채택한 왕조가 바로 조선이었는데, 느닷없이 다시금 경제 부흥이라니요……. 🐻

조선 초기에 농사를 통한 자급자족만 중시하고 상공업을 억제해 한양 종로 상전을 제외하곤 지방 시장마저 폐쇄하면서 화폐가 제대로 유통될 리가 없었는데 말이에요. 이에 궁궐에 각종 물품을 조달하던 종로 시전에 불을 질러 잿더미가 되는 등 폭동의 기미가 보이자 화폐 사용 정책은 중단하고 물물교환도 인정하게 됩니다. 실제로 화폐 유통은 200여 년 뒤 숙종 대에 가서야 '상평통보'가 활성화되기 시작했으니, 취지는 좋았으나 현실은 이에 못 따라가는 형편인데도 세종의 의욕이 너무 앞서신 것이죠.

또 백성들에게 비난받은 정책 중 하나는, '부민고소금지법'이었습니다. 아버지 태종은 유명무실했다고는 하지만 신문고제도 등 지방 수령의 악행을 고발할 수 있게 했는데, 세종은 "상하의 질서를 바로 잡는 유교적 세상을 만들어야 한다."며 눈물로써 간청한 허조의 의견을 받아들여, 지방 수령의 악행을 고발하지 못하게 막아 원성을 듣게 됩니다. 다만 세종 당시에도 고려에 대한 향수에 젖은 지방 토호 세력이 중앙 정부에서 파견한 관리를 쫓아내기 위해 고발함으로써 악용하는 사례도 있었기 때문에 어느 정도 불가피한 면이 있었던 것도 감안해야겠지요. 삼국시대부터 고려에 이르기까지 지방은 호족이 관장하는 느슨한 자치 형태로 운영되었습니다. 고려 정부가 비록 사민관을 파견해 감시했다고는 하나 지방 호족은 사병을 거느리고 중세 봉건영주처럼 행사할 수 있었는데, 조선은 초기부터 강력하게 중앙집권 체계를 구축해 각 고을까지 한양에서 파견한 관리가 직접 다스리고 기존에 칼을 차고 다니던 지방 호족은 이방, 호방 등 향리로 격하시키죠. 참고로 일본은 1868년 메이지유신 전까지는 우리의 고려 무신 정권 시절처럼 일왕은 허수아비이고 쇼군이 권력을 쥐고 각 지방 영주의 자치를 허용하는 중세 봉건사회를 유지했어요. 따라서 15세기 당시 조선은 남송 시절 주자학을 뒤늦게 신봉하는 처지이고 일본은 고려시대 수준이었으니 중국-한반도-일본 순으로 사회 발달 과정이 수백 년씩 더디게 연쇄적으로 이어져 왔습니다.

그리고, 시행 당시엔 호평이었지만 나중에 큰 문제가 된 것이 금광, 은광 폐쇄 조치였습니다. 명나라에서 매년 조공을 요구했는데 해동청 말고도 과도하게 금과 은을 요구하자, 아예 금광, 은광을 막아버리고선 중국 사신에게 "원나라 때부터 너무 많이 채굴해서 이제 더이상 없다."고 버틴 것이죠. 그래서 조공 물품을 줄인 것까진 참 잘하셨는데……, 문제는 광부들의 생계에 대해선 별다른 보완책이 없었던 겁니다. 🐻

삼국시대부터 고려시대에 이르기까지 해외 무역 루트를 통해 귀금속이 유통되었는데, 조선에선 민간 해외 무역을 금지시키고 왕궁 및 특정 사대부들이 사용할 귀금속만 소량 발굴하게 했으니 왕실에 납품할 수 있던 몇몇 광부를 제외하고는 먹고살 길이 없어져 광산 채굴 기술과 제련 기술이 퇴보하게 됩니다. 반면 마르코 폴로가 원나라를 방문할 당시에도 은이 많은 나라 '지팡구'로 알려져 있던 일본은, 은 제련법이 낙후되어 순도 높은 은을 만들지 못해 중국산에 비해 낮은 가격에 수출하고 있었던지라 중국과 조선의 은 제련법을 배우고자 늘 기회를 엿보고 있었습니다. 때마침 1526년 세계 최대의 은광인 이와미 은산을 발견한 후 1533년 조선인 기술자 2명을 스카우트하는 데 성공해 순도 높은 은을 생산하게 되면서 중국을 거쳐 유럽에 수출할 수 있게 되지요. 당시 일본이 채굴한 은이 전 세계 유통량의 25%에 이를 정도로 커지자 1543년에 일본 은을 직접 구매하러 포르투갈 상인들이 찾아와 조총을 선물합니다. 🐻

이에 서양 무기의 유효성에 눈 뜬 일본은 은 수출 대금으로 대량의 철과 무기 제작 기술을 수입하고, 그후 기술 국산화 노력 끝에 조총과 총알마저 자체 생산해 역으로 포르투갈에 수출할 정도로 실력을 갖추게 됩니다. 이처럼 조총 제작 및 전법에서 비약적 발전을 이룬 일본은 100여 년간의 내란을 마치고 통일되자마자 조선을 넘어 명나라, 인도까지 집어삼키겠단 야심을 품고 1592년 임진왜란을 일으키게 됩니다. 이후 조선 도공까지 끌고 가 세계 시장에 일본 도자기를 팔아 부를 축적하고, 이를 토대로 메이지유신을 이룩하면서 아시아 강국으로 성장해 조선을 집어삼키게 된 것이니, 결국 기술자를 홀대하고 상공업을 천시한 조선의 성리학 이데올로기가 일본의 경제 발전을 일으키는 데 큰 역할을 하게 된 것이지요. 이야기가 너무 나갔네요. 🐻

하여튼 이처럼 세종은 명나라의 지나친 조공 요구에 대해서는 광산을 막아버리면서 개기셨지만, 정작 본인에게 개긴 백성들에겐 아

주 가혹하게 대응하십니다. 🐻

그게 무슨 얘기냐고요? 서울시 구로구 온수(溫水, 따뜻한 물)동은 옛날 이곳에서 더운물이 솟아 나와 붙여진 이름인데, 이에 얽힌 슬픈 이야기가 전해지고 있어요. 세종은 할아버지 태조, 아버지 태종과 달리 운동을 즐겨 하지 않고 고기를 즐겨 드신 비만 체질이어서 20대 때부터 당뇨, 고혈압, 고지혈증 합병증 등 다양한 성인병으로 고생을 했고, 당뇨 합병증으로 손발이 건조해지자 자주 온천 여행을 즐겼다고 합니다. 그러던 1438년 지금의 구로구 온수동에서 온천이 발견되었다는 기쁜 소식에 새 온천에서 목욕을 하려고 했답니다. 그러나 임금님 전용 온천으로 지정되면 인근 주민은 모조리 강제 이주해야 했기에, 조상으로부터 물려받은 고향을 지키려는 마을 유지들이 온천이 발견된 곳을 묻어버리곤 "온천을 발견했다는 건 다 헛소문"이라고 부인했다고 하네요. 하지만 이에 진노한 세종의 지시로 아전과 주민들을 고문하지만 끝내 장소를 찾지 못하자 결국 주동자들이 처형되고 마을 주민 전체를 천민으로 강등했다고 합니다. 🐻 구전이라 과장되었겠지만, 실제 《세종실록》에도 3년에 걸쳐 수차례 해당 지역을 조사하라고 지시했다는 구절이 나오고,

7호선 온수역 (위키피디아)

해당 지역이 강등된 뒤 40년 뒤에야 원래 행정구역으로 복원된 걸로 봐선 실제 큰 사달이 난 것은 확실한 것이니 백성을 너무나 사랑하신 군주라고만 알고 있는 우리들로선 충격과 공포가 아닐 수 없습니다. 이후 온수동 온천에 대한 탐사는 일제시대인 1920년대에도 실패했고 1969, 1970, 1985년에도 탐사를 했으나 찾지 못했다네요. 🐻

당시 세종이 본인의 병 치료에 얼마나 관심이 컸던지 온수동 온천 사건 4년 뒤인 1442년에 강원도 온천 여행 때 타고 가야 할 가마가 테스트 도중 부숴졌다는 이유로 그렇게 아끼던 장영실을 단박에 매몰차게 곤장 때리고 내쳐버릴 정도였으니까요. 뭐 이에 대해선 여러 다른 의견이 존재합니다만……. 🐻

그후로 당뇨가 악화되어 눈도 잘 보이지 않자 전국의 온천물을 길어오도록 지시합니다. 이에 각 온천물의 무게를 저울에 달아보니 경기도 이천의 갈산 온천물이 가장 무거웠대요. 이에 함유물이 제일 많은 온천물이 가장 좋을 것이라고 여긴 세종은 몸소 갈산에 행차해 목욕을 하고, 실제 좋은 효험을 보자 이후 갈산온천을 최고로 쳤다고 하네요. 이처럼 말년의 세종은 장남 문종에게 정사를 맡기고 본인의 건강을 유지하는 데 가장 역점을 두었습니다.

게다가 세종을 보좌하던 사대부들도 여성의 사회활동이 그나마 자유롭던 고려 시절을 '예의범절이 타락한 시대'라고 규정하고 남존여비, 사농공상이란 유교적 질서 수립에 박차를 가하게 됩니다. 이에 여성이 말을 타고 궁궐을 출입하던 풍속을 금지해 가마를 타고 오도록 하고, 외출 시 여성은 얼굴을 가리도록 하며, 일반 백성은 가

죽신을 못 신게 하는 등 사대부만의 특권을 강화해 나갑니다.

또한 불교 탄압도 가속화해 고려시대에는 고을 곳곳에 존재하던 사찰이 조선시대에 이르러선 산 속으로 숨어들게 되는데, 태종 6년인 1406년에는 국가 인정 사찰이 242개소로 축소된 데 이어, 세종 6년(1424년)에는 선종(禪宗)과 교종(敎宗) 양대 종파 각 18개 사찰씩 36개 사찰만 인정해 그 사찰에 속한 3700여 승려를 제외하고는 모조리 환속시켜버립니다. 공자천국, 불신지옥. 🐻

또한 서자 차별을 공고히 하기 위해 어머니의 신분에 따라 자식의 신분을 결정하는 '노비종모법'을 시행함에 따라 전체 인구 중 50% 이상이 노비로 규정되었고, 조선 초기만 하더라도 무과시험은 치를 수 있었던 서자의 과거시험 응시 자체도 불허하게 됩니다. 원래 서자(庶子)는 집안을 승계하는 장자 이외의 아들을 의미했기에 본처가 아닌 이에게서 난 반쪽짜리 아들이란 개념은 고려시대까지는 없었다고 앞서 단군 편에서 설명드렸지요? 그러니 천민 출신 어머니를 가진 양반 서자들로서는 무과시험이라도 합격해서 출세하려던 꿈은 고사하고 느닷없이 노비로 신분이 떨어지는 상황에 맞닥뜨렸으니……, 하늘이 무너지는 기분이었을 겁니다.

따라서 《홍길동전》 초반부에 홍길동이 아버지 홍문(홍판서)에게 "아버지를 아버지라 부르지 못하고, 형을 형이라 부르지 못한다."며 적서차별 제도를 질타하는 장면은, 세종 이후 조선시대 내내 이어진 서자 차별에 대한 원망을 나타낸 것이에요. 이들에겐 진짜 오리지날 헬조선이었겠네요. 🐻

그런데 당시 상황에 대해 아버지 홍판서를 마냥 비난할 수도 없는데, 그 이유는 이조판서 정2품 고위직에 계신 사회지도층 인사로서 주군인 세종대왕이 막 공표한 실정법을 위반할 수는 없는 입장이었거든요. 🐻

이런 상황에서 비범한 홍길동이 집안의 화근이 될 것을 우려한 본처가 자객을 보내 살해하려 하지만, 오히려 자객을 죽인 홍길동은 아버지에게 자초지종을 설명하고, 호부호형을 허락받아 양금을 턴 채 어머니의 조언을 받아 가출하니, 그의 나이 불과 11세. 알고 보니 홍길동은 무서운 초딩이었군요. 🐻

이처럼 서자 차별에 대한 강렬한 비판의식을 가진 《홍길동전》을 지은 이름 모를 저자 역시 시대를 잘못 타고난 서자 출신 지식인이지 않았을까 합니다. 이런 역사적 지식을 잘 알고 있었기에 무과시험 응시 기회까지 몽땅 박탈당한 서자 홍길동 이야기를 만들면서 폭군 연산군 시절 실존 모델이 있음에도 서자의 아픔을 처음 겪게 된 세종 시대로 배경을 옮겨 이야기를 전개해 나간 것입니다. 슬프네요. 🐻

그러니 소설 속에서 홍길동은 위선적인 양반 사대부 중심의 암울한 세상에 대한 적개심으로 탐관오리를 처단하고 곡식을 나누어주게 된 것이죠. 그러나 조정 입장에선 백성들의 희망이 된 홍길동과 활빈당은 국가의 적이었을 뿐이니, 그를 타도하기 위해 결국 홍길동의 아버지와 형을 볼모로 잡고 홍길동이 원한 병조판서 자리를 주겠다고 회유한 뒤 궁에 들어오면 죽일 계획을 세웁니다.

그러니 홍길동은 자수하러 왕 앞에 홀연히 등장하는 자리에서 이렇게 말할 수밖에 없었을 겁니다.

   홍길동 : "내 아버지와 형을 볼모로 잡다니 치사만빵. 나는야 활빈당 당수. 대표 당수끼리 정상회담 하자스라."
   세종대왕 : "어허~, 어디 서자 주제에 맞장을! 난 임금 넌 노비, 아직 니 처지 몰이해? 하지만 너의 한을 잘 알겠으니 니가 그토록 원한 병조판서 자리 줄게. 찬성?"
   홍길동 : "일단 콜~! 허나 서자는 조선 공무원 시험도 못 치는 이 오리지날 헬조선에서 나만 특혜 받으면 뭐함? 내가 이 나라를 떠나면 임금도 해피, 울 아빠도 해피, 다들 해피이니 난 이제 그만 헬조선 탈출. 뿅~."

   이에 홍길동이 구름을 타고 조선을 떠나 새 세상으로 향하는 것으로 결말을 지었고, 이 소설을 읽던 당시 조상님들은 헬조선 탈출기를 읽으며 답답한 현실에서 조금이나마 카타르시스를 느꼈을 것 같네요. 🐻
   그런데……, 율도국으로 간 홍길동의 이후 행적을 다룬 부분은 각 판본마다 다르긴 한데, 가장 널리 알려진 것은 율도국에 도착해 요괴를 물리치고 제물로 바쳐진 두 아가씨와 결혼한 후 율도국 왕이 되어 30년간 잘 다스린 후 아들에게 물려주고 신선이 되어 하늘로 승천한다는 거예요.

잠깐, 어이~ 이봐요. 이름 모를 작가님. 결국 아내 둘 다 정실부인으로 인정해 서자 문제를 해소한 게 홍길동이 원한 새 세상의 결말이란 거예요? 뭔가 좀 더 인간적이고 원대한 유토피아스러운 비전 제시는 없나요? 남녀차별 금지나 군주제 폐지 뭐 이런 거요~. 🐻

우리나라 역대 임금 중 대왕이라고 존경받는 군주가 몇 없는 가운데에서도 워낙 다양한 업적을 쌓아 후대로부터 최고의 성군이란 칭송을 받는 세종대왕이시기에 그분의 실정을 언급하는 것이 살짝 겁나기도 하네요. 🐻 하지만 실제로 세종에 대한 평가는 성종이 추앙하면서 격상되기 시작해 점차 신격화되는 양상을 보여왔습니다. 이처럼 위인들의 일생이란 것도 누구나 명과 암이 동시에 존재하기에 역사는 여러 관점에서 봐야만 입체적으로 이해가 되는 것이랍니다. 🐻

02

조선 전기 – 세조와 문수보살

음, 어쩌다 보니 《홍길동전》 이야기를 하다가 세종대왕님의 어두운 면을 보여드렸는데, 그의 악한 둘째 아들 수양대군 이야기도 해야겠습니다.

조선시대를 다룬 드라마나 영화를 보면 암군으로 묘사되는 임금님이 여럿 있는데, 그중 조카를 죽인 세조 이야기를 다룬 경우가 많지요. 조카까지 죽이고 왕권을 차지한 나쁜 임금 세조도 말년에 이르러서는 자식이 먼저 죽고 본인도 각종 질병과 악몽에 시달리면서 조카 단종에게 행한 악행을 참회했다는 스토리가 정형화되어 있는데……. 이 같은 세조 이미지는 가리지날 종합선물세트에 가깝습니다. 🐻

앞서 《홍길동전》에서 언급했듯이 세종대왕 시절에 유교 질서를 강화하면서 백성 살림이 팍팍해졌는데, 이 같은 상황을 타개하기 위해 여러 개선책을 선포하면서 백성들에게 환영받은 군주가 바로 세조입니다. 엥? 천하의 폭군 세조가 환영을 받았다고요? 🐻

비록 사육신 등 이상적 유학 정치를 희망한 사대부들에게는 폭군으로 인식된 임금이지만, 성리학적 도덕 따윈 상관없이 당장 먹고사는 문제가 시급했던 백성들에게 세조는 그리 나쁜 임금이 아니었습니다. 🐻

최근 복원된 세조 어진 밑그림 채색본 (© 나무위키)

우선, 영화 '관상'에서 배우 이정재가 수양대군 역을 맡아 날카롭고 이리 같은 사악한 얼굴을 보여준 바 있지만, 이런 표독한 인상부터가 가리지날입니다.

최근 공개된 세조의 어진 모사화를 보면 아버지 세종처럼 후덕하고 인자한 얼굴로 그려져 있어 충격을 주기도 했는데요. 세종의 둘째 아들이 아버지 얼굴을 닮았겠지 누굴 닮았겠습니까? 🐻

조카를 죽이고 왕을 차지한 천하의 악당이라고만 기억되는 세조이지만 정작 실록 기록 등을 보면 세조 본인은 "어린 왕 뒤에서 권력을 행사하는 대신들의 힘을 무력화시키고 강력한 군주가 다스려야 이 세상이 평화로울 수 있다."는 본인 나름의 왕권 회복 의지가 있었어요. 그래서 실제 행적을 보면 드라마나 영화에서와 달리 죽을

때까지 조카 단종에 대한 죄책감은 그다지 없었다고 하지요. 🐻

사실 세조가 왕위를 노릴 수 있는 분위기를 만든 장본인은 정작 아버지 세종의 그릇된 판단도 한 원인이 되었습니다. 세종 본인이 넘사벽의 유교 철학을 가진 문화 군주이다 보니 왕자들과 영특한 신하들도 자신과 같이 이상적 유교사회를 만드는 데 동조할 것이라고 착각한 것이죠. 너무 성공한 자들이 흔히 겪는 자기 긍정형 인식이 후계 구도를 망치게 된 겁니다.

즉, 왕족들은 정치에 참여하지 못하게 하고, 세자로 지명되지 않은 왕자들은 권력에서 배제한다는 원칙을 본인이 무시하면서, 첫째 아들 문종을 세자로 세우고 정사를 대신 보게 하면서 동생들인 수양대군과 양평대군에게도 벼슬을 주고 정사에 참여시켜 각자의 세력을 만들 기회를 주고 맙니다. 🐻

또한 세조를 도와 반정을 일으킨 신숙주, 정창손 등 집현전 학자들의 성향에 대해서도 세종대왕은 잘 몰랐습니다. 집현전을 만들고 젊은 인재들을 모아 학문에 힘쓰도록 한 건 좋은데, 세종 본인은 그들이 자기처럼 학문 습득을 기뻐할 것이라 여겨 그들을 집현전에만 두고 다른 보직으로 보내지 않은 것이죠. 하지만 과거시험을 통해 출세하려던 일부 인사에겐 학문은 수단이지 최종 목적은 아니었기에 권력에 목이 말랐던 겁니다. 그래서 수양과 양평대군 같은 현실주의자들이 이들의 갈등을 알고 집현전의 유능한 학자들에게 접근해 자기를 도와주면 권력자가 될 수 있다고 포섭했고, 다수의 집현전 학자들이 이에 동조해 수양대군의 역모에 가담한 것입니다.

그렇게 인간의 심리를 이용해 권력을 잡은 세조는 왕권 강화를 최우선 목표로 삼아 고려왕조도 하지 못한 성문법 제작에 착수해 결국 성종이 《경국대전》을 완성케 하는 기초를 닦았습니다. 즉, 본의 아니게 성종을 성군으로 기억하게 만든 장본인이 바로 세조이지요.

게다가 애초에 수양대군은 세자가 아니었기 때문에 왕자 시절 궁 밖에서 살면서 보았던 백성들의 고충을 헤아려 여러 개선책을 선보입니다. 각지의 수령을 국왕이 직접 심사해 임명하고, 아버지 세종이 폐지한 지방 수령 고발권을 부활시켜 백성들이 고을 수령을 탄핵할 수 있게 했어요. 또한 수공업, 광업 등에서 수탈을 목적으로 특별히 관리하던 지방 행정구역인 향(鄕), 소(所), 부곡(部曲) 폐지를 확산하고, 고을 단위 명칭을 바꾸어 지금도 사용하는 면(面), 리(里) 제도를 시작합니다. 또한 우리에겐 고구려를 침략한 나쁜 인물이지만 중국인에게는 최고의 성군이라 칭송받는 당태종 이세민을 롤모델로 삼아 지방 행차 시 백성들로부터 직접 고충을 듣고 즉결 판결하는 퍼포먼스인 격쟁(擊錚)을 조선 임금 중 처음 선보입니다. 요즘은 정조대왕 화성행궁 행차 퍼포먼스 때 이런 프로그램을 선보여 정조가 처음 만든 줄 알지만요. 🐻

또한 조선이 건국되면서 사대부들에게 폐습으로 몰려 철저히 외면당했지만 여전히 일반 백성에겐 마음의 위안이 되는 불교를 되살려냅니다. 할아버지 태종과 아버지 세종에 의해 불교가 큰 타격을 입은 상황에서 나름 불심이 강했던 세조는, 대신들의 반대에도 '훈민정음'으로 여러 불경을 편찬하게 하는 등 백성의 마음을 어루만지게 되지요. 일부에선 일부러 신하들에게 모욕감을 줘서 왕권을 강화하기 위해 불교를 이용했다고 평가하기도 하지만, 어느 시대이건 종교 갈등은 위험성이 크기 때문에 본인이 불교에 애착을 가지지 않았다면 이토록 감행하기 어려울 정도의 다양한 사업을 밀어붙이기는 힘들었을 것으로 보입니다. 심지어 신하들에게 불경을 읽고 토론하게 했는데, 이를 제대로 이행하지 않았던 신하는 파직시킬 정도였지요. 이 같은 불교 진흥 정책에 따라 고려 멸망 후 60여 년간 탄압 대상이 되었던 불교계는 물론, 조심스레 절을 찾던 백성들에겐 큰 환영을 받으니, 지금까지 오대산 문수보살 전설이 구전되어 오는 등, '대왕'이라 불리며 크게 환영받는 임금이 된 것이지요. 뜻밖이죠? 🐼

아, 그런데 문수보살 이야기가 뭐냐고요? 불교계에선 유명한 전승인데…… 🐻

아버지 세종의 체질을 물려받아 몸이 비대했던 세조도 나이가 들면서 당뇨 등 각종 성인병과 함께 피부병으로도 고생합니다. 그런데 질병으로 고충을 겪고 있던 즉위 12년째인 1466년, 신미대사(한글 창제를 다룬 영화 '나랏말싸미'에 나오는 그 스님)의 권유를 받아 금강산 온정리 온천 등 강원도로 40일간 요양 여행을 가게 되지요. 하지만 임시 궁전인 온정행궁을 만들면서까지 준비한 보름간의 온천 치료에서 그리 큰 효과를 못 보았다네요.

이에 한양으로 돌아오던 길에 양양 낙산사를 거쳐 방문한 오대산 상원사에서 세조는 모든 신하를 물린 후 계곡물에 홀로 몸을 담그고 있었는데 동자승이 지나가는 것을 보게 됩니다.

세조 : "동자스님~, 미안한데 등을 좀 밀어주면 안되겠니수양?"

동자승 : "그러시지요보시."

두 말 않고 동자승이 등을 밀어주자 세조는 이렇게 당부했다고 합니다.

세조 : "임금의 몸을 씻어주었다고 말하지 말세조."

동자승 : "대왕께서도 문수보살을 보았다고 말하지 마십시반야."

이에 깜짝 놀라 뒤를 돌아보았지만, 동자승은 온데간데 없고 그토록 고생하던 피부병도 나았다고 합니다.

'씻은 듯이 나았다'는 표현이 있는데 정말이지 계곡물에 씻어서 피부병이 나았던 거네요. 🐻

오대산 상원사에 그려진 세조와 문수보살 그림 (구글 이미지)

그런데 세조의 등을 밀어준 문수보살도 뉘신지 모르겠다고요? 🐻

문수보살(文殊菩薩)은 대승불교에서 최고의 시혜를 가진 보살(지혜를 가진 구도자)로서, 석가모니가 돌아가신 뒤 인도에서 태어나 세상의 지혜를 모은 《반야경》을 편찬했다고 알려져 있습니다. 석가모니불 이전에 이미 열반에 드신 부처이시지만 '나만 해탈할 수 없다.'

며 석가모니불을 도와 아직 윤회의 굴레에서 벗어나지 못한 인간들에게 해탈의 지혜를 전파하기 위해 잠시 보살의 모습으로 현세에 나타나셨다고 하지요.

이에 세조는 본인의 피부병을 깨끗이 낫게 한 문수보살의 은덕을 기리고자 궁으로 돌아와 동자승의 초상을 그리도록 지시하지만, 그 어떤 화공도 세조가 원하는 그림을 그리지 못했다네요. 그렇게 애태우던 어느 날 한 노승이 찾아와 그림을 그리겠다고 청하고는 세조가 설명도 하기 전에 그 모습을 똑같이 그려 놓고 구름을 타고 승천했다고 합니다. 이에 그 동자승 그림을 토대로 조각하게 한 것이 지금의 오대산 상원사 문수전에 모셔진 '문수동자상'이지요.

그리고 이 문수전 계단에는 돌로 만든 고양이 석상 두 마리가 있

오대산 상원사 문수동자상.
국보221호 (위키피디아)

는데, 이 석상에도 에피소드가 있습니다. 피부병이 나은 다음해 문수전에 동자상을 안치한 뒤 세조가 다시금 상원사를 방문해 예불을 드리고자 했답니다. 그런데 문수전에 오르던 세조 앞에 나타난 고양이가 못 들어가도록 옷자락을 물고 늘어지더랍니다. 그래서 이상한 생각이 든 세조가 법당 안을 수색하게 지시했는데, 아니나 다를까 자객이 숨어 있더랍니다. 이에 목숨을 구한 세조는

고양이의 은덕을 기려 묘
사를 짓게 하고 매년 고
양이를 위한 제사를 지
내게 했다고 하지요. 🐻

아마도 이 설화들은 당시 세조가 상원사 계곡에 이르렀을 때 드디어 치료 효과가 나타나 이에 기뻐한 것이 백성들에게 구전되는 과정에서 상원사의 효험이 극대화된 것이 아닌가 합니다. 어쨌거나 여전히 불교를 믿던 당시 민초들에겐 세조는 딱딱하고 인간미 없던 유교 군주가 아니라 불심으로 덕을 쌓은 훌륭한 군주로 인정받았기에 이 같은 이야기가 여전히 내려오고 있는 겁니다. 그후 세조는 강원도 월정사, 상원사는 물론 파주 보광사, 남양주 수종사, 양평 용문사, 합천 해인사 등 다수의 사찰을 후원하며 불교의 부흥을 꾀합니다.

하지만 세조의 반정에 기여해 공신이 된 주변 인물들이 문제투성이인데다가 세조가 워낙 '의리의 싸나이'였기 때문에 이들 공신들을 지나치게 우대하니……. 결국 고려 말 귀족 집안의 토지 독점에 반기를 들고 일어났던 사대부들이 60여 년 뒤, 똑같이 공신전을 빌미로 고려 말 귀족 집안 수준의 토지를 독차지하게 되면서 말짱 도루묵. 일반 백성들의 생활은 여전히 암울했어요. 🐻

또한 사육신의 단종 복귀 사건을 겪으며 기존 훈구파 대신 사림파의 시조인 김종직 등 시골 유림을 등용하기 시작했는데, 결국 이 때 중앙 정계에 진출한 사림파가 이후 조선의 유교 교조화를 더욱 강화하고 말지요.

이처럼 세조 자신은 왕권을 강화하고자 무던히 노력했지만 여러 사건을 겪으며 지나치게 많은 공신을 책봉해 오히려 이들로 인해 왕권이 더 위축되는 상황을 초래한 채 사망합니다. 하지만 특혜를 누리던 신하들은 "암군(暗君) 노산군(단종)이 암신(暗臣)들에게 휘둘리고 있을 때, 결단력으로 반정을 일으켜 국정을 안정시킨 명군"이라고 칭송했다지요? 그 뒤를 이은 둘째 아들 예종마저 14개월 만에 승하해 후사가 없자, 세조의 큰아들이었으나 일찍 사망한 의경세자(덕종)의 둘째 아들인 자을산군이 성종으로 즉위합니다.

그러나 성종은 어린 나이에도 유교 철학에 기반한 성군을 지향한 인물이었어요. 그래서 기존 훈구파 신하들이 세조를 따라 실용주의 정책을 취하고 사리사욕에 눈먼 것에 대한 불만을 품고 정통 유학을 고수하던 사림파를 대거 불러들이게 됩니다. 그렇게 힘을 얻은 사림파는 세조가 처음 길을 터주었음에도 세조의 정책을 비판하고 세조를 폭군으로 규정하지요. 🐻

이에 동조한 성종 역시 할아버지 세조의 불교 진흥 정책들을 폐지했을 뿐 아니라 불심이 깊었던 어머니 인수대비가 엄청나게 반대했음에도 금승법(禁僧法)을 만들어 승려가 되는 것을 막고 기존 스님들도 환속하게 합니다. 게다가 증조부 세종의 훈민정음 반포 및 확산에 대해서도 못마땅하게 여겨 훈민정음을 과거시험 과목에서 빼는 등, 한자 중시 정책으로 회귀해 19세기 말까지 한글은 제대로 대접받지 못하게 되는데, 많은 분들이 세조가 훈민정음 확산을 막은 것으로 오해하고 있는 겁니다.

그리고 한 걸음 더 나아가 양반 과부가 재혼하는 것을 법으로 금지시킨 것도 모자라 그 자손들의 과거 응시마저 막아버립니다. 그리고 북방 개척지로의 이주 정책을 다시 시행합니다. 이처럼 성군이라고 알고 있던 성종은 실은 백성들에겐 가혹한 임금이기도 했습니다. 🐻 게다가 이토록 완강했던 성종보다 한술 더 뜬 이들이 당시 새로 영입한 사림들이었으니, 창경궁 보수공사를 하면서 만든 연못(연지)에 구리 수통을 통해 물이 흐르게 하자 "그 비싼 구리를 왜 썼느냐?"고 닦달해 다시 돌로 만들었다고 합니다. 하지만 구리는 쉽게 구부릴 수 있어 금방 만들었지만, 돌은 쪼개고 갈아서 만드느라 구리 재료비보다 인건비가 더 들어갔다고 하죠. 경제엔 무지했던 이들이 이처럼 입으로만 일했으니 조선은 가난한 나라가 될 수밖에요. 🐻

하지만 세종 같은 유교 군주가 되겠다며 지나치게 스트레스를 받던 성종은 불과 38세 나이에 사망하고 말지요. 우리는 흔히 문종이 일찍 사망했다고 아쉬워하지만, 문종은 39세에 사망했어요. 성종은 일찍 왕이 되었기에 재임 기간이 길었을 뿐입니다.

그후 성종의 뒤를 이은 연산군은 조선 임금 중 처음으로 신하들에게 쫓겨난 암군인데, 따지고 보면 파국의 원인 역시 성종이 세자의 친어머니 윤씨를 죽인 데서 비롯된 것이니, 결국 본인의 아집으로 아내와 큰아들까지 제 명에 못 살게 한 것이죠. 🐻

그럼에도 역사책에서 성종을 《경국대전》을 완성하고 유교적 정치 질서를 완성한 성군이라 칭하는 것은, 당시 역사를 기록하던 사림파 유학자들에겐 그보다 더 좋을 수 없는 군주였기에 그런 겁니다. 실제 성종 사망 후 묘호를 정할 때 신하들끼리 나서서 성종(成宗)과 인종(仁宗)을 놓고 격렬한 논쟁을 벌였을 정도로 당시 유학자들은 세종보다도 더 좋은 군주로 여겼다지요? 🐻

지금까지의 제 이야기가 좀 심하게 들렸을지 모르겠습니다. 하지만 많은 분들이 유교에 의한 문치주의의 좋은 면만 부각해 생각하시지만, 그런 좋은 취지의 유학이 권력자들에 의해 왜곡되면서 일반 백성이 겪었던 부정적인 면도 함께 들여다보고 입체적으로 판단해 보시기를 권해드리는 겁니다.

이처럼 성종에 의해 다시금 강화된 유교 정치는 잠시 연산군 때에 주춤하게 되지만, 패악질을 벌이던 연산군이 사대부들에 의해 쫓겨나면서 중종 이후에는 사림파의 권력이 더욱 강화되지요. 이에 1510년에는 성균관 유생들이 왕실용 불교 사찰 흥천사(지금의 정동)에 불을 질러 없애버리는가 하면, 일부 오만한 사대부는 옆에 기생을 끼고 산에 올라가 절에 가서 스님들에게 술과 안주를 강제로 접대하도록 요구하는 등, 유학 철학이 권력 유지를 위한 수단으로 왜곡됩니다. 👣

하나 더 부연 설명하자면, 조선 초기부터 세조 때까지 활약한 훈구파들은 이름에서부터 답답한 보수적 유학자 그룹처럼 느껴지지만, 이를 다시 세분하면 세조 편을 들어 사리사욕을 채운 공신들이

좁은 개념으로의 훈구파이고, 개국 당시부터 세종 때까지의 초창기 주류는 관학파라고 따로 구분합니다. 관학파 유학자들은 유학만 공부한 게 아니라 군사, 과학, 경제, 예술 등 다른 분야에도 많은 관심을 가지고, 이를 개선하려고 노력한 실용주의자들이었어요. 그래서 세종 시절에 문화, 과학, 음악, 농업, 국방력 등에서 최고 전성기를 누릴 수 있었던 겁니다. 그러나 오로지 경전 학습만 숭상한 책상머리 사림파가 결국 이들 기존 유학자들을 모두 훈구파라며 몰아내면서, 세종 때 세계적 수준이던 과학 기술 분야 등 실용 학문 발전의 맥이 끊어지게 됩니다. 🐻

그렇다고 사림파 등장으로 더 청렴한 정치가 이루어진 것도 아니었습니다. 처음에는 각종 사화로 수많은 이들이 희생되었지만 결국 주도권을 잡은 사림파는 선조 시절에 동인, 서인으로 갈라져 싸우면서 국제정세 변화에 무감각해지다가 결국 임진왜란과 병자호란 등 전란의 시대를 맞게 됩니다.

하지만 자기반성을 하지 못한 사대부들은 그후로도 주도권을 쥐고 있던 동인이 먼저 남인, 북인으로 나뉘고 광해군과 함께 북인이 몰락하자, 조선 후기에는 서인이 완전히 주도세력이 된 뒤 다시금 노론, 소론으로 재차 분열하며 서서히 나라가 망조 들게 되지요. 🐻

뒤이어 조선 중기의 유명한 위인 세 분에 대한 에피소드로 넘어갈게요.

03
조선 중기 – 한석봉과 어머니의 심야 배틀,
그 원조를 찾아서

한석봉이란 분 아시죠? 조선 선조 때의 명필로 유명하시고, 지금도
《천자문》이라는 스테디셀러 저자이기도 한 그분의 이름은 한호, 호
가 석봉이십니다. 🐻

이 한석봉과 어머니의 한밤의 대결 이야
기는 너무나 유명합니다.

뭐 그래도 다시 요약하자면, 한석봉의
어머니는 큰 뜻을 품고 어린 석봉을 산에
올려 보내 글씨 공부를 시켰는데, 석봉은
'이쯤 하면
됐다.'고 생
각해 3년 만

석봉 한호 영정 (위키피디아)

에 집에 돌아옵니다. 하지만 반갑게 맞아주실 줄 알았던 어머니는 정색을 하며, 정말 글씨 공부를 잘 마쳤는지 테스트하자며 깊은 밤에 암흑 속 1:1 배틀을 신청합니다.

> 어머니 : "Yo. Man~ 호야. 그래 얼마나 배우고 왔느냐? 자 이제 레벨 테스트를 할 것이니라. 어미는 불을 끄고 떡을 썰 터이니 너는 글을 쓰거라."
> 한석봉 : "어, 어머니, 저스트 어 모먼트. 난 아직 마음의 준비가 안 되었기에석~ 시간이 좀 필요하기에봉~."
> 어머니 : "(얄짤 없이 불을 끈다) 아, 됐고~, 스타트~."

그리고 불을 켠 결과, 어머니는 일정하게 떡을 썰었지만, 한석봉의 글자는 괴발개발……. 🐻 (흔히 '개발새발'이라 쓰지만, 원래는 괴발개발, 즉, 고양이 발과 개 발이란 뜻입니다. 🐱) 결국 다시 산으로 올라가게 되고, 10년간 각고의 노력을 기울인 끝에 하산해 명필이 되었지요.

다 아는 얘길 왜 길게 쓰냐고요? 이쯤 읽었으면 이제 느낌이 오시죠? 이 이야기는 가리지날입니다. 이 일화는 실화가 아닐 가능성이 100%입니다. 🐻

만약 이 일이 사실이었으면 한석봉이 한창 이름을 날리던 선조 시절에 이미 기록이 남았겠지만, 이 이야기가 처음 등장한 것은 철종 시절인 1869년, 이원명이란 분이 쓴 야담집 《동야휘집》이라고 합니다. 실제 한석봉의 어머니는 떡을 팔아야 할 정도로 가난하진 않았다지요.

한석봉의 어머니는 조선 초 명문 집안으로 꼽히는 최립의 후손 최자양의 따님으로서 친정으로부터 풍부한 미네랄과 가스~(앗! 아니구나……🐭), 재산을 물려받았기에 아들이 10년간 산에 올라가 글 공부를 할 수 있게 재정적 지원을 할 수 있었지요.

그런 명문가 따님이 설마 직접 떡을 팔아서 집안 경제와 자식 유학 생활을 커버했겠습니까? 고려시대와 달리 동네 시장도 제대로 못 열게 한 조선시대에 1인 영세 사업자가 얼마나 힘들었겠어요. 🐭

그러면 이 심야 배틀 이야기는 대체 어떻게 시작된 것일까요? 아마도 당시 시중에서는 한석봉 정도의 명필이라면 뭔가 특별한 고비를 극복했을 거라 여겨 예전부터 내려온 한 이야기를 윤색해서 수록했을 겁니다.

그 오리지날 이야기는 뭐냐? 바로 김생(金生) 이야기입니다.

김생? 누구신지 모르겠다고요? 🐭 김생(711~?)은 통일신라 성덕왕 때의 명필로 한석봉의 대선배님 되시겠습니다.

《삼국사기》 제48권 열전, '제8 김생 조'에 따르면, 김생은 부모의 신분이 변변치 않아 가계를 알 수 없지만 어려서부터 글씨를 잘 썼고, 나이 80세가 넘도록 글씨에 몰두하여 예서·행서·초서가 모두 입신(入神)의 경지였다고 합니다. 《삼국사기》 집필 시기인 고려 중기까지도 진필이 남아 있었는데 다들 보물로 여겼다고 합니다.

그러면서 에피소드 하나를 덧붙였는데, 고려 숙종 때 학사 홍관

(洪灌)이 진봉사(이름은 사절단이지만 갑 노릇을 하던 고려 시절 사절단이니…….🐻)의 일원이 되어 송나라 수도인 변경(지금의 개봉)에 묵고 있었는데, 송나라 대신인 양구, 이혁이 황제의 칙서를 받들고 객관에 방문한 뒤 남는 시간에 족자에 글씨를 쓰고 있었답니다. 이에 홍관이 송나라 대신들에게 김생이 쓴 행·초서 1권을 보여주니, 두 사람이 크게 놀랐다고 합니다.

송나라 대신들 : "놀랠 노. 오늘 명필 왕희지 선생의 친필을 보게 될 줄 몰랐다송. 가문의 영광이지경하."
고려 학사 홍관 : "아니지 노. 그렇지 않고려. 이 글씨는 신라시대 명필 김생의 글씨이지경주."

송나라 대신들 : "쩐더(眞的, 진짜)? 천하에 왕희지 말고 어찌 이런 신묘한 글씨가 있을 수 있나뺑치지마숑."

고려 학사 홍관 : "진짜 우리 해동사람 글씨가 맞다고려. 거 속고만 살았나고려."

그렇게 "김생 글씨라고 몇 번이나 말했지만, 송나라 사람들이 믿지 않았다."고 적혀 있습니다. 🐻

이 외에도 원나라 조맹부가 쓴 《동서당집고첩발》에서 "창림사비는 신라 김생의 글씨로, 자획에 전형이 깊어 당나라의 명필조차도 이를 능가하지 못한다."고 적었을 정도였다지요?

하지만 고려시대까지 남아 있었다던 김생의 진본 글씨는 다 사라지고, 954년 승려 단목이 과거 김생의 글자들을 모아 새긴 '태자사 낭공대사 백월서운탑비'(보물 1877호)에 남겨진 비석 글자만이 존재해 왔는데, 최근 경북 김천시 청암사 부속 수도암 도선국사비에서 진본으로 추정되는 글자들이 발견되었다고 해서 화제가 되고 있습니다. 🐻

태자사 낭공대사탑비 김생 글씨
(© 한국중앙학연구원 Encyves)

이 《삼국사기》 기록보다 더 자세한 불교 설화에 따르면, 김생은 몰락한 귀족 가문에서 태어났는데, 아직 어머니 뱃속에 있을 때 아버지가 성을 쌓는 부역에 나갔다가 그만 돌아가시고 말았답니다. 이에 어머니의 품삯으로 겨우 살던 살림이라 서당에 갈 돈이 없어 김생은 서당 마당에서 어깨너머로 글을 배우기 시작했는데, 모랫바닥에 쇠꼬챙이로 쓴 글씨가 너무나 수려했다고 하네요.

이후 김생은 어머니의 민생고를 해결하고 본인의 학업을 닦고자 절로 출가하여 10년간 암굴에 들어가 글씨 공부를 했다고 합니다. 예전 충북 충주에 김생사(金生寺)란 사찰이 있었는데, 이 절에서 김생이 수련을 했다는 민간전승도 남아 있다네요.

이처럼 절에서 글공부를 하던 청년 스님 김생은 어느 날, "그래, 이 정도면 이제 됐구나."라고 생각하고 어머니를 뵙고자 산에서 내려오다가 밤이 늦어 어떤 집에 하룻밤 숙식을 청하게 됩니다. 그러자 그 집에 있던 아낙이 "스님은 뭐 하시는 분이냐?"고 물었고, "10년간 글공부를 하고 이제 내려간다."는 답변을 하자, "그럼 실력 한번 보자."며 자기는 길쌈을 할 터이니 스님은 글자를 쓰자고 내기를 제안합니다.

이에 깊은 밤 초를 끄고 암흑 속에서 1:1 배틀을 한 결과……, 그 여인은 곱게 천을 짠 반면, 김생의 글씨는 삐뚤빼뚤한 상황. 이에 놀란 김생이 바라보니 그 여인은 다름 아닌 관세음보살이셨다고 하시요. 김생이 머리를 조아리자, 관세음보살이 "아직 더 정진하라."며 홀연히 집과 함께 사라졌답니다.

이에 깊은 깨달음을 얻은 김생은 다시 산으로 올라가 정진 또 정진해 명필이 되었고, 그 글씨를 본 당나라에서도 '해동서성(海東書聖)'이라 극찬하고 앞서 언급한 대로 송, 원 시대까지 찬사를 받았다지요.

어때요. 한석봉 이야기랑 너무 닮았죠? 이 김생 설화가 이어져 오다가 불교를 배척한 조선시대였기 때문에 관세음보살 대신 어머니와의 대결 이야기로 대체된 것이겠지요.

그런데……, 우리가 흔히 한석봉, 한석봉 하고 부르는데, 그건 실례입니다.

호가 석봉이고 이름은 호이니 정식으로 이름을 쓰려면 한호라고 해야 하고, 호는 상대방을 높여 부르는 존칭 별명이므로 석봉 선생이라고 높여 부를 때 써야 한답니다.

참. 혹시 시간 나시면 인디밴드 '불나방스타쏘세지클럽'의 명곡 '석봉아' 노래도 한번 들어보세요.

어르신을 자꾸 "석봉아~ 석봉아~" 부르는 게 마음에 걸리긴 하지만, 한석봉과 어머니의 심야 배틀을 제3자의 시각으로 바라보며 만든 주옥같은 가사와 멋진 멜로디가 아주 좋습니다. 안 들어본 사람이 대다수이지만, 한 번만 듣고 안 들을 수는 없는 노래예요. 🐻

어쩌다 보니 명필 이야기하다가 인디그룹 노래 이야기로 마치게 되네요. 그럼 이만~.

04

조선 중기 – 조선의 슈퍼우먼 신사임당, 얼마나 아시나요?

매년 연말이면 재미있는(?) 기사가 나옵니다.

한국조폐공사가 매년 지폐 제조 분야에서 적자를 기록한다네요. 돈 만들어내는 기관이 적자라니 뭔가 코미디 같아 보이긴 하는데요.
🐻

이 같은 원인은 과거에 비해 신용카드, 체크카드 등 다른 지불 수단이 증가하는 반면, 2009년부터 5만 원권 지폐 발행으로 인해 지폐 발행부수가 매년 축소되기 때문이라고 합니다. 그래서 조폐공사 측에선 신사임당이 야속하다고 한다나 뭐라나~. 🐻

지금은 거의 그렇지 않지만, 예전에는 여학생들에게 장래 희망을 물었을 때 다수가 "현모양처인 신사임당 같은 사람이 되고 싶어요."라고 했을 정도로 '현모양처' 하면 신사임당을 손꼽았지요. 🐻

어머니는 5만 원권, 아들은
5천 원권 (구글 이미지)

하지만……, 이 같은 현모양처 신사임당의 모습은 가리지날입니다.

그분은 조선이라는 시대 상황에 저항한 당찬 여성이었습니다. 신사임당은 잘 알다시피 율곡 이이(李珥)의 어머니이시죠. 아들인 율곡은 5000원권 지폐 모델, 엄마인 신사임당은 5만 원권 지폐 모델. 아마 전 세계 지폐 모델 사상 유례없는 모자(母子) 모델일 것 같은데요.

그런데 많은 분들이 사임당이 그분 이름인 줄 아는데, 본명은 신인선입니다. 🐻

사임당(師任堂, 思任堂, 師妊堂)은 이분의 대표적인 호이고, 그 외에도 시임당(媤妊堂), 임사재(任師齋) 등 여러 호를 골라 쓰셨다는데, 지금은 율곡 이이의 어머니로 유명하지만 살아생전에는 조선 역사상 가장 유명세를 떨친 '여류화가'였습니다. 실제 5만 원권 앞장 배경 그림은 사임당이 그린 '묵포도도'와 '초충도수병'입니다. 다만 5만 원권 뒷장은 사임당 그림이 아니라는 거~. 🐻

그런데 조금 더 자세히 생각해보면 뭔가 이상하단 느낌이 안 드십니까?

조선시대 사대부 집안 여성 중 이름을 알린 경우는 사임당과 허난설헌(허균 누나) 정도에 불과한데요. 전형적인 현모양처라면 바쁜 집안 대소사를 일일이 챙기면서 남편과 아들의 출세를 위해 지극정성을 다해야 할 터인데 언제 그림과 수필을 지어서 유명세를 떨칠 수 있었을까요?

그분의 실제 이야기는 이렇습니다.

신사임당의 아버지이신 신명화는 고려의 개국공신 신숭겸의 18세손으로, 아버지는 영월군수를 역임했으나 본인은 기묘사화로 사림이 큰 화를 당하는 것을 보고 출사를 포기해 자녀 교육에 전념했죠. 그리고 어머니 이씨 부인 역시 친정아버지가 이조참판을 지낸 명문가이자 강릉 지역 유지의 따님이었기에 '오죽헌'이란 저택에서 잘살고 있었습니다.

이 부부는 딸만 5명을 낳았는데, 그중 둘째인 사임당이 워낙 시문과 그림 실력이 출중해 주위의 칭찬이 자자했대요. 일곱 살 때 안견 그림을 그대로 따라 그렸을 정도였다고 하고, 유교 경전에도 통달했다네요. 🐻

하지만 당시는 조선시대 중기, 노론이 집권한 후기와 달리 조금 느슨했다고는 하지만 유교가 온 사회에 뿌리내린 상황이라 사임당이 19세 되던 해, 시집을 보내야 하는 상황이 되자 딸의 재능을 살리기 위해 고민을 거듭하던 아버지는 뼈대 있는 가문이지만 가세가 기운 집안을 물색합니다. 즉, 만만한 집안이랑 결혼시켜 편하게 살게 하려 한 겁니다.

그래서 결정한 사위가 바로 율곡의 아버지, 덕수 이씨 가문의 이

원수란 인물이었지요. 머리는 똑똑하나 홀어머니 밑에서 자라 뒷배경이 없던 이원수는, 22세 나이에 세 살 어린 사임당과 결혼해 강릉 최고 가문의 사위가 되지만, 곧 아내와 어머니 사이에서 샌드위치 신세가 되고 맙니다.

조선 초기만 해도 남자가 여자 집에 가서 혼인한 다음에 아이를 낳은 후 시댁으로 가는 것이 예로부터 내려온 풍습이었기에, 처가인 강릉에서 결혼식을 올린 후 처가살이를 하게 됩니다. 흔히 남자가 결혼하는 것을 '장가간다'라고 하는데, 이 표현은 장가(처가집)로 가서 살던 때의 풍습을 보여주는 것이지요.

그런데 처가살이 첫해에 그만 장인어른 신명화가 47세 나이로 운명합니다. 그래서 사임당은 아버지 3년상까지 치르고 난 후에야 한양 시댁으로 인사를 가죠. 하지만 아들이 없어 홀로 남은 친정어머니도 모셔야 한다는 이유로 한양과 강릉을 오가던 사임당 부부는 너무 힘들어서 중간지점인 강원도 평창에 집을 마련하고 살기도 했습니다. 걸어서 한양에서 대관령 고갯길을 넘어가야 했으니 얼마나 힘들었을까요? 그런 와중에 셋째 아들 이이는 강릉에서 태어나 외갓집의 전폭적 지원 속에 잘 자라났고, 일곱 살에 부모를 따라 한양으로 이사를 옵니다. 이이는 아주 어린 나이부터 두각을 나타내었고, 11세에 진사 합격을 시작으로 9번이나 장원급제를 하는 등 천재성을 발휘합니다만 그에게는 말 못할 고민이 있었으니, 그건 바로 아버지와 어머니 사이가 좋지 않았던 것입니다.

이이의 아버지, 이원수는 잘사는 처가 덕에 큰 욕심 없이 편하게 한세상 살 생각이었는데, 신사임당은 "출세할 때까지 오지도 말라." 며 한양으로 쫓아내니, 지금으로 치면 강남 대치동 족집게 학원 타운으로 유학을 보낸 겁니다. 그러나 이원수는 집으로 세 번이나 되돌아오는데, 이 같은 남편의 태도에 결국 분노가 폭발한 사임당이 가위로 머리칼을 싹둑 자르면서 "과거에 급제할 때까지 돌아오지 말라. 한 번만 더 오면 내가 비구니가 되어 절에 들어가겠다."고 윽박지르며 다시 돌려보냈다네요. 성인판 한석봉인가요? 🐻

이처럼 남편이 벌이가 없는데도 4남 3녀나 낳다 보니 결국 처가에서 마련해준 한양 집을 팔고 덕수 이씨 가문의 터전인 경기도 파주 율곡리로 이사를 가게 되었죠. 그래서 이후 이이가 이곳에서 서원을 열면서 스스로 호를 '율곡(栗谷)'이라 붙인 것이죠. 우리 말로 하면 '밤골' 선생님이란 의미이니 참 소박하게 지으셨네요. 🐻

어쨌거나 이 같은 부인의 채근과 달리 이원수는 과거에서 번번이 낙방하는데, 이를 보다 못한 당숙(5촌 아저씨)이자 나중에 영의정까지 지낸 이기가 힘을 씁니다. 이에 드디어 50세 나이에 종5품 수운판관을 제수받아 벼슬길에 들어서게 되니, 아주 늦은 출세였지요. 그가 받은 수운판관은 지방에서 바친 세곡을 한양으로 운반하는 조운을 관장하는 직책이었다네요.

결혼 이후 28년간 처가의 위세와 지엄하면서도 똑똑한 아내의 다그침에 속이 상했던 이원수는, 출세하자마자 주막집 여인 권씨와 바람을 피울 뿐만 아니라 아예 두 집 살림을 차렸답니다. 그런데 이 권씨란 여인은 당시 27세로 이원수의 큰아들 이선과 동갑이었으니······.

그러나 지인들은 잘난 마눌님 때문에 쌓인 스트레스 풀려고 그런 거라고 동정까지 했답니다. 그동안 공을 들여 남편이 중앙 정계에 들어갔다는 사실에 안도하던 사임당은 한동안 이 같은 사실을 눈치채지 못하다가 사실을 알게 되자 "제발 그러지 말라."고 애원하고 다그치죠. 그러나 1년 뒤 마침 남편이 아들들을 데리고 평안도로 출장차 떠난 사이에 48세 나이로 급사하고 맙니다. 사임당의 사망 원인은 알려지지 않았는데, '아마도 남편 바람에 따른 화병 아니었겠느냐.' 하는 것이 역사학자들의 의견이라지요? 🐻

화병(火病)은 '한국인 특유의 정신병'이라고 세계 학회에 등록되어 있답니다. 영문 질병 명칭도 'hwa-byung'이에요. 🐻

사임당은 유언으로 "재혼은 하지 마시오."라고 했다지만 남편은 보란 듯이 아예 권씨를 집으로 불러들입니다. 게다가 새어머니는 종종 술에 취해 신사임당의 자식들을 괴롭혔고, 맏아들 이선은 이 동갑내기 새어머니와 말로써 맞장을 떴다고 합니다. 그런데도 아비란 자는 이런 사실을 알면서도 외면을 했다지요? 🎎

이에 충격을 받은 당시 16세 질풍노도 청소년 이이는 어머니 3년상을 치른 뒤 금강산 절에 출가해 1년간 지내며 '의암'이란 법명도 받았지만, 아버지 이원수가 과거시험을 종용하자 마음을 고쳐먹고 절에서 내려와 1년 만에 장원급제합니다. 와우~! 역시 천재는 남달라요~. 🐱 이후 이이는 성균관에 입학하나 한때 불가에 의탁했다는 이유로 다른 유생들에게 왕따를 당했다네요. 🐻

그러나 이이는 1년 뒤 상주목사 노경린의 딸과 결혼하는 등 안팎

이 어수선한 상황에서도 그 다음해 별시에서 또 장원급제하지요. 이 같은 천재 아들의 속이 새까맣게 탄 줄도 모른 채 흐뭇하게 가문의 영광을 꿈꾸던 이원수는 권씨와 오붓하게 잘 살다가 61세 나이로 타계합니다.

이 같은 불행한 가정사와 1년간의 출가 경력으로 인해 똑똑한 아웃사이더 신세이던 이이는, 조정에 나가서도 워낙 조목조목 상대방의 잘못을 잘 지적하는 바람에 주변인들이 "교만하고 일을 멋대로 처리한다."고 탄핵까지 했을 정도였지요.

이러한 조정 대신들의 질시로 친한 동료가 없던 이이는 막 태동하던 동인-서인 갈등 상황에서 한 발치 벗어나 중립을 지키며, 유학자로서 '이기일원론(理氣一元論)'이라는 확고한 이론을 세우고, 파직 기간에는 서원을 열고 후학을 양성하면서 실용 학문도 연구하시지요. 이 같은 고고한 태도로 어느덧 대학자(大學子)로서의 굳건한 입지를 갖게 된 이이는, 아버지 이원수를 종1품 숭록대부 의정부 좌찬성에 추증하여 어머니가 소원하던 아버지의 출세를 뒤늦게 이루어드립니다. 이후 이이는 율곡리에 아버지와 어머니 묘를 합친 합장묘를 만듭니다. 비록 이승에선 투닥투닥 하셨지만, 저

신사임당-이원수 합장묘, 경기도 기념물 제14호 (© 한국중앙연구원, 유남해)

승에서라도 오붓하게 두 분이 잘 사시라고 그러셨나 봅니다.

이후 이이는 불안한 해외 정세를 느끼고 '십만양병설'을 주장하는 등 활발한 활동을 펼치지만, 그 역시 외할아버지, 어머니와 유사하게 1584년 불과 47세 나이로 사망하고 맙니다. 🐻

그후 임진왜란이 터진 뒤에도 조선 조정의 붕당은 가속화되어 한동안 동인이 우위를 점하는 가운데 다시 남인, 북인으로 나뉘어 다투다가 북인은 광해군과 함께 완전히 몰락하고, 조선 후기 내내 실권을 잡게 된 노론은 송시열을 필두로 자신들의 우월성을 내세우기 위해 선배들을 재조명하며 칭송하게 되는데, 이때 동인들의 시조가 이황, 조식, 류성룡 등등 워낙 쟁쟁했던지라 서인의 종주 자격으로 이이를 추존합니다.

이이가 키운 제자들이 그후 서인의 중추가 되었으니 결과적으로는 서인의 정신적 지주가 맞겠지만, 살아생전 붕당 정치에 중립을 걷던 이이 선생으로선 저승에서 보기에 기가 찰 노릇이겠지요. 🐻

하지만 이들 노론이 율곡 이이를 종주로 내세울 때 걸림돌이 하나 있었습니다. 바로 이이의 아버지, 이원수에 대한 안 좋은 평판이 그때까지도 널리 알려져 있었던 거지요. 그래서 이이의 업적이 훼손되지 않도록 아버지 이원수 대신 어머니 신사임당을 율곡을 훌륭히 키운 위대한 현모양처로 재조명했고, 그로 인해 지금까지 그렇게 칭송받게 된 것입니다.

그러다 보니 현대를 사는 우리는 강릉에 가서 오죽헌을 둘러보면서도 대학자 율곡 이이를 잘 키운 '자녀 교육 승리자'로서의 신사임당의 모습만 알게 될 뿐, 정작 본인 생전에 명나라에까지 명성을 떨친 대화가로서의 면모는 잘 알지 못하고, 더더군다나 이이의 아버지 이원수는 아예 누군지도 모르는 상황입니다.

이처럼 신사임당은 조선이란 갑갑한 시대 상황에 어울리지 않는 재주 많은 여인이셨습니다. 만약 그분이 현대의 대한민국에서 태어나셨다면, 남편과 자녀를 위해 한 몸을 희생한 현모양처가 아니라 종합 예술인으로서 한 시대를 풍미하며 살았을 겁니다. 수년 전 사임당을 주제로 드라마가 만들어진 적이 있지만, 실제 인생이 그 드라마보다 더 드라마 같았던 슬픈 운명의 여인, 신사임당. 이제는 새로운 관점에서 그분을 바라보아야 하지 않을까요? 🐨

05

조선 중기 – 구국의 낙하산 이순신, 조선을 구하다

앞서 신사임당과 아들 이이의 파란만장한 이야기를 들려드렸는데요. 같은 시기 덕수 이씨 가문에 또 한 명의 영웅이 등장하니, 그분은 아아~, 성웅 이순신 제독이십니다. 🐼

우리는 흔히 임진왜란을 패배한 전쟁이라고 여기지만 이는 가리지날입니다. 제대로 대비를 안 해 초기에 너무 쉽게 패했을 뿐, 전체 군인 사망자수는 조선과 일본이 비슷한 수준이었고, 비록 조선의 민간 피해가 컸지만, 엄연히 결과적으로는 영토를

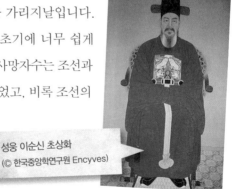

성웅 이순신 초상화
(ⓒ 한국중앙학구원 Encyves)

지켜낸 승리한 전쟁이었지요. 🐻

명나라 태조 주원장 (위키피디아)

조선 전기 200년간은 통일신라시대와 더불어 오랜 기간 외적의 침입이 없던 평화로운 시기였습니다. 그건 명나라가 중원을 굳건히 지킨 효과가 컸지요. 우리가 흔히 명나라 군대라고 하면 약하다는 이미지를 갖지만, 애초 주원장이 홍건적을 이끌고 원나라를 몰아낸 직후에는 80만 대군까지 거느린 강군이었습니다.

우리는 종종 이성계가 1388년 위화도 회군을 하지 않고 요동으로 진출했다면 잃어버린 만주 땅을 회복할 수 있었는데, 권력에 눈이 멀어 만주를 회복할 절호의 기회를 놓쳤다고 생각하죠. 하지만 당시 왜구를 물리치며 가장 유능한 장군으로 평가받던 이성계와 주변 장수들의 생각은 달랐습니다. 북쪽 몽골 초원으로 밀려난 원나라 군대를 뒤쫓고 있던 명군이 본격적으로 조선의 요동 침범에 대응하면 당해낼 수 없단 걸 뼈저리게 알고 있던 것이죠. 왕의 명령을 따르자니 5만여 명 군대가 몰살할 판이고, 명령을 어기자니 목이 달아날 터. 마침 총사령관 최영은 우왕이 자기 곁에 있으라며 붙잡는 바람에 따라오지 못한 상황에서 결국 목숨을 건 도박을 한 셈이지요.

실제로 명군이 북방에서 치열하게 전투를 벌일 당시, 베트남도 잃어버린 북방 고토를 회복하겠다고 나섰습니다. 베트남은 원나라

최전성기 쿠빌라이칸의 침공 시 백등강 전투에서 대승을 거두는 등 세 차례나 물리친 바 있었기에 자신감을 가졌다는데, 북방을 정리한 명나라가 작심하고 1407년 20만 대군을 보내어 베트남군을 깨버립니다. 그리하여 수도가 함락되고 황제와 태자는 명나라 황궁까지 끌려가 목이 잘리면서 한때 명나라의 지배를 받게 되었으니, 당시 이성계 등 야전 사령관들의 판단이 사실 옳았다고 보입니다.

도요토미 히데요시
(위키피디아)

이처럼 굳건하던 명나라가 서서히 망조가 들고 만주 여진족이 누르하치를 중심으로 막 일어나던 16세기 후반, 일본은 150여 년간의 전국시대 내전을 끝내고 도요토미 히데요시가 장악합니다. 앞서 세종대왕님 편에 언급했듯이 포르투갈로부터 조총을 접한 뒤 내전에서 유용하게 쓰면서 자신감을 갖게 되자, 땅을 더 차지하고픈 욕망 속에 도요토미는 조선을 지나 명나라를 거쳐 인도까지 먹겠다는 야심을 품고 각 다이묘 (지방 영주)에게 전쟁

조총 (© 우리역사넷)

준비를 독려하지요. 🐻

대마도주 소 요시토시 (위키피디아)

하지만 조선과 일본 사이에서 줄다리기 외교를 하며 중개무역으로 먹고살던 대마도주 소 요시토시(宗義智)는 이 상황이 달갑지 않았습니다. 이에 1591년 조선에 조총 2정을 바치며 일본의 전쟁 준비 소식을 전하지만, 조선 정부는 조총을 시범 발사해보고는 아무리 빨라야 1분에 1발씩만 발사 가능해 활보다 발사 간격이 길고, 총통보다도 약하다며 대수롭지 않게 여기지요. 🐻

당시 조선이 그렇게 판단한 데는 나름 이유가 있었습니다. 숙련된 조선 군사의 화살 발사 간격이 조총 발사 간격보다 3배 빨랐던 건 사실이거든요. 하지만 문제는 조선의 일선 군사들에게는 일본에 조총이란 신무기가 있더라는 정보가 전해지지 않아 임진왜란 초기에 일선 장수와 병사들은 조총을 처음 보고 혼비백산할 수밖에 없었습니다.

게다가 문제는 조선 조정은 실제 일본에서 조총을 어떻게 사용하는지 몰랐습니다. 도요토미 히데요시의 주군이던 오다 노부나가는 훈련 시간이 짧게 걸려 일반 농민도 쉽게 배울 수 있는 조총의 유용성을 깨닫고 세계 최초로 3단 대열 사격 전술을 개발합니다. 즉, 쏘

나가시노 전투 상상도 (위키피디아)

고 난 뒤 뒤로 물러서 준비하는 사이에 다음 열에서 총을 쏘는 식으로 프로세스를 개선하여 1분당 3발 연속 발사를 가능케 함으로써 1575년 나가시노 전투에서 관동 지역을 주름잡던 다케다 신겐의 기병대를 몰살시킨 경험이 있다는 사실까지는 알지 못했지요. 당시 이 전투에서 유래한 말이 '무댓뽀(무철포, 無鐵砲)'입니다. 철포(조총)도 없이 덤비는 다케다 군대의 무모함을 비웃은 것이죠.

게다가 정탐차 일본으로 조선통신사를 보낼 때도 나름 분란을 없앤답시고 동인, 서인 한 명씩 보냈더니만 서인 황윤길은 "전쟁이 반드시 일어날 것"이라고 보고한 반면, 늘 반대 주장을 하던 동인 측 김성일이 "전쟁은 없을 것"이라고 보고합니다. 하필 그때가 동인이 집권하던 시기인지라 김성일의 의견을 채택해 또 한 번 대비할 기회를 놓칩니다. 🐻

하지만 민간에서는 이미 1년 전부터 전쟁 소문이 떠돌았다고 합니다. 특히 영남 지방에선 곧 일본이 쳐들어올 것이라는 소문에 피난 가려는 양반층의 짚신 사재기가 일어나 짚신값이 폭등했다는 기록도 남아 있지요.

이런 수상한 정세 속에서 남인의 영수, 류성룡은 만약을 대비해 선조에게 젊은 무관들의 발탁을 추천하니 그 중 한 명이 바로 이순신이었습니다.

원래 이순신은 다른 무신들에 비해 늦은 32세에 과거에 합격해 진급도 늦었습니다. 1587년 두만강 국경에서 여진족의 습격을 막던 중 벌어진 녹둔도 전투 당시, 수십여 명의 조선 수비군을 향해 1000여 명의 여진족 기병이 기습해 많은 부하가 죽고 백성 160여 명이 납치되자 부상 당한 몸으로 적군을 추격해 그나마 절반은 구해오지요. 그

대동여지도에 나온 녹둔도 (위키피디아)

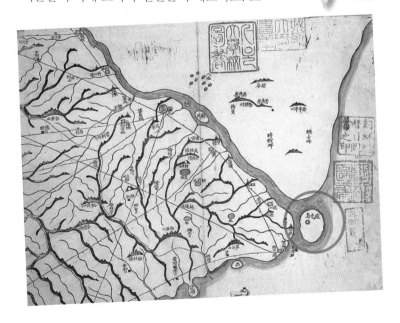

359

러나 지원군을 보내지 않았던 상관 이일이 처벌을 두려워해 허위 보고를 하는 바람에 패장으로 낙인 찍혀 사형 위기에 처하게 되죠. 하지만 상황을 면밀히 분석한 선조는 이순신을 사면하고 백의종군을 명하며 눈여겨본 적이 있었다네요.

흔히 우리는 백의종군이라고 하면 장군이 군졸로 강등되어 창 들고 일선에서 싸우게 되는 처벌이라고 생각하지만, 실제로는 잠시 야전 지휘를 놓고 참모 역할을 하는 것입니다. 지금으로 치면 고위 임원을 하다가 고문 역으로 빠지는 것과 같은 형태이지요. 그러자 이순신은 다음해 이일과 함께 여진족 부락을 역습해 직접 여진 추장을 사로잡는 전과를 올려 명예를 회복하고 다시 일선에 복귀하게 되는데, 그후 전라도 정읍현감으로 부임했다가 전라좌도 수군절도사로 승진합니다. 🐻

원래 선조는 매우 똑똑하고 사리 판단이 빠른 현명한 군주였습니다. 다만 그에게는 정통성 콤플렉스가 있었는데 이게 결국 그의 발목을 잡게 됩니다.

그는 조선 왕 중 최초로 정비 소생 대군이 아닌 후궁의 아들로서 왕위를 이었습니다. 선조 바로 앞 임금인 명종은 세자가 일찍 죽어 아들이 없는 상황에서 건강이 악화되자, 미래를 예감한 듯 여러 왕손들을 불러 환담을 하다가 왕의 모자, 익선관을 써보라고 권했다지요? 그러자 다들 좋다고 왕관을 썼으나 열두 살 하성군(선조)만은 임금님의 관을 쓰는 것은 신하로서의 도리가 아니라며 거부했고, 이를 눈여겨본 인순대비(명종의 부인)가 그를 왕에 올렸습니다. 그 일화 말고도 어릴 적부터 총명하다고 익히 소문이 났던 선조는 콤플렉스를 이기기 위해 끊임없이 노력을 기울였고, 우수한 인재 등용에 노력했기에 전란이 터지지 않고 오래 살지만 않았다면 명군으로 기억되었을 인물입니다.

실제로 임진왜란 3년 전 터진 정여립의 모반 사건 때, 불교계가 공모했다는 모함으로 서산대사(휴정)와 사명대사(유정)가 잡혀 왔을 때에도 죄가 없다고 풀어주었고, 이순신에 대한 처벌 상소에도 명확한 판단을 했으니, 선조가 가짜뉴스에 속는 암군이었다면 임진왜란 시 맹활약한 이분들은 전쟁 전에 이미 목이 달아났을 겁니다.

이처럼 선조는 이미 이순신에게 좋은 인상을 갖고 있었고, 이순신의 형, 이요신과 친구이던 류성룡도 어릴 적부터 그의 됨됨이를 잘 알았기에 사간원에서 고속 승진에 줄곧 반대했음에도 결국 이순신을 전라좌도 수군절도사로 보냅니다.

여수 진남관, 옛 전라좌수영 터
(위키피디아)

당시 이순신을 수군의 60%가 집결해 있던 경상도 수군절도사로 보냈으면 임란 초기에 더 빨리 전쟁 상황을 역전시키지 않았을까 아쉬운 측면이 있지만, 당시 전라좌도 수군절도사로 보낸 데는 여러 이유가 있었습니다. 즉, 하삼도(충청, 전라, 경상도) 6개 수군 진영 중 전라좌도가 가장 문제가 많은 부대였기 때문에 특단의 조치가 필요했던 겁니다. 수년 전 왜구가 호남 해안을 침탈한 적이 있었는데 전라좌수영 수군들이 전투를 포기하고 죄다 도망가버려 군기반장이 필요했거든요. 또한 당시만 해도 일본이 그렇게 대규모 군대를 동원해 조선 전체를 먹으려 들 줄 모르고 1만여 명 정도의 왜구가 해안가를 노략질할 것으로 오판한 것이죠. 🐻

하지만, 당시 종6품이던 이순신을 고속 승진시켜 정3품인 수군절도사로 임명한 것은 분명히 파격적인 인사였기에 서인은 물론이고 같은 동인이지만 파가 갈라진 북인 측에서 보기엔, 왕의 권력을 등에 업은 류성룡이 친한 친구 동생을 낙하산으로 임명한 것으로밖에 보이지 않았던 겁니다. 그러니, 초기에 다른 수군절도사들이 그를 배척했고, 특히 수군 대선배 원균은 이순신에게 아주 적대적이었는데 이는 명백한 인사 정책의 실패였지요.

하지만, 이순신은 이에 아랑곳하지 않고 엄격한 군율을 시행하는 지엄한 사령관이자 자상한 관리자라는 상반된 이미지 속에 초기부터 부하들의 마음을 사로잡고, 전쟁을 염두에 두고 가상 해전을 실전처럼 거듭하며 혹시 소문대로 전쟁이 날지 모른다는 생각에 거북선을 만들게 합니다. 🐵 이에 불과 전쟁 발발 하루 전날 거북선을 완성하고, 전라도 수군이 1년 만에 문제 수군에서 구국의 강군으로 거듭났기에 기적을 이루었다고 봐야 합니다. 다만 거북선은 세계 최초의 철갑선이 아니었고, 임진왜란 당시 다른 수영에서 만든 2척의 다른 거북선도 있었기에 거북선의 창시자도 아니지요.

반면 경상도 수군절도사 박홍과 원균은 배를 불태우고 도망갔으니…….🐻

이후의 이야기는 너무나 잘 아시겠지만, 임진왜란 초기만 해도 선조는 이순신의 연이은 승전에 기뻐하며 종2품 '삼도수군통제사'라는 최초의 관직을 만들면서까지 연속 승진을 시켜주지만, 이후 이순신의 인기가 날로 올라가고 명나라에서도 찬사를 보내자 본인의 자리를 빼앗길지 모른다는 불안감에 그를 죽이려 들게 됩니다. 똑똑하기는 하나 너무나 자신의 안위만 걱정한 선조였기에 많은 의병장들 역시 억울하게 죽임을 당하게 되지요. 이런 상황이었기에 노량해전에서 이순신 제독이 사망했음에도, 그 당시부터 실은 일부러 총에 맞았다거나 전쟁 후 처벌이 두려워 죽은 것으로 위장한 것 아니냐는 의견이 대두되었지요. 실제로 선조는 이순신 제독이 전사했다는 소식을 듣고도 시큰둥해 오히려 보고하던 신하들이 더 놀랐다고 합니다.🐻

이처럼 이순신과 선조와의 악연에 대해 말씀드렸는데요. 앞서 제가 임진왜란은 승리한 전쟁이라고 한 데에는 여러 이유가 있습니다. 그것들에 대해 좀더 자세히 말씀드릴게요.

그중 첫 번째는 일본군의 보급 실패였습니다.

수, 당의 고구려 침략에서도 항상 보급이 문제였는데, 일본 역시 보급이 발목을 잡습니다. 일본군은 부산으로 상륙해 한양까지 무작정 내달렸는데, 조선 국왕만 사로잡은 뒤 조선군을 총알받이로 세우고 조선을 보급기지로 삼아 명나라로 쳐들어갈 생각을 한 것이죠. 반면 200년간 평화 모드에 빠져 당시 3만 명이라던 조선군은 껍데기만 남은 조직이었고, 그나마 믿었던 신립 장군의 기병대는 조총부대의 공격 앞에 괴멸하는데, 이 소식을 들은 선조는 의주까지 도망가 버립니다.

일본에서는 패배한 성주는 당연히 본인의 성에서 할복 자살을 하거나 항복하는 것이 도리였지만, 조선이나 중국은 군주가 잡히면 끝장이기에 도망간다는 사실을 몰랐던 거지요. 실제로 삼국시대에도 고구려, 백제 왕이 왕궁을 버리고 후퇴한 경우가 많았고, 고려 현종도 거란 2차 침입 때 나주까지 피신한 전통이 있다는 걸 모른 겁니다. 그리고 6.25전쟁 시에도 동일한 일이 반복된 거지요. 그래서 역사 공부가 중요한 겁니다. 여러분~. 🐻

그러니 20일 만에 한양까지 초고속 진격했지만 놓쳐버린 선조를 잡으러 가야 하는데 후방에선 이순신 제독이 일본에서 오는 보급선을 차단해버렸고, 조선 땅에선 빼앗아 먹을 식량도 모자랐기에 선봉

임진왜란의 전개 과정
(중학교 역사 교과서 캡처)

장 고니시 유키나가(小西行長)는 평양성 함락 후 더이상 나아가지 못합니다. 게다가 곡창지대 호남으로의 진격은 진주성

1624년 이괄의 난 당시 반란군 진격도 (KBS '역사저널 그날' 화면 캡처)

전투, 웅치, 이치 전투, 금산 전투 등에서 번번히 막히다 보니, 15만 명의 일본군 중 1만 명은 쫄쫄 굶다가 항복하게 됩니다.

그후 이들 항왜(降倭) 군인들은 조선군에 편입되는데, 훗날 '이괄의 난' 때 인조가 남쪽으로 도망가야 했던 것도 이괄 부대의 선봉에 선 항왜 부대가 맹활약했기 때문이었고, 그들 중 일부는 심지어 40여 년 뒤 병자호란 때까지 참전하게 됩니다. 🐻

두 번째 승리요인은 의병들이 큰 역할을 했다는 점입니다.

그동안에는 일반 백성들이 일본의 침략에 맞서 분연히 일어나 게릴라 전술로 큰 활약을 했다고 여겼는데, 최근 연구에선 이들 중 상당수가 원래 군인이었다는 사실이 알려지고 있습니다. 즉, 당시 조선은 지역 방어 전략이어서 각 지방마다 일부 직업군인이 있고 비상시 평민들을 소집해 훈련을 시키고 있으면 중앙 정부에서 보낸 군사령관이 지휘하는 방식이었는데, 일본의 빠른 진격 탓에 제대로 정비

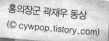
홍의장군 곽재우 동상
(© cywpop.tistory.com)

되기도 전에 다 통과해버린 겁니다. 그러니 이들 군인이나 소집된 청년들은 어떻게 해야 할지 지시도 없고 밥도 주는 이가 없는 상황이었는데, 이를 보다 못한 각 지역의 부유한 유지들이 직접 이들을 먹여주고 재워주면서 전투를 독려한 겁니다.

그래서 홍의장군 곽재우 등 각 지역 유지를 중심으로 군인이 앞장서고 백성들이 동참한 의병들이 일본군에게 승리를 거두었던 것이고, 나중에 수습이 된 다음에 다시 관군으로 편입된 것이죠. 🐻

의병장 곽재우 전투 상상도 (구글 이미지)

생각해보세요. 아무리 많은 일반 백성들이 울분에 차서 곡괭이며 몽둥이를 들더라도 일본에서 150년이나 내전을 치르고 온 베테랑 군인들에게 게릴라전으로라도 맞싸워 이길 수 있었을까요? 군인은 하루아침에 만들어지지 않으며 훈련 며칠 했다고 갑자기 착착 움직이는 것이 아닙니다. 이에 일본군은 기습작전으로 나오는 각지의 의병들에 크게 당황합니다. 일본에서는 무사계급이 아닌 백성은 고분고분하게 새 주인을 따

랐는데, 조선 백성이 얼마나 꼬장꼬장한 줄 몰랐던 거지요. 🐻

이처럼 흩어진 병사들과 백성들까지도 힘을 합쳐 싸웠지만, 이후 선조가 의병장들을 탄압하면서 정묘호란, 병자호란 시에는 대부분이 의병으로 나서지 않아 인조가 고립무원에 빠지고 맙니다. 🐻

세 번째 승리요인은 조선군의 우월한 장거리 무기였습니다.

앞서 일본의 조총 위력을 설명드렸는데, 조선은 비록 조총은 없었지만 총통 등 소형 대포가 발달했습니다. 크기별로 천자문 첫 네 글자를 딴 이들 총통 중 가장 큰 천자총통, 지자총통은 육지에선 운용하기 어려워 수군

임진왜란 당시 총통 비교
(© 국방일보)

구분	천자총통	지자총통	현자총통	황자총통	별황자총통
길이(cm)	130~136	89~89.5	79~83.8	50.4	88.8~89.2
구경(cm)	11.8~13	10.5	6~7.5	4	5.8~5.9
발사물	대장군전 1발 조란탄 100발	장군전 1발 조란탄 100발	차대전 1발 조란탄 100발	피령차중전 1발 조란탄 40발	피령목전 1발 조란탄 40발
사거리	900보	800보	800보, 1500보	1100보	1000보

비격진천뢰(좌), 신기전(우) (위키피디아)

에 배치했기에 이순신 제독은 일본 수군의 장기인 근접 백병전을 피하고 멀리서 포격으로 침몰시키는 전술을 썼으며, 행주대첩 등에서는 소형 총통과 함께 시간차 폭탄 비격진천뢰, 동시 발사 로켓화살 신기전 등 신무기를 선보이며 일본군의 의지를 꺾어버린 것이죠. 🐻

네 번째 승리요인은 도요토미 히데요시의 인사 정책 실패였습니다.

우리는 임진왜란 당시 선봉에 섰던 고니시 유키나가와 가토 기요마사(加藤淸正)에 대해 잘 알고 있지만, 정작 일본인들은 이들을 잘 몰라요. 그도 그럴 것이 이들은 전국시대에 활약했던 베테랑 다이묘들이 아닌 신참들이어서, 임진왜란에 대해 잘 모르면 이들의 존재는 미미하거든요. 도요토미는 조선 출병을 위해 모은 대군의 지휘관들이 딴마음을 먹고 본인을 배신할지 모른다는 생각에 통일 과정에서 활약한 중신들 대신 자신이 새로이 키우던 30대의 전쟁 꿈나무들에게 지휘를 맡기고 군대도 예로부터 도요토미 세력권이던 관서 지역 일대에서만 차출했는데, 누가 1군을 맡을 건지 다투다가 더 적극적으로 어필한 고니시가 낙점되었지요.

그런데 독실한 가톨릭 신도인 고니시는 조선 땅에 천주교를 전파하겠다는 소명 의식을 가져서 본인 부대 휘장에는 십자가 마크를 걸고 포르투갈 성공회 신부 그레고리오 데 세스페데스를 데리고 들어와 선교 활동도 병행합니다. 그런데 하나님의 사랑을 알리러 온 사람이 부산진성, 동래성, 신립 부대를 다 격파하고 양민을 막 죽이냐? 엉? 🐻

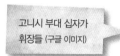
고니시 부대 십자가
휘장들 (구글 이미지)

| 뜰 | 花뜰 | 三つ뜰菱 | 変わり三つ重ね뜰 |
| 丸に出十字クルス | クルス | クルス菱 | 花クルス |

그러다 보니 일본 학자 중에는 임진왜란 당시 웅천왜성(지금의 창원, 진해)에서 세스페데스 신부가 조선인들에게 포교했고, 잡아간 조선 포로 중 일부가 천주교로 개종했다며, 천주교가 일본을 통해 이때 조선에 전파되었다고 주장한다고 합니다. 아놔~, 그걸 지금 말이라고! 아 그리고, 왜 우리나라 드라마에선 고니시 옆에 승려가 같이 나오는 겁니까? 서양 신부가 같이 다녔는데……. 🐻

고니시 유키나가
(위키피디아)

만약 고니시가 평양에서 의주로 곧바로 공격했다면 이순신이 등장하기 전 전쟁이 끝날 수도 있는 상황이었지만, 대마도주 소 요시토시가 자신의 사위인지라 조선이 살아남아야 자기네 가문이 돈을 벌 수 있다는 개인적 이유도 있었기에 명나라와의 종전 협상을 주도하게 되지요. 그러고 보니 대마도주와 결혼시킨 고니시 딸의 이름은 마리아였네요.

이에 1군을 빼앗겨 앙심을 품은 가토는 평양성에서 멈춘 고니시를 욕하고 다녀서 조선 조정에서도 이 두 사람 사이가 매우 나쁘단 걸 알 지경이었어요. 그러니 고니시는 조선 측에 밀정을 보내 가토가 조선으로 건너오는 시기를 알려줘서 조선 수군이 가토를 대신 죽여주길 원했지만 이순신 장군이 출정하지 않았고, 이를 빌미로 선조가 이순신 제독을 한양으로 압송해버리는 사태로 꼬이게 됩니다. 🐻

그후 정유재란 때 울산왜성에 갇혀 명군의 공격을 받던 가토가 고니시에게 구원을 요청하지만, 이를 무시해버리면서 완전히 웬수지간이 되어버립니다. 결국 가토는 1600년 세키가하라 전투 당시 도요토미 가문을 배신하고 도쿠가와 편으로 참전해 서로 칼을 부딪히며 싸우게 되는데, 이때 패배한 고니시는 목이 잘리고, 고니시의 땅도 가토가 차지하게 됩니다. 🐱

여기만 해도 막장인데, 임진왜란 당시 총사령관을 맡은 도요토미의 양자인 우키타 히데이에는 겨우 20세 나이에 불과했어요. 원래 도요토미는 조선을 정복한 뒤 통치자로 우키타를 임명할 계획이었다는데, 이 젊은이는 한양 점령 후 연상의 조선 기생에게 반해 놀기에 바빴다고 합니다. 결국 도요토미가 애송이들을 선봉장에 세운 것도 큰 실수였던 거지요. 🐻

총사령관 우키타 히데이에
(위키피디아)

다섯 번째 승리요인은 명나라의

참전입니다.

흔히 명군이 일본군보다 더 포악했다고 비난하지만, 초기에 5만 명을 파견해 평양성을 탈환하고 정유재란 말기에 20만 명을 투입해 일본군을 압박했어요. 또 명군이 가져온 네덜란드제 거대 대포 '홍화포'의 위력을 보고는 일본군은 명군이 결코 약체가 아님을 알고 더이상의 진격을 멈추고 협상 테이블로 나오게 됩니다. 우리 역사상 중국에게 도움받은 유일한 사례라 할 만합니다.

당시 명 황제는 신종 만력제라는 암군이었는데, 48년의 재위 기간 중 무려 30년간 업무를 보지 않고 방에 처박혀 있었다고 합니다. 🐻 그래서 젊은 관료들은 황제 얼굴을 전혀 몰랐다고 할 정도였는데 30년 만에 갑자기 신하들 앞에 신종 황제가 나타나 조선을 구하라고 명하니 모두가 놀랄 지경이었다죠. 야사에 따르면, 어느 날 신종의 꿈에 관우가 나타나서는

명나라 신종 만력제
(위키피디아)

"황제는 유비 형님이 환생하신 것이고, 동생 장비가 조선 왕으로 다시 태어났습니다. 지금 동생 장비가 위기에 처했으니 황제는 당장 구하십시오."라고 했다나요? 🐻

이처럼 명군의 참전으로 평양성을 빼앗긴 뒤 벽제관에서 겨우 막아낸 일본은, 전쟁의 승산이 없다는 사실을 깨닫고 남해안까지 철

수하여 종전 협상을 벌이면서 명나라에게 조선 8도를 남북으로 나누어 북쪽은 명나라가 직접 차지하고 남쪽 4개 도는 일본이 가지자고 제안을 하지요. 🐻 그러나 중간에서 중재하던 심유경의 장난질이 들켜 목이 달아나면서 협상이 결렬되고, 정유재란이 다시 벌어집니다. 정유재란 당시에도 신종은 명군이 대충대충 싸운다는 소식을 듣고 분기탱천하여 "앞장서서 싸우지 않으면 내 손에 죽을 줄 알아!"라고 다그쳐서, 가토 기요마사가 지킨 울산왜성 공격 시 명군이 죽자살자 싸울 수밖에 없었다고 합니다. 이때 우물이 말라 죽을 뻔한 고생을 한 가토는, 그후 규슈의 영주가 되자 구마모토성을 지으며 우물을 120개나 팠다고 합니다. 🐻

뭐 일본 사정은 그렇다 치고, 황제 꿈에 관우가 나오는 바람에 조선으로 출병했던 명나라 장수들은 전쟁이 끝난 뒤 선조에게 "이게 다 관우 무안왕(武安王) 덕이니 사당을 지어 보답하라."고 요구해 1598년 숭례문(남대문) 밖에 첫 번째 관우 사당을 만들지요. 지금은 동묘에 새로 지은 관왕묘

서울 동관왕묘 (위키피디아)

가 남아 있습니다만……. 그런데 관왕묘를 만든 후 첫 제사 때 명나라 장수들이 선조에게, 황제에게 행하는 삼배구고두(三拜九叩

頭, 세 번 절하고 아홉 번 머리 조아리기)를 관우상에도 하라고 강요했는데, 오성과 한음으로 유명한 한음 이덕형이 겨우 이를 말려 사배례(네 번 절하기)만 하기로 타협함으로써 선조가 관우상에 머리를 조아리는 수모를 겪습니다. 이후 인조가 병자호란 때 청 황제에게 삼배구고두를 하기 전까지는 이것이 최대의 치욕이었지요.

이처럼 아군인지 적인지 헷갈리게 한 명나라이지만, 청에게 멸망한 이후에는 오히려 조선에서 나라를 구해주신 명신종 황제에 대한 숭배가 강화되어, 숙종 때에는 서인들이 충북 괴산에 만동묘 사당을 세우고 무려 1937년까지 매년 제사를 올려주었답니다. 하지만 중일전쟁을 시작한 일제가 이를 고깝게 여겨 중단시키고 사당마저 불태워버립니다. 🐻

마지막 여섯 번째 승리요인은 우리나라의 날씨였습니다.

충북 괴산 만동묘 (구글 이미지)

여기서 퀴~즈, 일본군은 바다에선 이순신 장군을 제일 무서워했는데, 육지에선 어느 장군을 제일 무서워했을까요? 권율? 김시민? 아뇨~. 동(冬)장군이었습니다. 🐻

상대적으로 온화한 기후대인 일본에서 4월에 출병한 일본군은 예상외로 전쟁이 길어져 1592년 조선 땅에서 첫 겨울을 맞이하는데 ……. 이건 그들의 상상을 초월하는 극악의 환경이었습니다. 🐻 애초 여름옷만 입고 왔는데 특히나 그때 유독 더 추운 날씨에 얼어 죽거나 동상 걸리는 경우가 허다해 전투를 할 수 없었다지요. 🐻

또한 여름이라고 해서 낫지도 않은 것이, 당시 일본은 육식을 전면 금지해 가축을 거의 기르지 않았습니다. 그러다가 조선에 왔더니 가축 바이러스에 의한 풍토병에 감염되어 설사를 줄줄 했으니……. 아마도 이질과 콜레라였을 겁니다. 당시 시냇물과 강물을 통해 가축 분늪가 그대로 흘러가던 시대이니 물을 마시고 집단 감염되었을 거예요. 결국 임진왜란 첫해를 제외하고 남쪽 해안에 왜성을 짓고 웅크리고는 빨리 집으로 돌아가고 싶어 했다고 하네요. 정말 조선의 헬날씨를 진정 온몸으로 느꼈을 겁니다. 🐻

이처럼 조선은 이순신 제독뿐 아니라 수많은 영웅들 덕분에 어렵게 전쟁에서 승리했지만, 온 국토가 유린되어 오랜 기간 혼돈의 시기를 겪게 됩니다. 그래서 흔히 조선 519년을 논할 때 임진왜란은 전기와 후기를 나누는 분기점이 되지요. 게다가 류성룡이 말년에 임진왜란을 회고하며 쓴 《징비록》은 조선에서는 거의 금서가 된 반면, 유출된 사본이 일본에 전래된 후 1695년에 발매되며 큰 화제를 불러

《징비록》 (위키피디아)

일으켰고, 이를 바탕으로 기병, 포병, 수군 전술에 대해 새로운 고민을 하게 되었을 뿐만 아니라 이 책이 중국으로 재수출되기까지 했지요. 🐻

그런 와중에도 조선왕조는 반성 없이 흘러갑니다. 선조는 새 장가를 들더니 떡하고 영창대군을 넣자 그를 새로 세자로 세우고 싶어 했지만 결국 광해군이 왕위를 승계합니다. 하지만 광해군 역시 아버지처럼 방계 출신인 데다가 둘째 왕자라는 본인의 위치가 늘 불안했기에 귄위를 높이고자 창덕궁, 창경궁을 보수하는 한편, 새로이 경희궁을 짓더니 또다시 경복궁보

만주국 지도 (위키피디아)

청나라 마지막 황제이자
만주국 황제 (위키피디아)

다 더 큰 인경궁 공사를 벌이죠. 이에 백성들은 중노동에 죽어나가고 가뜩이나 모자라던 재정을 파탄낸 데 이어, 결국 새어머니 인목대비를 폐위한 뒤 감금하고, 영창대군을 죽이는 무리수를 두다가 결국 인조반정으로 폐위되고 말지요. 🐻

최근 여러 영화 등에서 광해군이 새로 일어서던 후금(청)과 명 사이에서 중립 외교를 잘했다고 하여 백성을 진정으로 생각한 명군이라고 나오기도 하지만……, 그건 가리지날입니다.

조선 때는 물론 구한말 사학자들도 그를 패륜 암군으로 생각했는데, 이런 광해군을 처음으로 명군이라 주장한 학자가 누군지 아십니까? 바로 일본학자 이케우치 히로시, 이나바 이와키치, 다카와 고조 등 대표적인 식민사학자들이에요. 🐻

1920년대에 일본제국의 중국 침략을

합리화하기 위해 조선과 만주는 원래 같은 민족이었다는 논리를 펴면서, 광해군이 옛 역사를 잘 알아 "우리민족끼리 잘 지내자."며 후금과 우호적인 관계를 유지하려 한 외교의 달인이라고 띄운 것이죠. 그후 이 같은 역사 왜곡을 바탕으로 일본과 조선, 만주는 모두 예전엔 다 같은 조상을 가진 민족이었다며, 1932년 만주국을 세울 때 청나라의 마지막 황제, 푸이를 데려와 꼭두각시 임금으로 앉히는 데 요긴하게 써먹습니다.

지금도 많은 분들이 명나라가 지원군을 요구했을 때 광해군이 은밀히 도원수 강홍립에게 "우리 군사를 살려야 하니 싸우지 말고 항복하라."고 밀서를 쥐어주었다라고 아시는데, 그건 나중에 서인들이 광해군이 명나라의 은혜를 무시했다며 잘못을 논할 때 주장한 것으로 실체 증거가 없어요. 정작 광해군의 측근들인 북인들마저 친명파였기에 결국 명을 돕기 위해 파병을 한 것인데, 원래 광해군은 줄기차게 파병을 반대하긴 했습니다. 백성을 사랑해서가 아니라 이들 군인들이 새 궁궐을 열심히 짓고 있었거든요. 🐻 그리고 만약 진짜로 중립 외교를 할 것이었다면 군대를 파병하지 않았어야 했겠죠.

또한 문제는 원래 강홍립은 무관이 아니었단 거지요. 원래 문관 출신으로 명에 사신으로 다녔는데 명나라와 프리토킹이 가능한 출중한 중국어 실력을 보유했다는 이유로 총사령관에 앉힌 겁니다. 고려시대에는 문관도 종종 전투에 참여했기에 경험이 있었지만, 이 사람은 그런 경력자가 아니었으니 비극이 시작된 겁니다. 요즘에도 영어 하나 잘한다고 요직에 앉히는 경우랑 비슷하죠. 문제는 이들 중

다수가 영어만 잘한다는 거지요. 🐻

그래서 군대 경험이 없던 강홍립 역시 무고한 병사들을 죽이게 됩니다. 1619년 사르후 전투 당시 강홍립이 전투를 지시했는데, 진행 과정은 임진왜란 탄금대 전투의 정반대 상황이었습니다. 즉 후금군은 1만여 기병대, 조선군은 조총으로 무장한 보병부대였기에 일본군에게 배운 3단 조총 사격술을 전개하지만, 이미 그 전투에 대해 더 연구한 후금군은 조총 사격 범위 밖에서 대치하다가 바람이 조선군 쪽으로 불자 말을 제자리걸음 하게 해 흙먼지를 일으킨 후, 긴 창을 앞세우고 돌격합니다. 그래서 조선군 조총수들은 자욱한 흙먼지가 들어와 눈을 제대로 뜨지 못해 조준 사격도 없이 한 발 쏘고는 창에 가슴이 뚫려버립니다. 🐻

그렇게 8000여 명이 죽고 나서야 강홍립과 4000여 명의 잔존 병사는 항복합니다. 게다가 포로 중 양반인 장수와 부관 500여 명은 목이 잘리고, 평민 병사들은 후금군에 흡수되어 여러 전쟁에 끌려다니며 소모되니, 임진왜란 이후 겨우겨우 키워 온 정예병이 이렇게 하루아침에 사라진 겁니다. 즉, 임진왜란의 교훈을 가장 잘 소화한 건 아이러니하게도 전쟁 당사자가 아닌 여

무릎 꿇고 항복하는 강홍립을 그린 '양수항도' (KBS '역사저널 그날' 화면 캡처)

378

진족이었고, 결국 이들이 중원을 차지하게 됩니다. 강홍립이 대패한 이 사르후 전투는 결국 청나라가 조선을 침공할 빌미를 제공하게 되니, 광해군의 우수한 외교력이란 것도 후대의 착각인 거죠. 또한 광해군 시기의 치적으로 꼽는 '대동법'도, 실제로는 광해군은 반대했으나 신하들이 관철시킨 것이라네요. 그래서 일부 학자들은 광해군에 대한 긍정적 재해석이 오히려 식민사학의 잔재라고 비판합니다.

광해군을 몰아내고 왕위에 오른 인조 역시 선조의 DNA를 받아 본인 안위를 먼저 생각한 왕이었기에 병자호란 시 청군이 항복을 요구하자 결사 항전 대신 항복하러 나간 것이죠. 하나 더 어이없는 사실은, 애초 남한산성은 또다시 일본이 쳐들어올 경우를 대비해 한양 남쪽에 새로 지은 전초기지였는데, 정묘호란을 겪은 10년 뒤에 병자호란이 터졌음에도 그 최후의 보루에 식량과 전쟁물자를 제대로 채워 놓지 않

삼전도비 (위키피디아)

해동지도에 그려진 남한산성 (위키피디아)

아 병사들이 아무것도 할 수 없었다는 겁니다. 그런 무능한 왕과 책상머리 관료들 때문에 백성 50만 명이 만주로 끌려간 것이죠. 🐻

다만, 그후 조선 조정이 포로 송환을 위한 어떤 노력도 기울이지 않았다고 관련 영화 등에서 나오는데, 이는 가리지날 정보입니다. 임진왜란 이후 1607년 선조가 일본에 사명대사를 파견해 "우리 백성은 (명나라) 천자의 자식(天子之赤子)"이라며 포로 송환을 요구합니다. 하지만 최대 10만 명으로 추산된 포로 중 5667명만 귀국길에 올랐지요. 당시 많은 일본 다이묘들이 이 사실을 숨겨 이런 사실을 모른 채 남은 사람도 있었지만, 많은 도공은 무사급의 대우를 받은 터라 귀국을 거부합니다. 심지어 일부 도공은 조선에 돌아왔다가 다시금 동생이나 동료들을 데리고 일본으로 간 사례도 있었다고 합니다. 🐻

마찬가지로 인조 역시 속환사를 파견해 임진왜란 때처럼 수년간 많은 포로를 데려왔는데, 일부 양반들이 돈을 구해 직접 만주로 찾으러 가다 보니 점차 몸값이 올라갑니다. 그래서 돈 없는 양민들을 위해 조정에서 돈을 빌려주기도 했고, 송환금 인플레를 방지하고자 최대 협상금액을 100냥이라고 가이드라인을 제시하지만, 양반들이 이보다 더 돈을 내고 데려오는 바람에 다른 평민들은 돈이 모자라 데려오지 못해 사회 문제가 됩니다. 그때 국내로 돌아온 많은 여성들을 몸이 더럽혀졌다는 뜻으로 '환향(還鄕)년'이라 불렀고, 이들을 손가락질하고 쫓아낸 슬픈 역사가 지금은 '화냥년'이라는 비속어로 남았습니다. 🐻

그 이후 수십 년간 돈 안 내고 탈출한 포로를 송환하라고 청이 요구해 일부가 붙잡혀 가기도 했지만 많은 경우 숨겨주었는데, 인조, 효종에 이어 현종 때까지도 머리를 조아리며 청 사신에게 사과해야 했지요.

그러고 보면, 조선왕조가 아주 야박하진 않았습니다. 다만 국제 정세 판단력이 매우 떨어지고, 군사력이 개판이며, 사회지도층이 제일 말썽이고, 현실 감각 떨어지는 관료들이 실제 부가가치를 창출해 주시는 백성을 우습게 보고 핍박했을 뿐이지요. 왠지 얼마 전까지 뉴스에서도 자주 보는 거 같은 느낌적인 느낌이 든다면……, 그건 기분 탓일 겁니다. 🐻

쓰다 보니 임진왜란과 병자호란이라는 2연타 환란을 간략히 설명 했네요.

그리고, 끝으로 놀라운 이야기를 하나 더 말씀드려야겠습니다. 이야기 시작 때 두 덕수 이씨 가문의 위인이 같은 시대에 나왔다고 했는데요.

이순신 제독은 강직한 성품과 탁월한 리더십으로 무관 임명 초기부터 돋보였다고 합니다. 그 소문을 들은 말년의 이이 선생이 덕수 이씨 가문에서 나온 이 기특한 젊은이를 한번 만나보려 했지만, 이순신은 "주위의 오해를 살까 두렵다."며 인사청탁으로 비쳐질까 봐 거절했다고 하지요. 그래서 두 덕수 이씨 위인은 서로 만나지 못했습니다. 게다가, 이순신 제독에겐 생명의 은인이었다가 목숨을 위협한 내부의 적이 되어버린 선조 역시, 평생 단 한 번도 이순신이나 원균을 만난 적이 없었답니다. 🐱

06
조선 후기 – 영·정조 시대가 조선 후기
르네상스였다고요?

임진왜란과 병자호란 등 조선시대 최악의 시기를 거쳐 조선 후기를
빠르게 훑어보겠습니다.

　일본과 청나라에 연이어 펀치를 맞은 조선은 수많은 인명 피해와
농토의 축소가 국고 감소로 이어지고 도공들의 집단 납치로 인해 도
자기 생산도 중단되어 광해군 시절 명나라에서 온 사신을 접대할 때
깨진 그릇에 음식을 제공할 정도로 피폐해지지만, 유교 철학은 더욱
사회를 장악하게 됩니다.

우리 역사 최대의 비극, 경신대기근

비록 효종은 북벌을 꿈꿨다고는 하나, 당시 명나라를 집어삼킨 청나라를 이긴다는 것은 공허한 외침이 될 뿐이었지요. 게다가 아들 현종 치세 기간에는 상복을 1년 입을지 3년 입을지 다투는 예송논쟁 같은 쓸데 없는 논쟁이 이어졌는데, 교과서에 안 실려서 그렇지 이때가 조선의 최대 위기였습니다. 우리 민족 5000년 역사 중 최대 비극이라는 '경신대기근' 참사가 벌어졌거든요. 처음 들어보신다고요? 🐻

경신대기근은 1670년 경술년과 1671년 신해년 2년에 걸친 대가뭄이었는데, 완전 자연재해 종합세트였다지요. 지진, 우박, 가뭄, 홍수, 메뚜기떼 습격, 태풍, 전염병, 구제역…… 🐻

이 대기근의 원인은 당시 지구가 잠시 소빙하기를 맞아 평균기온이 1도 정도 낮아진 것인데, 최근 밝혀진 바로는 유럽 백인들이 아메리카 원주민을 대학살 하면서 경작지가 황폐해져 발생한 것이었대요. 그러나 이 같은 사실을 몰랐던 당

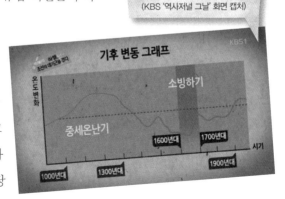

중세 소빙하기 기후 그래프
(KBS '역사저널 그날' 화면 캡처)

383

시 유럽에서는 신이 노한 결과라며 르네상스로 위축되었던 교회가 대대적으로 마녀사냥을 전개하는 단초를 제공했으며, 아시아에서는 각 나라마다 대가뭄으로 큰 피해를 본 시기였습니다. 🐻

당시 실록 기록에는 길에는 죽은 시체가 쌓였는데 치울 사람이 없었고, 먹을 게 없자 남편이 아내를 잡아먹고, 서로 자식을 맞바꿔 잡아먹는 참사가 펼쳐졌다고 나옵니다. 심지어 병조판서 김좌명 등 재상급 신하 10여 명까지 사망할 정도로 어찌나 참혹했던지, 살아남았던 노인들은 "임진왜란, 병자호란보다 더한 지옥"이라고 절규했다고 기록되어 있고, 1671년 말 현종에게 상황을 보고하면서 사망자가 100만 명이 넘을 것이라고 했다지요. 이후 이 참사는 숙종 시절인 1695년 을병대기근으로 이어지는데, 이 두 차례 대기근을 통해 총 300만 명이 아사했을 것으로 추정된다고 합니다. 당시 조선 인구가 1000만 명이 채 안 되었다고 하니, 중세 유럽의 페스트와 맞먹는 대재앙이었지요. 🐻

이 대기근은 조선 사회 체계를 변화시킵니다. 먹을 것이 없자 소작농들이 땅을 버리고 자구책을 찾기 시작했는데 그나마 구휼미를 나눠주는 한양으로 몰려가면서 성 바깥 마포, 용산 등지에 거대한 촌락이 형성되어 이 일대가 평양을 제치고 제2의 도시가 될 정도로 기존의 농촌 사회가 서서히 해체되고 신분제가 약화됩니다. 또한 산으로 도망간 이들은 활빈당이란 이름을 내건 도적떼가 되어 양반가를 털러 다녔는데, 이때 유명했던 실존인물이 장길산이지요. 또한 양반가 역시 탈출한 노비들을 잡기 위해 추노를 활용하지만, 결국 순조 대에 이르러서는 공노비는 계약제 신분으로 바뀌게 됩니다.

농사에서는 조정이 평민 간 재산 격차 확대를 우려해 공식적으로 금지한 모내기법이 몰래 전역으로 확산됩니다. 모내기는 쌀 수확량을 늘릴 수 있지만, 가뭄 등 이상 기후가 닥치면 오히려 농사를 망칠 우려가 높아 나라에서 반대했는데, 대기근을 겪은 상황이 되고 보니 이젠 국가의 명령이 농민들에게 씨도 안 먹히게 된 것이죠. 이처럼 숙종 대 이후 조선 후기에 민간 경제가 활성화되어 영·정조 르네상스라 불리게 된 것은, 위정자가 정치를 잘해서가 아니라 백성들이 자구책으로 새로운 자유경제 체제를 만들어 간 이유가 큽니다.

또한 추위에 대응하고자 온돌이 확산되면서 온돌을 못 까는 2층집이 사라지고 나무꾼이란 새로운 직업군이 등장하지만, 산은 점점 민둥산으로 변해 가면서 자연재해가 늘어나는 악순환이 이어집니다.

카리스마 숙종의 시대

당시 이처럼 각종 재해로 그로기 상태였던 조선은 숙종 이후 안정세를 되찾기 시작합니다. 우리는 흔히 사극 드라마의 단골 소재인 장희빈 때문에 숙종이 치맛자락에 휘둘린 유약한 왕인 것처럼 여기지만, 실제로 숙종은 조선 왕 중 가장 신하들을 후려잡은 카리스마 넘치는 군주여서 인현왕후와 장희빈을 이용해 서인과 남인 정권을 갈아치우며 신하들을 휘어잡은 군주입니다. 또한 임진왜란 직후 명나라의 요구로 만들었고, 선조에게 절을 하도록 강요했던 관왕묘도 잘 써먹습니다. 숙종은 관왕묘를 수시로 참배하며 유비에게 충성을 다한 관우처럼 본인에게 충성하도록 강요하는 데 요긴하게 써먹지요. 이 방식은 이후 고종도 즐겨 활용했다고 합니다. 🐻

하지만 본처 인현왕후와는 후사가 없어 첫 번째 아들인 장희빈의 아들을 세자로 삼지만, 장희빈이 사사되면서 장희빈을 지지하던 남인과 더불어 아들(경종)의 지위가 위태로워집니다. 각종 드라마나 야사에서는 장희빈이 사약을 받기 전 "죽기 전에 아들 한 번만 보게 해 달라."고 부탁해 당시 14세이던 세자가 어머니 앞에 갔더니 "전주 이씨의 씨를 말리겠다."며 세자의 중요 부위를 잡아당겨 불임이 되었다는 이야기가 전하지만, 이는 완전 가리지날입니다. 《조선왕조실록》 및 《승정원일기》에 따르면 생모가 사약을 받던 그때 세자는 법적 어머니가 된 인현왕후의 빈소를 지키고 있었기에 사약 받는 현장에 가지 못했거든요.

그후 숙종 말기 대리청정을 지나 경종이 등극하나 비대한 몸에 원래 건강이 안 좋았고 이미 반대파인 노론 세력이 장악하고 있었던 상황이라 무기력할 수밖에 없었습니다. 이에 노론은 아직 왕이 젊었음에도 무수리 출신 숙빈 최씨의 아들인 영잉군(영조)을 세제(世弟)로 만드는 데 성공하고, 경종이 재위 4년 만에 사망하면서 영조의 시대가 열립니다.

우리는 흔히 영·정조 시대를 조선 후기 르네상스 시대라고 부릅니다. 민간 상공업이 발달하면서 사회 경제가 튼튼해졌으며, 실학 등 실사구시 학풍이 일어나 15세기 세종 때처럼 조선이 또 한 번 부흥했다고 하지요.

성균관 대학교 내 탕평비 (위키피디아)

하지만 이는 절반은 가리지날입니다. 분명 조선 후기시대 중 영조와 정조 시대는 가장 문화가 융성하고 경제가 활성화된 시기인 것이 맞지만, 실제로는 18세기 동아시아는 사상 유례없는 대 융성시대였는데, 한·중·일 3국 중 조선이 가장 발전이 느렸어요. 게다가 경제력 등 국력에서도 결코 15세기 세종 대를 넘어서지 못합니다.

영조 어전 (위키피디아)

영조는 즉위 당시부터 십여 년 이상 '이인좌의 난' 등 각종 반란에 시달리게 됩니다. 영조는, 성종이 병석에 누워 있을 때 간장게장과 감을 같이 먹여 독살했다는 의혹을 받았는데, 권력에서 밀려난 남인과 소론 등이 이를 문제 삼아 반란을 계속 일으켜 혼란스러운 정국이었고, 본인에게는 평생 트

정조 어진 상상화
(© 이길범 화백, 한국중앙학연구원 Encyves)

열성어진에 실린 정조 어진(나무위키)

라우마로 남습니다.

이에 모든 당파를 다 골고루 중용한다는 탕평책을 내세웠지만, 여전히 실세는 노론의 차지였지요. 또한 왕후는 아들을 못 낳고 후궁 정빈 이씨에게서 첫아들 효장세자를 낳았지만 이마저도 열 살에 사망했고, 당시로선 아주 늦은 나이인 42세에 후궁 영빈 이씨에게서 낳은 아들을 사도세자로 책봉하지만, 영조는 세자가 너무 뚱뚱하고 못생긴 데다가 공부도 안 한다고 미워하기 시작합니다.

헐~, 영화 '사도'에 나온 유아인은 미스 캐스팅이었단 거네요. 🐻

실제 《승정원일기》에서 사도세자는 어릴 적부터 체격이 크고 식탐이 강하고 무예를 즐기는 무인 스타일이었다고 나오는데, 본인처럼 철저한 유학 군주가 되길 강요하는 아버지의 요구를 따라가지 못해 결국 미치고 말지요. 이에 결국 영조는 왕조의 유지를 위해 스물일곱 살 젊은 아들을 뒤주에 가둬 죽게 하는데, 이는 세손이 워낙 뛰어났기에 후계 구도가 변경되어도 무방하다고 믿은 영조의 결단이었습니다. 그후 영조는 세손의 승계 정통성 문제를 사전에 제거하기 위해 세손을 큰아버지 효장세자의 아들로 입적시켜 왕위를 잇게 만듭니다. 하지만 기나긴 영조의 치세 중 민간의 삶은 그다지 나아지지 않습니다.

이후 정조가 즉위하면서 여러 사회 경제적 성장이 확연해지지만 그의 치세는 너무 짧았습니다.

정조는 세종처럼 문화 군주가 되고자 노력했고, 서얼과 많은 실학자를 정치에 등용했지만, 결코 실학은 고고한 주자학의 흐름을 거스를 수 없었기에 사회적 영향력이 그리 크지 않았습니다. 하지만 숙종 때부터 상평통보를 유통하는 등 민간 경제를 활성화하고자, 조선 초기부터 육의전 상인들에게 독점 권리를 주던 금난전권을 폐지하고, 1791년에는 개인의 상업 활동을 보장하는 신해통공 정책을 발표합니다. 또한 정조 본인도 말년까지 새로운 동전 제조 및 유통을 고민하지만, 결국 물물거래 수준이던 조선 유통 경제의 업그레이드는 이뤄지지 않았고 국가 재정 역시 열악했습니다. 🐻 실제로 조선 후기 들어 상업 및 광업 등이 발달하면서 조직화되었다고는 하나, 사극 드라마에서 나오는 거대 상단은 등장하지 않았고, 한양 등 일부 도시에서만 예전보다 활성화된 정도였습니다. 그래서 고종 대에 외국과의 거래를 자유화한 개항 당시에도, 전체 인구 대비 상공업 인구 비중은 여전히 중국, 일본에 비해 매우 낮아 농업 중심의 물물 교환 경제가 주류였기에 빠른 속도로 중국과 일본 상인들에게 유통망을 장악당합니다.

또한 우리는 흔히 정조가 즉위 후, "아! 과인은 사도세자의 아들이다."라는 폭탄 발언을 한 뒤 아버지를 죽게 만든 신하들에게 복수의 칼날을 갈았고, 이를 실현하지 못한 채 노론에게 독살당한 것 아니냐는 주장을 듣곤 했는데, 지금은 그런 주장이 감소하고 있습니다. 왜냐하면 그다음 문장이 "그렇지만, 나는 효장세자를 이어받도록 선대 왕이 명하셨고 예는 엄격하게 하지 않을 수 없는 것이나, 인정도 또한 펴지 않을 수 없는 것이다."라고 이어집니다.

즉, 비록 나는 사도세자의 아들이지만 영조께서 효장세자의 아들로 만드셨으니 그 뜻을 지켜야 한다고 한 것이고, 사도세자의 복수를 하지 않을 것이니 앞으로 사도세자 복권 논의를 하지 말라는 현실 인정과 정국 안정을 천명한 것이었지요.

또한 2009년에 정조와 대립각에 섰던 노론 수장 심환지와 오고간 편지 묶음이 발견되는데, 그 문구 중에 '우리 노론 벽파'와 같은 표현을 쓴 것으로 보아 본인은 노론 벽파와 같은 편임을 드러냅니다. 실제로도 사약을 받고 죽은 노론의 거두 송시열을 복권하고 송자(宋子)라 추켜세운 이도 정조였지요. 즉, 겉으로는 심환지와 서로 대립하는 구도였지만, 그 이면에는 사전에 조율하고 본인의 병환에 대한 의견을 묻는 등, 정치 동반자 관계였음이 드러나 정조의 독살설 역시 힘을 잃었습니다.

그리고 결정적으로 실학자들이 청나라를 통해 접한 서학이 점차 종교적 성격을 띠면서 남인과 소론 등 주류에서 밀려난 양반 계층과 일부 궁중 여인들도 천주학을 받아들이자 유학 중심의 기존 질서를 해친다며, 말년에는 문체반정, 서체반정을 주도하는 등, 조선의 근본적인 변화에는 반대하는 한계를 드러냈습니다.

그렇게나마 잠시 부활의 조짐을 보이던 조선은 정조가 죽은 후 정순왕후와 외척 안동 김씨, 이후 풍양 조씨 등 60여 년간의 세도정치로 인해 최악의 19세기를 맞게 됩니다. 🐻

아참. 그리고 우리가 흔히 보는 정조 어진 그림은 상상도예요. 왠지 어디가 좀 아프고 소심해 보이는 인상으로 보이지만, 실제 기록에 따르면, 정조도 뚱뚱했고 술을 엄청 마시던 무인 스타일의 호탕한 성격이었다고 합니다. 아버지가 뚱보 사도세자였고, 이 체형은 세종대왕 때부터 면면히 이어져 온지라……. 🐻

반면 당시 중국 청나라는 강희제, 옹정제, 건륭제로 이어지는 150여 년간(1661~1796), 중국 역사상 최고의 전성기를 누립니다. 몽골, 신장, 위구르, 티베트 등 북방과 서방으로 영토를 확장하여 지

> 청나라 강희제, 옹정제, 건륭제 (위키피디아)

금의 중국 및 몽골 영토 전체를 차지해 명나라 때보다 3배 가까이 영토가 늘어났고, 사회 체계가 안정되고 세금 징수가 공정해지면서 인구 역시 폭발적으로 증가해 18세기 말엽에 이미 인구가 4억 명을 넘기게 되지요.

이 같은 청나라의 발전을 본 일부 조선 지식인들이 큰 충격을 받게 되니, 저들의 성공비결을 배우자는 북학파가 형성되고 주자학의 공상에서 벗어나 실사구시의 유학으로 바꿔야 한다는 실학파가 등장하게 됩니다. 이들은 청나라 문물을 통해 접한 서학으로 주자학의 한계를 극복하고 새로운 사회로의 발전을 꿈꾸었지만, 이들 실학자를 등용했던 정조마저 말년에 이를 반대한 데 이어 정순왕후의 수렴청정 시기부터는 천주교와 실학에 대한 박해가 이어지면서 조선의 자주적 개혁은 초반부터 꺾여버립니다.

이때 바다 건너 일본은 도쿠가와 가문의 에도 막부 통치가 절정에 이르고 있었습니다. 본래 에도 막부는 각 지방 영주, 다이묘의 자식을 막부가 있는 에도(지금의 도쿄)로 불러들이고 정기적으로 방문케 하는 일종의 인질 정책을 통해 지방 반란을 막고자 했지요. 이는 우리나라로 치면, 지방 토호 세력이 강했던 신라시대의 상수리제도, 고려의 기인제도와 동일합니다. 이처럼 항상 중국에 이어 우리나라, 일본 순으로 사회 제도가 뒤따라갔었는데, 일본은 1868년 메이지유신으로 조선의 중앙집권제도를 따라잡게 됩니다. 🐻

어쨌거나 이 같은 정책으로 에도와 각 지방 다이묘들을 잇는 교통 요지마다 오사카, 교토, 나고야, 에도, 센다이 등 도시가 발달하면서 숙박시설, 가부키 극장, 상점 거리 등 근대적 도시로 변모하지요. 또 은과 구리, 도자기의 세계 최대 수출국이 되면서 막대한 경제적 이익을 취하고 각 지방마다 부를 축적했는데, 도쿠가와 막부는 조선통신사를 초청해 지방 영주들의 재산을 소진하게 합니다.

우리는 임진왜란 이후 조선통신사의 일본 방문에 대해 일본 막부가 우수한 조선 선진 문물을 배우기 위해 굽신굽신 허리 숙여 초청한 것이라고 알고 있지만, 일본 사람들은 에도 막부의 힘이 강해 새 쇼군이 등극하면 조선에서 이를 축하하기 위해 조공 사절단이 오던 것이라고 알고 있습니다.

그런데, 이 두 모순되는 주장은 다 오리지날입니다. 즉 조선과 일본 모두 각자 자기에게 유리하게 선전한 것이고, 서로 그것이 정권의 우월성을 나타내주는 징표였기에 알면서 짜고 친 겁니다. 🐻 그래서 1607년 새로 정권을 잡은 도쿠가와 막부가 요청하고 대마도주가 중간에서 조율하여 첫 조선통신사 500명을 파견할 때 이런 식으로 협상이 진행됩니다.

> 일본 막부 : "조선 형님, 부탁이 있다니뽄. 새 쇼군이 취임하시는데 사절단 좀 보내주쇼파럼치."
>
> 조선 조정 : "옹야. 임진년 일을 생각하면 괘씸타만 도쿠가와 가문은 출정하지 않았으니 함 박수치러 가줄게조선."
>
> 일본 막부 : "땡큐고자이마스~. 그런데 하나만 더 부탁이 있다도쿠가와."
>
> 조선 조정 : "뭔데? 아 하사품 좀 많이 챙겨서 와 달라고? 암 동생네 가는데 그 정도 쯤이야대국. 돈워리 비해피."
>
> 일본 막부 : "숙식비 등은 우리가 전액 부담할 터이니 새 쇼군 취임 축하차 조공하러 왔다고 생쑈할 때 눈감아 달라에도."
>
> 조선 조정 : "처지가 그렇다면 그렇게 하쇼체면. 우리도 오랑캐 나라에 선진문화 한 수 가르치러 간다고 할게쌤쌤."

이처럼 정권 유지 및 지방 다이묘의 경제력 손실이라는 두 마리 토끼를 다 잡을 수 있다는 사실을 잘 알고 있던 도쿠가와 막부는, 반 년도 넘게 걸리는 조선통신사의 방문 때 해당 다이묘가 자기네 봉토 내에서의 숙식을 다 제공하도록 강제함으로써 다이묘의 연간 소득 절반을 소진하도록 만들었어요. 물론 이를 통해 임진왜란 이후 중국과의 직접 교류가 막힌 상황에서 대륙의 선진 문물도 받아들인 효과도 보았고요.

하지만 정조가 돌아가신 후 1801년의 마지막 조선통신사는 대마도까지만 방문하고 본토 방문은 거절당해 되돌아오게 됩니다. 그리고 더이상 일본은 조선에 통신사를 요청하지 않습니다. 우물 안 개구리 같던 조선의 세계 인식과 달리, 매년 네덜란드 상선단 대표로부터 전 세계 현황을 브리핑 받던 일본 막부는 이제 더이상 조선과 중국에서 배울 것이 없고 자신들이 더 발전했다는 사실을 깨달은 겁니다. 실제로 조선통신사로 다녀온 조상님들의 저서에서도 초기에는 우월한 자세로 깔보는 내용이 많았지만, 후대로 갈수록 섬나라 오랑캐의 발전에 깜짝 놀라며 경계하는 내용이 늘어납니다. 🐻

그후 실제로 조선과 청나라가 19세기 내우외환에 시달리던 사이, 메이지유신을 통해 서구화와 중앙집권체제 수립에 성공한 일본은 1875년 최신형 서양식 군함 운요호를 앞세우고 강화도 앞바다에 등장하니, 조선왕조의 멸망 카운트다운이 시작됩니다.

07

조선 말기 – 세계 열강의 시선에서 본
조선의 최후

이 책 이름이 '유쾌한 상식사전'이므로, 전혀 유쾌하지 않은 대원군과 고종, 명성황후 등 조선 말기 발암 유발 이야기 대신 당시 열강들의 입장에서 조선의 멸망을 간략히 압축하겠습니다.

흥선대원군의 정치

60여 년간의 세도정치를 끝장내고 서원을 축소해 왕권을 강화한 흥선대원군의 집권 초기는 매우 훌륭했어요. 당시 서원은 거대한 토지를 소유하고 세금도 면제받았으니 고려 말기 거대 불교 사찰처럼 국가 경제엔 큰 재앙이었거든요.

또한 천주교 박해를 빌미로 쳐들어온 프랑스, 미국과의 전투에서도 승리같지 않은 승리를 거둔 뒤 더 강하게 쇄국정치를 표방했는데, 지금에야 잘못된 정책이라고 비난하지만 당시로선 당연한 결정이었지요.

병인양요 (위키피디아)

실제로 1866년 병인양요 당시 프랑스군이 강화도를 일시 점령했을 때, "조선이 9명의 프랑스 신부를 죽였다. 우리 백인 1명은 조선인 1000명과 맞먹는 가치이니 우리는 9000명의 조선인을 죽이겠다."고까지 협박했으니, 당시 위정자로선 서양 오랑캐의 무력을 앞세운 강압적 문호 개방 요구는 씨알도 안 먹히는 무리한 요구였지요.

이처럼 두 차례 외국 군대를 물리친 대원군은 정치력은 훌륭했으나 경제 관념이 적었으니, 왕실 권위를 세운답시고 임진왜란 때 불탄 뒤 방치되었던 경복궁을 새로 짓느라 당백전을 만드는 등 국가 경제를 어지럽혔고, 며느리 하나 잘못 골라서 조선왕조를 다시금 민씨 세도정치로 회귀하게 만들어 망조를 늘게 하니……, 대원군의 한계였습니다. 🐻

이런 암담한 조선에게 외부의 사정은 더 엄혹했습니다. 제국주의 시대를 맞아 세계 열강이 식민지 쟁탈전을 벌이는 때였는지라 청나라가 100여 년 전의 위세는 사라지고 서구 열강이 갈라먹는 먹잇감 신세가 되자, 조선의 지식인들은 충격을 받고 해외의 선진 문물을 받아들이는 부국강병을 모색합니다. 그러나 민씨 일파는 대원군의 정책에 무조건 반대한답시고 무리하게 1876년 개항을 서둘렀다가 일본, 청, 독일 등 외국 자본에 경제가 잠식당하게 되니, 이는 120여 년 후인 1997년에 벌어진, OECD 가입 후 금융 개방했다가 투기 자본에 고스란히 당했던, IMF 외환위기 상황과 참 유사했습니다. 🐼

그런데도 민씨 일가가 부정축재를 일삼으면서 국고가 바닥나자 군인 월급마저 떼먹었고, 1882년에 임오군란이 터져 청군이 국내로 진군해 23세의 위안스카이(袁世凱)가 내정에 사사건건 간섭하기 시작합니다.

1636년 병자호란 당시 인조가 삼전도에서 청태종에게 치욕스러운 항복을 한 후, 조선은 청나라의 조공국이 되어 자치는 인정되나 외교, 국방은 청나라에 오로지 의존해야 하는 처지였지요. 이에 청의 영향력을 줄이고자 고종은 러시아를 이용하려 했는데, 러시아는 그 대가로 늘 원해 왔던 얼지 않는 항구, 부동항을 얻고자 함경도 영흥항을 빌려 달라고 요구했고 승낙을 받아냅니다. 그러자 영국은 러시아를 견제한답시고 1885년 거문도를 점령해 해밀턴섬이라고 이

름까지 짓습니다. 2년 전 수교 맺은 나라의
섬을 무단 점령한 것이죠. 🐻

거문도에 상륙한 영국군
(구글 이미지)

하지만 거문도 섬 주민들은
이 점령군을 열렬히 환영했다
고 합니다. 워낙 탐관오리들
이 세금을 떼먹었는데 영국은
아주 신사적으로 먹을 것도
주고 세금도 안 받고 영어도
가르쳐주고(이건 아닌가? 🐻), 무료로 진료까지 해주었으니까요. 🐻

영국이 이렇게 나온 데는 이유가 있었습니다.

19세기 막강한 해군을 바탕으로 캐나다, 인도, 중동, 아프리카,
호주, 뉴질랜드 등 거대한 식민지를 거느린 세계 최강대국 영국은,
시베리아로 팽창한 뒤 발칸 반도와 아시아로 남하하려는 러시아와
팽팽한 신경전을 벌였습니다. 러시아는 영국처럼 바다로 세계를 장
악하고 싶어 했지만, 러시아의 바다는 모조리 겨울에 얼어붙는 바
람에 끊임없이 얼지 않는 항구를 확보하고자 노력했거든요. 그래서
1813년 페르시아(이란)와 협약을 맺어 항구를 빌리려 하자, 이라크
와 인도까지 삼킨 영국은 페르시아를 압박해 무산시켜버리지요. 🐻

대신 페르시아 위쪽 땅을 보상 차원에서 러시아에 떼어주게 되니
……. 같은 민족이 살던 타지키스탄, 아프가니스탄이 지금과 같은
국경선으로 갈라져 타지키스탄은 오랫동안 러시아-소비에트 연방
에 편입되고, 아프가니스탄은 영국이 점령하게 되지요. 중간에 페

르시아만 땅 뺏긴 바보가 된 거죠……. 🐻

그래서 1813년 러시아의 페르시아 진출로 시작해 1907년 영러협상까지 약 100년간 전개해 온 19세기 글로벌 냉전체제 '그레이트 게임(The Great Game)'은, 페르시아에 이어 조선을 새로운 각축장으로 삼게 된 겁니다.

하지만 정작 이 거문도 점령에 대해 가장 늦게 안 곳은 우리의 조선 정부……. 장하다. 🐻 청나라와 프랑스, 러시아, 일본 대사가 조선 관리들에게 급히 항의를 했다고 합니다.

청·프·러·일 대사 : "소식 들었냐청? 영국 넘들이 너네 거문도 섬을 점령했다스키. 빨리 영국에 항의해라니뽄!"

조선 관리 : "거문도? 거제도를 잘못 얘기하는 거 아니조선? 어제도 거제도 멸치 진상품 잘 받았다한양~."

청·프·러·일 대사 : "아놔다해~. 그 섬 말고 거문도다부르봉. 답답하니뽄. 너넨 자기네 섬 이름도 리스트 안하나타샤?"

조선 관리 : "리얼리? 우리나라에 그런 섬이 있다고종? 근데 왜 전라도 감영에선 연락이 없지개판?"

영국 대사 : "음, 우리가 점령한 건 맞는데……, 그게 너네 섬이냐글랜드? 우린 임자 없는 섬인 줄 알았다드레이크."

일본 대사 : "오~, 그렇게 하면 되는거냐니뽄? 다음에 우리도 저 동해 울릉도 옆 작은 섬에다 똑같이 써먹자료마."

　뒤늦게 거문도의 존재를 파악한 조선 정부가 영국에 항의하지만, 영국은 조선 정부를 깔보고 반환하지 않으려 들죠. 그래서 결국 청이 종주국으로서 대신 나섭니다. 조선은 청의 속국이라 외교권이 없다며 조선 영토 점령은 청에 대한 배반이라고 주장하면서 조선 정부가 보낸 속국 인정 서류까지 제출합니다. 🐻

　하지만 고종은 청의 이런 간섭에 불만을 품고 러시아에 보호를 요청하자 용산에 청군을 대기시킨 청군 조선 파병 사령관 위안스카이는 청 황제에게 고종을 폐위시키자고까지 제안합니다. 이 새파란 청나라 장수에게 갈굼을 당해 가슴에 비수가 박힌 고종은, 이후 정중히 황제로 대접해주는 일본 이토 히로부미를 아버지처럼 모시게 되고, 조선 왕을 열심히 갈구던 위안스카이는 1915년 청을 대신한 중화제국 황제가 되니……, 중국 역사상 최후의 황제가 되지요. 🐻

　그사이 다른 서구 열강들도 영국을 압박하니 결국 22개월 만에

동학농민혁명 우금치 전투
(© 한국 문화재재단 〈월간 문화재〉)

거문도를 반환하게 되지요. 하마터면 홍콩처럼 거문도가 영국 땅이 될 뻔한 순간을 모면하게 되는데, 그 소식도 가장 늦게 안 곳이 조선 정부였으니 답이 없었어요. 🐻

이처럼 서구 열강이 조선도 눈여겨보기 시작하던 그때, 민씨 일파에 돈을 주고 벼슬을 산 사또들의 학정에 분노한 동학농민군이 일어납니다(1894년). 호남에서 가장 큰 전주성까지 함락되는 등 분노한 농민군에게 관군이 밀리자 민씨 일파는 250여 년 전 이자성의 농민군에 멸망한 명나라를 떠올리며 민씨 정권이 무너질 것을 염려해 청나라에 원군을 청하고, 청나라는 패권제국으로서 조선에 재차 군대를 보냅니다. 하지만, 텐진조약에 따라 청나라 군대가 조선에 파병 시 자동으로 파병하기로 서명한 일본군도 조선에 출병해 우금치 전투 등에서 동학농민군을 무참히 학살한 후 두 나라가 청일전쟁을 벌이지만 예상외로 일본이 압승하지요.

그런데 청일전쟁 당시 정작 우리 백성을 지켜야 할 조선군은 뭘했는지 아세요? 본인이 속한 부대 상부의 이해관계에 따라, 한양 조선군은 일본군과 함께 평양으로 북상하고, 평양 조선군은 청군과 함께 이를 막아내는 전투를 벌이게 됩니다. 그래서 조선 땅에서 펼쳐진 남의 나라 전쟁에서 조선군끼리 서로 총부리를 겨누고 싸웠다고 하지요. 농민군에게도 지고 파병 외국 군대와 함께 서로 총부리를 겨누는 단계에서 더이상 자체 군사력으로 나라를 지키기가 불가능한 지경에 빠집니다. 😵

이 같은 혼돈 속에서 이제 일본을 이길 나라는 러시아밖에 없다고 여긴 고종과 명성황후가 급격히 친러시아 성향을 보이자 일본은 명성황후를 제거할 계획을 세우게 됩니다. 게다가 대원군마저 명성황후 제거에 뜻을 같이하니, 결국 1895년 10월 8일 우범선 등 "민비를 없애야 조선이 부활할 수 있다."고 여긴 내부협력자들이 경복궁 문을 열어주고, 일본 낭인들이 명성황후를 시해하는 '을미사변'을 일으킵니다. 당시 일본은 조선 측 동조자의 행위를 부각해 조선인들이 스스로 명성황후를 시해한 것으로 꾸미려고 했지만, 그 현장을 목격한 러시아 설계사 사바친의 증언으로 들통나고

1900년 당시 러시아 공사관
(위키피디아)

맙니다.

일본군의 감시 속에 경복궁에 고립되었던 고종은 1896년 1월 러시아 공사관으로 피신(아관파천)한 뒤 돌아와 1897년 대한제국을 선포하며 청으로부터 독립하는 한편, 미국에서 군인 20만 명을 빌려 청나라를 격파하고 평양을 새 수도로 삼겠다는 꿈을 꾸며 평양에 조선의 마지막 궁궐인 풍경궁(豊慶宮) 건설을 시작하고 이하영을 미국에 파견하지만, 미국이 이를 거절하자 다시금 러시아에 붙어 청과 일본의 간섭을 피하는 중립국으로서의 독립을 유지하고자 합니다.

게다가 러시아가 1898년 덥석 요동 반도를 접수하자, 기껏 청을 몰아내고 한반도에 이어 만주까지 차지하려던 일본은 대륙 진출 계획에 방해가 되는 러시아와의 한판승부를 각오해야 하는 상황이 되었지만 아무리 봐도 불리한 상황이었지요. 그러자 일본은 러시아에게 사이 좋게 조선을 38도에서 갈라 나눠 먹자고 제안합니다. 임진왜란 당시에 조선 8도 중 남쪽 4개 도를 일본에 달라고 하던 전통을 계승한 것이죠. 이에 러시아가 반대하면서 무력 충돌을 일으키자 러시아가 미워 죽으려던 영국이 일본의 손을 덥석 잡아줍니다. 🐻

영일동맹 문서 (일본 외무성 소장, 위키피디아)

당시 영국이 직접 동아시아까지 와서 전쟁을 하기엔 너무 부담이 큰데, 메이지유신을 통해 서구화에 박차를 가한 일본이 청나라를 격파한 신식 군대를 거느리고 있었으니, 러시아의 바다 진출을 막는 '그레이트 게임'의 파트너로 일본을 선택한 것이죠. 이에 1902년 '영일동맹'을 체결하여 동아시아로의 러시아 남하는 일본이 대신 막게 합니다.

그러자 이번에는 영국이 부담스러운 러시아가 "우리는 부동 항구만 있으면 된다."며 39도선으로 양보하려 하지요. 마치 페르시아 북쪽 타지키스탄을 먹을 때처럼요. 그러자 이번에는 영국이 그건 결코 안 된다고 생각해 옆구리 쿡쿡 찔러 미국도 일본을 적극 지지하게 만드니, 이에 든든한 강대국을 등에 업은 일본이 1904년 전쟁을 시작하고, 이로써 '러일전쟁'은 실은 러시아 대 일본-영국-미국 세력 간 싸움이 된 겁니다. 🐻

결국 1905년 러일전쟁의 승자가 된 일본은 러시아 저지가 주목적이던 영국, 미국의 묵인하에 한반도를 차지하고, 대신 미국의 필리핀 지배를 인정해주는 '카쓰라-태프트 밀약'에 사인한 뒤, '을사보호늑약'을 통해 대한제국의 외교권을 빼앗으며 착착 식민지화를 준비합니다. 또한 태프트 역시 외교 성과를 바탕으로 1908년 27대 미국 대통령에 당선되지요. 그후 일본은 영국, 미국과 베스트 프렌드로 지내며 제1차 세계대전의 승전국이 되지만, 만주와 중국으로 지나치게 세력을 넓히다가 거꾸로 영국, 미국이 간섭을 하자 오만하게 미국에 선제공격했다가 원자폭탄 2방 맞고 항복하게 된 겁니다.

그래서 2차대전 이후에는 힘 빠진 영국 대신 미국이, 러시아를 계승한 소련 및 중국과 새로운 그레이트 게임, 즉 20세기 냉전을 벌이면서, 소련은 베트남, 쿠바 등에 부동항을 확보하려고 하고, 미국은 전 세계 바다를 장악하면서 각 지역마다 우방국을 만들어 이를 저지하고 있는 상황입니다. 이런 역사적 맥락을 알아야 미국이 중국의 남중국해 진출 저지와 러시아의 남하를 막기 위해 여전히 일본을 우방국으로 선택하고, 대만도 지지하는 현 상황이 이해되는 겁니다.

어쨌거나 그런 사정을 꿈에도 모르던 고종은 1907년 헤이그에 밀사를 보내 을사보호늑약의 부당성을 호소하지만, 이미 게임이 끝난 서구 열강에게는 씨알도 안 먹힐 상황이 되고, 이런 사실이 발각되자 매국노 송병준은 고종에게 "자결하라!"고 다그치는 등 수모를 겪고, 결국 강제로 폐위당해 태황제란 허울뿐인 이름하에 덕수궁에 갇히게 되지요.

또한 애초엔 독립협회 초대 회장을 맡아 독립문 현판을 쓰는 등 청의 간섭을 반대하는 친미파였다가 러시아가 접근하자 친러파로 갈아탄 뒤 러

헤이그 밀사의 활동을 소개한 〈만국평화회의보〉 (구글 이미지)

일전쟁 이후에는 결국 친일파로 돌아선 이완용 등 기회주의자들과 다수의 대한제국 황실 가족은, 일본으로부터 후한 대접을 받으며 '대한제국과 일본이 동등하게 합쳐진다'는 '한일합방'을 추진하게 됩니다.

다만, 이완용만 대표 매국노로 욕을 먹고 있는데 여기에도 나름의 복잡한 사정이 있습니다.

애초 구한말 지식인 중 일본과 친했던 다수는 아시아 국가 중 유일하게 서구 열강과 어깨를 나란히 한 일본을 본받아 우리나라를 세계 열강국가로 만들 수 있다고 생각했던 겁니다. 그래서 모든 아시아 국가가 일본의 지도하에 함께 성장해야 한다는 소위 '대동아공영권'이란 사탕발림에 동조했다가 배신을 당한 거지요. 특히 김옥균 등 '갑신정변'을 일으켰던 인재들은 본인과 집안이 멸문당할 지경이 됩니다. 그러던 와중에 1909년 이토 히로부미가 안중근 의사에 의해 처단되지만, 오히려 고종은 상복으로 갈아입고 아버지가 돌아가신 듯 애도를 하고, 일진회 송병준 등은 조선 사회를 완전히 해체해 일본에 흡수되어야 한다는 한일합방성명서를 발표하며 일본 정부에 신속한 조선 합병을 촉구하고 나섭니다. 이런……!

그리자 이완용 등 온건 친일파는 "저런 미친놈들이 일본과 합병을 추진하면 조선이 완전히 사라질 것이니 우리가 먼지 나서자."며 조선 황실과 귀족층의 보장 등을 조건으로 한 온건한 합방을 주장하면서, 앞서거니 뒤서거니 누가 먼지 나라를 팔아먹을지 경쟁에 뛰어든 겁니다. 아, 물론 이런 작태는 다 일본이 쳐놓은 그물이었지요.

이에 이완용 등 온건 친일파가 1910년 8월 22일 합방 조약에 사인을 하는데, "순종 황제의 생신 기념 파티는 하고 발표하자."고 간청하여 시간을 번 뒤 성대히 생일 파티를 벌입니다. 당시 이미 합방 조약이 끝났다는 첩보를 접한 후 이 생일 파티에 참석했던 주한 미국대사는 워싱턴에 보고서를 보내며, "나라가 망하는데 저렇게 아무 일 없다는 듯이 화기애애하게 생일잔치를 하는 게 이해가 안 된다."고 보고할 정도였으니까요. 🐻 결국 대한제국의 멸망은 1주일 뒤 8월 29일에 발표가 되니, 소위 '대일본제국'은 '두 나라가 하나로 합쳐진다'는 합방(合邦)이란 가식적인 단어를 사용하며 평화적으로 일본제국이 대한제국과 한 나라로 통합했다고 전 세계에 거짓 선전합니다. 🎺

그런데 여기에 동조했던 이용구 등 일부 일진회 멤버들은 한일합방이 되면 실제로 유럽의 오스트리아-헝가리 이중제국처럼 조선의 자치가 허용될 줄 알았다가 그게 아니란 사실을 알고는 귀족 칭호를 내팽개치고 은둔하기도 했다는 군요. 그렇게 후회한들 어차피 그들이 앞장서 저질러 놓은 일이니, 이후 독립운동가들이 일본인

카이로 회담 3인방, 장제스, 루스벨트, 처칠 (위키피디아)

보다 이들 친일파에게 더 이를 갈면서 처단하러 나서게 되는 것이 이해가 되죠.

또한 저 '합방'이란 가식적 단어 때문에, 이후 2차대전 막판인 1943년 미국, 영국, 중화민국 간 종전 준비 협상이던 카이로 회담 당시, 중화민국 장제스 총통이 강력히 "조선은 일본과 별개 나라"라고 주장하지 않았다면 한국의 독립이 불가능했을 수도 있었다고 합니다. 하지만 그렇다고 장제스에게 마냥 고마워할 필요도 없어요. 당시 장제스 역시 중국 공산당을 몰아낸 뒤 옛 한무제처럼 한국과 베트남 등 옛 땅을 다시 중화제국에 합병할 꿈을 꾸었다고 하니까요. 🐻

08
일제시대-1919년 3월 1일, 그날의 기록

우리는 매년 3월 1일이면 삼일절을 맞아 엄숙히 기념식을 거행하고 독립을 위해 애쓰신 순국선열을 기리고 있습니다. 그런데 백여 년 전 그날 벌어진 진행 상황에 대해 잘 알려지지 않은 이야기를 할까 합니다.

잘 아시다시피 1919년 3.1 만세운동은 일제 지배하에서 처음 일어난 대규모 독립운동이자, 이후 대한민국 임시정부가 수립되는 계기가 되는 의미 있는 날이지요.

많은 분들이 3월 1일에 민족대표 33인이 직접 파고다공원(탑골공원)에서 독립선언문을 낭독하고 이를 기점으로 전국으로 퍼져나갔다고 생각하시는데……, 이건 가리지날입니다. 🐻

일단 3.1 운동이 시작된 계기부터 이야기해야겠네요.

3.1 만세운동은 3주 전인 1919년 2월 8일, 일본 도쿄에서 우리나라 유학생들이 2.8 독립선언을 발표한 것에 자극받아 시작됩니다. 당시 소식을 접한 여러 종교계 인사들이 모여 "젊은 학생들이 저리 나서는데 우리가 가만히 있으면 되느냐?"며 독립선언을 준비하게 됩니다.

민족대표 33인 회의 장면 상상도 (천안 독립기념관 소장)

당시 2.8 독립선언은 1919년 1월 8일, 제1차 세계대전이 끝나갈 무렵 미국 윌슨(Thomas Woodrow Wilson) 대통령이 '민족 자결주의'를 표방하며 "각 민족마다 국가를 수립하는 것이 맞다."고 발언하면서 폴란드, 체코슬로바키아 독립이 가시화되는 상황이 되자 '우리도 국제 여론을 환기시키면 독립할 수 있겠다.'는 기대를 품고 시작한 겁니다. 외국의 최신 동향을 먼저 접한 도쿄 유학생들이 주도하고 이후 국내로 전파된 민족 자주독립 철학은, 실제로는 제1차 세계대전 패진국의 영토를 분할해 세력을 약화시키기 위한 명분이었을 뿐, 승전국의 식민지는 해당 사항이 아니었지요. 따라서 제1차 세계대전 당시 일본은 승전국이었으니, 조선의 독립은 애당초 고려 대상이 아니었던 걸 알지 못했던 거죠. 🐻

이처럼 세계정세를 너무 낙관한 종교계 인사들이 최남선에게 기

411

미 독립선언서 초안을 작성하게 했으나 회합 도중 종교단체 간 불화로 인해 가톨릭과 유교 대표가 탈퇴하면서 최남선도 빠집니다. 당시 최남선의 초안을 본 독립운동가 오세창 선생은 "요새 젊은이들은 한문을 제대로 몰라서 큰 일"이라고 혀를 끌끌 찼다고 하고, 만해 한용운 선생마저 "논조가 미온적이고 문장이 어렵고 장황하기만 하다."고 쓴소리를 했다고 합니다. 그러니 당대의 천재 최남선 선생도 빠질 만하긴 했네요. 🐻

이 같은 우여곡절 끝에 결국 천도교(동학) 15명, 개신교 16명, 불교 2명 등 33명으로 민족대표가 구성됩니다. 당시 주도자가 천도교주 손병희 선생이신지라 가장 많이 참여한 개신교 인사들에게 인원을 천도교와 동일하게 15명으로 맞추라고 요청했으나 장로교와 감리교가 서로 자기네가 8명을 하겠다고 다투는 바람에 결국 두 교파가 8명씩 하는 것으로 해서 16명이 되었다고 하네요.

거의 알려지지 않은 사실 중 또 다른 하나는, 애초 이들 민족대표들이 매국노의 상징이었던 이완용에게 참회의 기회를 주겠다며 선언서 참여를 요청했단 겁니다. 🐻 하지만 이완용은 "내가 서명을 하게 되면 오히려 독립선언의 순수성을 의심받게 될 터이니 내가 빠지는 것이 낫겠소. 다만 나도 여러분과 뜻은 같으니 절대 일본 경찰에는 비밀로 하겠소이다."라고 답변하고 충실하게 이를 지켰다고 하네요.

또한 독립선언서에 올릴 33인의 이름 순서를 놓고도 갈등을 벌이자 오산학교를 설립한 이승훈 선생이 중재에 나서 가장 먼저 독립선언을 주도한 천도교 손병희 교주가 1번, 기독교 장로교 대표 길선주 2번, 기독교 감리교 대표 이필주 3번, 불교 대표 백용성 선생이 4번으로 하고, 5번부터는 가나다순으로 정리했다고 합니다. 🐻 일부에선 유학자들이 민족대표 서명에 빠졌다고 비난하시는데, 그분들 역시 나름 고군분투하셨습니다.

당시 한양 유학자들이 사전 모임을 할 때 갈등을 빚어 서명에 빠졌다는 소식을 들은 영남 유림에서 김창숙(성균관대학교 설립자) 등 유림 대표 2명을 급히 보냈으나, 여러 사정으로 서울에 늦게 도착해 독립선언서에 서명할 기회를 놓쳐 통곡합니다. 이후 유림 대표들은 국내에서 하느니 국제 여론을 환기하자며 제1차 세계대전을 종결하는 프랑스 베르사유 조약식에 따로 편지를 보내 독립을 호소하지만, 일제에 발각되어 여러 유림이 투옥되었다가 순국하십니다. 🐻

이처럼 종교지도자들을 중심으로 독립선언을 준비하던 중 고종 황제가 사망하자 장례일을 앞두고 3월 1일 오후 2시, 파고다공원에서 독립선언서를 발표하기로 결정합니다. 하지만 고종 독살설이 퍼지면서 울분에 차를 떨던 많은 학생들과 시민들이 독립선언서 낭독을 듣기 위해 모여들고 있다는 소식이 들리자, 점심식사 겸 최종 조율을 위해 태화관에 모여 있던 29명의 민족대표는 파고다공원으로 가지 않고 그 자리에서 한용운 선생이 독립선언서를 낭독하고, 다함께 "독립 만세!"를 외친 후 일본 경찰에 전화를 걸어 체포되는 길을 선택합니다. 🐻 이렇게 행동한 이유는 시국선언 형태의 항의를 함으로써 자신들만 희생한다면 현장 시위로 인한 유혈 참극을 막을 수 있다고 판단했기 때문이죠.

지금도 일부에선 "하필 기생집 태화관에 모였느냐?"고 비판하기도 하는데, 이에도 큰 뜻이 있었다고 합니다. 그 장소가 원래 조선 순화궁(順和宮) 터였고 이후 이완용이 별장으로 사용하던 집이었는데, 1905년 을사늑약, 1907년 고종황제 퇴위, 1910년 한일합방 준비 등 각종 비밀 협약이 이뤄진 오욕의 현장이었기에 이곳에서 독립선언을 함으로써 매국 조약을 무효화 한다는 상징적 의지도 담겨 있었다고 합니다. 경찰에 체포된 후 손병희 선생 등은 감옥에서 사망합니다만, 뒤늦게 경성(서울)에 도착해 33인 중 유일하게 체포되지 않은 김병조 선생은, 중국 상해로 탈출해 4월 11일 대한민국 임시정부 수립에 참여하게 됩니다.

하지만 태화관에서 벌어지던 상황을 모른 채 파고다공원 육각당 앞에 모인 200여 명의 학생과 시민들은 "이게 어찌 된 일이냐, 왜 안 오느냐?"며 초조히 기다리고 있었는데, 어떤 이가 태화관에 남겨진 선언서를 들고 허겁지

기미독립선언서 원본
(위키피디아)

겁 뛰어왔다네요.

그런데 아뿔싸……! 펼쳐 든 기미독립선언서 내용이 온통 한자어에 조사만 한글이었던 것이죠.

"吾等은 玆에 我朝鮮의 獨立國임과 朝鮮人의 自主民임을 宣言하노라~."

이에 선언서를 들고 온 이가 머뭇거리는 사이, 한 사람이 단상 위로 올라가 선언서를 받아들고는 유창하게 글을 읽어내려 갔다고 합니다. 그의 이름은 정재용, 황해도 해주에서 온 경신학교 졸업생이었다고 하네요. 그는 10여 분간의 낭독을 마친 후 팔을 높이 들며 외쳤습니다.

"조선민족 자주독립 만세~!"

선언서를 듣는 동안 그저 쳐다보던 군중들은 그제야 같이 함성을 지르며 모자를 벗어 하늘로 날리며 환호했다고 합니다.

"독립 만세~!"

"독립 만세~!"

"독립 만세~!"

파고다공원에서 만세 소리가 들릴 때까지 일제 순사들은 이 같은 움직임을 까맣게 몰랐다고 합니다. 이처럼 기습적인 학생 만세 시위를 주도한 이들은 연희전문(연세대학교 전신) 김원벽, 보성전문(고려대학교 전신) 강기덕, 경성의전(서울대 의대 전신) 한위건 학생 대표 3인방으로, 이들은 민족대표 33인과 함께 3.1운동을 사전에 준비했다고 합니다.

당시 이들 학생들은 3개 조로 나뉘었는데, 일부는 서대문 밖 프랑스 영사관에서 프랑스 영사를 만나 독립 의지를 알려 달라고 요청합니다. 즉, 유럼 대표들처럼 제1차 세계대전 종전을 위한 파리 강화회의를 주관하던 프랑스 정부에게 평화적 독립운동을 알리려 한 것이지요. 하지만 제1차 세계대전 승전국 프랑스는 동맹국인 일본 편이었어요.

이날 처음 파고다공원에서 200명으로 시작한 시위대는 곧 3,000여 명으로 늘어났고, 3개 조는 다시 모여 당시 남산 기슭에 위치한 조선총독부로 향했지만 일본 군경에 의해 저지되자 그날 밤12시를 넘겨서까지 신촌 연희전문학교 앞과 마포 전차 종점 등지에서 만세 시위를 이어갔다고 합니다.

그 이후는 잘 아시다시피 전국 방방곡곡으로 확산되지만, 잔학한 일제는 총칼로 진압합니다. 당시 2000만 인구 중 200만 명이 참가해 5만 명이 체포되었고, 유관순 열사 포함 사망자만 7,509명에 이르는 크나큰 희생을 낳습니다.

참, 그런데 왜 유관순은 열사(烈士)인데, 안중근, 윤봉길 등은 의사(義士)라고 부를까요? 그건, 맨몸으로 저항하신 경우는 '열사', 무력 투쟁을 하다가 희생하신 경우는 '의사'라고 부른다고 하네요.

앞서 설명했듯이 우리가 평화적인 독립운동을 전개해도 제1차 세계대전 승전국인 일본 편에 선 강대국은 우리나라 독립에 무관심했기에 더이상 평화 투쟁으로는 독립이 불가능하다고 여긴 선각자들이 만주로 떠났고, 1920년대부터는 청산리 전투, 봉오동 전투 등의 무력 투쟁으로 나아가게 되지요. 또한 3.1 운동을 기점으로 상해에 수립된 대한민국 임시정부가 1920년부터 3.1절 기념식을 했다고 하니, 3.1절 행사 역사도 깊습니다.

이처럼 3.1절 당시 상황에서 보듯이 그 뜻은 숭고했으나 고심해서 만든 전문가들의 글이 본인들의 눈높이에 맞춰져 정작 일반인의 시각에선 이해가 되지 않는 문구로 채워지는 경우가 많습니다. 그러니 이 글을 읽는 독자분들은, 앞으로는 중학생 정도면 누구나 이해할 수준으로 글을 쉽게 써주셨으면 합니다. 제가 글을 가볍게 쓰지만 내용은 가볍지 않은 것처럼요. 꼭이요~! 🐻

09
해방 이후 – 대한민국, 우리나라 이름의
탄생

우리나라 이름이 '대한민국'인 것은 다 아실 겁니다.

　제가 국민학교(지금의 초등학교)에 들어가던 1976년 당시 1학년 국어책의 첫 페이지는 이렇게 시작했습니다.

　　나

　　너

　　우리

　　우리나라

　　대한민국

　하지만 오랜 기간 한국이라고 줄여 쓴 경우가 많다 보니 지난

2002년 한일월드컵 응원 당시 등장한 구호 "대~한민국!"을 외치면서 우리나라의 정식 국호가 '대한민국'임을 새삼 깨달았다고 하는데요. 그런데……, 이 국호를 줄여 '한국'이라고 부른다는 건 가리지날입니다.

1976년 당시 국어책 첫 장. 철수와 영이, 영희가 아님

'대한민국'을 두 글자로 줄이면 '한국'이 아닌 '대한'이 맞습니다. 물론 '한국'이라 해도 잡혀가진 않아요. 🐻 하지만 어느 순간부터 대한민국의 줄임말로 '대한' 대신 '한국'이라고 사용하고 있어요.

이에 대한 이야기에 앞서 왜 우리나라 이름이 '대한민국'이 되었는지는 아십니까?

지금 우리나라의 이름은 1897년 대한제국의 탄생에서 비롯됩니다. 앞서 소개했듯이 청의 간섭에서 벗어나려던 고종과 명성황후는 러시아에 의존하다가 일본 낭인에 의해 명성황후가 시해당하는 비극을 맞습니다. 이에 고종은 러시아 공사관으로 피신하는 '아관파천'을 단행해 1년여간 왕이 자기 나라 수도에서 다른 나라 공사관에 피난살이 하는 옹색한 처지로 있었지요. 🐻

그러자 1896년 개화파가 주도해 창립한 독립협회와 자주적 수구파들이 고종의 환궁을 적극 요구하면서 일본군이 점거한 경복궁 대신 러시아 공사관 옆에 있던 별궁, 경운궁(덕수궁)으로 돌아간 고종은 '칭제건원(稱帝建元)'을 준비합니다. 즉, 자주독립 선언을 통해 중립국이 되는 것이 최선이라 여긴 거지요. 이 같은 제국 선포를 건의한 이는 최초의 프랑스 유학생이자 김옥균을 암살해 총애를 받은 홍종우였습니다.

당시는 중국은 '대청제국', 일본도 '대일본제국'이라 칭하던 시기. 이제 조선도 청의 조공국이 아닌 당당한 자주 독립국가임을 내세우기 위해 고종은 지금껏 쓰던 '조선왕국'이란 국호 대신 쌈박한 새 브랜드를 내세우기로 고심합니다.

원래 조선이란 국호는 태조 이성계가 명나라로부터 받아온 국호. "단군 할배가 우리 민족 첫 국가로 조선을 세웠으니 좋은 의미 아니냐!" 싶겠지만, 명나라가 이성계가 세운 새 나라 이름을 조선이라 정해준 이유는 중국 은나라 재상 기자(箕子)가 동쪽으로 와 기자조선을 세웠다는 기록을 토대로, "울리 옛 조상 기자가 너네 나라 가서 왕 했었다구라. 그때 나라 이름이 조선이었으니 이번에도 그 이름 써라명~. 너거는 영원히 우리 꼬봉이라는 거 잊지 말라주원장. 알았냐? 동쪽 기특한 오랑캐조선?"이라고 한 거죠. 🐻

그러니 고종은 이 지긋지긋한 중국 등쌀에서 벗어나기 위해 새로운 국호를 찾다가, 마한(馬韓), 변한(弁韓), 진한(辰韓) 즉, 삼한(三韓)에서 유래한 '한(韓)'을 기본으로 삼아 국호를 '대한(大韓)'으로 바꾸고 이제 본인은 황제이니 황제가 다스리는 나라, 즉 '제국'을 합쳐 '대한제국'이라는 새 이름을 결정하고 그 이유를 선포합니다.

"짐은 생각건대, 단군(檀君)과 기자(箕子) 이후로 강토가 분리되어 각각 한 지역을 차지하고는 서로 패권을 다투어 오다가 고려(高麗) 때에 이르러서 마한(馬韓), 진한(辰韓), 변한(弁韓)을 통합하였도다. 이것이 '삼한(三韓)'을 아우른 것이니 대한(大韓)이라 칭함이 적합하다."

이에 1897년 10월 12일 신하들을 거느리고 당당히 환구단에서 하늘에 제사를 지내며 503년간의 조선왕조를 버리고 새 국가로 재탄생함을 선포합니다.

하늘에 제사를 지내는 환구단 (위키피디아)

그동안 입던 제후국 빨간 곤룡포 대신 황제를 나타내는 금색 곤룡포를 입은 고종황제는 그날만큼은 기분이 좋았을 겁니다.

고종황제 : "이제 짐(朕)이 황제가 되었으니 이제 나를 대한 초대 황제라 부르라대한."

신하들 : "예이, 전하~."

고종황제 : "어허. 과거시험 이후론 공부를 섶었더냐? 이제부턴 폐하라 불러야 하느니제국~."

신하들 : "임 쏘 쏘리합니대한. 경하드리옵니제국. 폐하……, 천세(千歲, 1,000 years) 천세 천천세~."

고종황제 : "거 정말, 난 황제라니까! 이제부턴 만세(萬歲, 10,000 years) 만세 만만세라 부르도록 하라대한! 이걸 꼭 내 입으로 얘기하게 만드네천자."

신하들 : "예, 폐하! 만수무강 하옵대한. 만세 만세 만만세~."

이때 고종이 황제라는 칭호를 안 썼다면, 지금도 환호할 때 '천세 3창' 외치고 있을 겁니다. 🐻

그 사이 독립협회는 청나라 사신을 맞던 영은문을 부수고 그 옆에 독립문을 건립하기 시작해 1897년 11월 20일 완공합니다. 당시에도 글로벌하게 나폴레옹이 파리에 세운 개선문을 참고했다지요? 많은 분들이 독립문의 의미를 일본에서 독립하자는 것으로 잘못 이해하고 있는데, 독립문은 청나라로부터의 독립을 상징하지요. 그런데 고종에게 러시아 공사관에서 나오라고 촉구한 초대 독립협회장은 바로 이완용이었으니……. 🐻

하지만 무늬만 황제국인 대한제국은 믿었

중국 사신을 맞던 영은문
(위키피디아)

독립문과 영은문 기둥
(위키피디아)

던 러시아가 러일전쟁에서 일본에 대패하면서 손 털고 나가는 바람에 결국 1905년 을사보호늑약을 맺고 외교, 군사권을 빼앗기면서 일본제국의 보호국 신세가 됩니다.

이때 워낙 시국이 뒤숭숭해 생긴 신조어가 '을사년스럽다'인데, 이것이 이후에 발음이 바뀌면서 '을씨년스럽다'가 되는 겁니다. 결국 5년 뒤인 1910년 8월 29일, 짧은 14년간의 대한제국 역사를 마감하게 되니, 1919년 고종이 승하하자 3.1 만세운동을 전개하면서 "대한 독립 만세~!"를 외치게 되는 겁니다. 즉, 고종 황제가 새롭게 펼치려다 꺾인 자주 국가 '대한'이 '독립'하여 '만년(만세)' 동안 번창하라는 그 뜻을 되새긴 겁니다. 그래서 이후 상해 임시정부가 그 뜻을 이어받아 1919년 4월 13일 '대한민국 임시정부'를 수립합니다.

바로 직전인 1919년 4월 10일 밤 10시, 상해 프랑스 조계의 한 허름한 셋집에서 열린 임시정부 의정원(국회에 해당)에서 29명의 의원이 모여 국호 결정 등 임시정부 헌법 제정을 위한 토론이 열립니다.

이 자리에서 신석우 의원의 발의로 '대한민국'이란 국호를 제안하자, 여운형 의원이 "조선왕조 말엽에 잠깐 쓰다가 망한 이름인데 부활시킬 필요가 없다."고 반박하며 '조선공화국'을 제안했다지요. 하지만 신석우 의원이 다시금 "대한으로 망했으니 대한으로 흥해보자."고 반박한 후 표결한 결과, 다수결로 대한민국을 새 국호로 찬성했으니, 우리나라의 이름, 대한민국은 이렇게 탄생한 것입니다. 🐨

그리고 마침내 1945년 8월 15일 한반도는 해방되었으나 격랑에 휩싸이게 되는데, 당시 우리나라 명칭도 사람에 따라 고려, 조선, 대

대한민국 정부 수립
선포식 (위키피디아)

한민국으로 부르는 등 혼란한 상태였다고 하죠.

그래서 해방 후 미군정 통치가 끝나가던 1948년 5월 10일 국회의원 선거가 치러지고, 5월 31일에 198명의 국회의원이 선출되면서 헌법기초위원회를 만들어 헌법을 만듦과 동시에 국호 결정 문제도 논의했다네요. 이에 6월 23일, 30명의 헌법기초위원회 위원들이 국호 결정을 놓고 표결한 결과, 대한민국이 17표, 고려공화국 7표(유진오 등), 조선공화국 2표(김규식, 여운형), 한국 1표(신익희)로 대한민국이 최종 결정되었습니다. 이에 따라 7월 1일 국회 본회의에서 대한민국 국호에 대한 표결에 들어가 찬성 163표, 거부 2표라는 절대다수의 찬성으로 대한민국 국호가 국회에서 의결되었고, 7월 12일에는 헌법을 제정하고 7월 17일 헌법을 공포하면서 새 나라의 국호가 '대한민국'임을 천명하고, 8월 15일 대한민국 정부 수립을 선포한 것입니다.

마침 1948년 런던 올림픽에 참가한 첫 국가대표 선수단은 1948년 6월 22일 '조선 국가대표 선수단'이라는 이름으로 출국했는데, 이날은 새 나라의 이름을 정하기 하루 전날이었기에 런던에 도착하고 나서야 나라 이름이 대한민국으로 바뀐 것을 알고 부랴부랴 유니폼의 글자를 새로 고쳤다는 에피소드도 전해집니다. 🐻

따라서 우리나라의 명칭인 대한민국은 '대한＋민주공화국'이란 뜻이니 당연히 국호를 줄여 말할 땐 '대한'이라고 해야 더 정확한 표현이지요. 그래서 TV가 없던 시절 유일한 영상

대한뉴스 (구글 이미지)

기록으로 극장에서 상영하던 뉴스는 '대한뉴스' 였어요.

'애국가' 후렴구 역시 "대한 사람 대한으로 길이 보전하세."이고 요. 오랫동안 스포츠 국가대표 선수들은 '대한건아'로 불리었고, 한 반도와 일본 규슈 사이 바다 이름은 '대한해협'인 것이죠. 또한 각종 학회나 단체 명칭 앞에 '한국'이 아니라 '대한'이란 명칭을 쓰고 있어 요. 그래서 같은 한자 문화권인 베트남도 '대한'을 자기네 발음으로 '따이한'이라고 부르는 겁니다. 🐻

그런데……, 일본과 중국은 우리나라 이름을 '대한'이라고 쓰기 싫은 겁니다. 왠지 황제국 명칭 같아서 그러는지 일본은 늘 우리나라를 '한국(韓國, 간코꾸)'이라고 부르고, 오랫동안 북한 기준으로 '남조선'이라 부르던 중국도 우리나라와 국교를 수립한 후 일본처럼 '한국'이라 부르는데……, 어느 순간부터 우리도 '한국'을 더 자주 쓰고 있는 겁니다. 🐻

분명히 제헌국회 투표 당시 한국은 대한민국과 별개 국호 후보로 붙여져 탈락한 긴데 말이죠.

개인적인 경험 한 가지만 말씀드리고 글을 마칠게요. 전국 병원

홍보 담당자들이 한데 모이는 협회가 하나 있습니다. 10여 년 전 협회 등록을 하기로 하고 '대한병원홍보협회'로 신청했는데, '한국병원홍보협회'로 허가가 났다는 거예요. 그래서 그 이유를 물었더니 앞으로 신규 협회는 전부 '한국'이라는 이름으로 허가하기로 했다나요? 🐻 그러고 보니 대한민국 대표 공영방송 KBS도 정식 명칭이 한국방송공사네요.

외세에 빼앗겼던 소중한 나라를 되찾고자 고생하신 애국지사들이 임시정부를 수립하면서 "대한으로 망한 나라, 다시금 대한으로 일어서자."며 이를 악물던 그 숭고한 의미를 다시 한번 되새긴다면, 우리의 자랑스러운 '대한민국' 이름을 줄일 때 어떤 이름으로 해야 할지 진지한 논의가 필요하지 않을까요? 🐻

글을 마치며

《알아두면 쓸데 있는 유쾌한 상식사전》 시리즈의 네 번째, '한국사 편'을 마치고자 합니다.

제 나름대로 인류의 탄생부터 대한민국 건국에 이르기까지 우리 나라 역사를, 그동안 잘 드러나지 않았던 글로벌 세계의 한 일원이 라는 새로운 관점으로 풀어보았습니다. 오랜 시간 고민하고 틈틈이 써 왔던 토막글들과 새로 밝혀진 역사적 사실들을 모아모아 이제야 책으로 펴내네요. 🐨

지난 5000년간 우리나라는 수많은 강대국 틈바구니 속에서도 굳 건히 버텨 왔습니다. 비록 강대국으로서, 제국으로서, 세계를 호령하 지는 않았지만, 우리 고유의 문화를 소중히 지키며 살아왔습니다. 다 만 긴 세월 동안 영화와 쇠퇴의 순간이 롤러코스터처럼 이어졌으니,

외부에 문을 열고 소통을 하던 시기에는 국력이 상승했고, 빗장을 걸어 잠그고 추상적인 이데올로기에만 매달릴 때는 쇠퇴했습니다.

우리가 역사를 궁금해하고 알고자 하는 것은, 당시 시대에 대한 정확한 이해를 바탕으로 앞으로 살아갈 나 자신과 우리 가족, 우리 국가와 민족의 미래에 대한 지혜를 얻음으로써 오류를 사전에 방지하는 것이 가장 중요한 목적일 것입니다.

그러니 과거 역사를 현실의 이익을 위해 왜곡하는 이웃 국가들처럼 되지 말고, '우리의 존재로 세상을 이롭게 하자.'는 단군 할아버지의 홍익인간 정신을 실현하고, 백범 김구 선생님의 간절한 영원처럼 우리 스스로를 지킬 수 있는 힘을 갖추되 높은 문화의 힘으로 우리 자신을 행복하게 하고 남에게도 행복을 주는 나라가 되기를 기원합니다. 🐨

지금 여러분의 얼굴을 거울에 비춰보세요. 어떻습니까? 우리 모두는 긴 시간 동안 글로벌한 한반도에서 수많은 사건과 변화 속에서 인연에 인연이 더해져 탄생한 소중한 존재이며, 주위 모든 이들도 기적 같은 확률로 여러분과 함께하고 있는 소중한 인생의 벗들입니다. 🐨

그런 의미에서 한 번에 하루씩만 오는 오늘, 지금 이 시간도 열심히 살아가야겠습니다.

앞으로도 《알아두면 쓸데 있는 유쾌한 상식사전》 시리즈는 계속됩니다. 다음 책은 또 어떤 주제로 나올까요? 저도 궁금합니다. 🐨

참고문헌

1부. 국가의 탄생 : 인류사의 시작과 고대 한반도

《오리진》, 리처드 리키 지음, 1980, 범우사

《화석은 말한다》, 도널드 R 프로세로 지음, 2019, 바다출판사

《멀고 먼 힌두쿠시》, 김병호 지음, 1994, 매일경제신문사

《거꾸로 보는 고대사》, 박노자 지음, 2010, 한겨레출판

《만들어진 한국사》, 이문영 지음, 2010, 파란미디어

《나의 문화유산 답사기 4》, 유홍준 지음, 2011, 창비

〈중앙일보〉 2017년 2월 2일자 종합 8면, '악마의 문 동굴인이 밝힌 진실, 한국인 뿌리는 북방계 아닌 혼혈 남방계'(http://news.joins.com/article/21200103)

KBS, '역사스페셜' – 동명루트를 찾아서, 2010

《고대 페르시아의 역사》, 유흥태 지음, 2008, 살림지식총서

《그리스 신화》, 토머스 불핀치 지음

《삼국사기》, 김부식 지음

《삼국유사》, 일연 지음

《만들어진 한국사》, 이문영 지음, 2010, 파란미디어

2부. 치열한 경쟁 : 삼국시대

《광개토대왕비와 한일관계》, 한일관계사연구논집 편찬위원회 지음, 2005, 경인문화사

《한국고대전쟁사 2 – 사상 최대의 전쟁》, 임용한 지음, 2012, 혜안

《조선상고사》, 신채호 지음

《페르시아 전쟁》, 톰 홀랜드 지음, 2006, 책과함께

《고대 페르시아의 역사》, 유흥태 지음, 2008, 살림지식총서

《삼국통일전쟁사》, 노태돈 지음, 2009, 서울대학교 출판부

《한국고대전쟁사 3 – 부흥운동과 후삼국》, 임용한 지음, 2012, 혜안

《신라가 한국인의 오리진이다》, 이종욱 지음, 2012, 고즈윈

《자치통감》 권 202

《구당서》 권 199

3부. 하나의 국가, 하나의 문화, 하나의 민족 : 남북국시대부터 고려시대까지

《삼국유사》, 일연 지음

《거꾸로 보는 고대사》, 박노자 지음, 2010, 한겨레출판

《발해고》, 유득공 지음

《한국고대전쟁사 3 – 부흥운동과 후삼국》, 임용한 지음, 2012, 혜안

《서희 :고려 실용외교의 중심》, 신복룡, 박현모 지음, 2011, 서해문집

《역사저널 그날 고려편 1》, KBS 역사저널 그날 제작팀 지음, 2019, 민음사

《역사저널 그날 고려편 3》, KBS 역사저널 그날 제작팀 지음, 2019, 민음사

《삼별초》, 윤용혁 지음, 2014, 혜안

4부. 현재의 우리나라가 되기까지 : 조선시대부터 대한민국 탄생까지

《홍길동전의 작자는 허균이 아니다》, 이윤석 지음, 2018, 한뼘책방

《만들어진 조선의 영웅들》, 이희근 지음, 2010, 평사리

《나의 문화유산 답사기 5 – 금강산편》, 유홍준 지음, 2011, 창비

《삼국유사》, 일연 지음

《신사임당 : 화가로 살고 어머니로 기억된 여인》, 이숙인 지음, 2017, 문학
동네

《징비록》, 류성룡 지음

《광해군 그 위험한 거울》, 오항녕 지음, 2012, 너머북스

《임진왜란과 한중관계》, 한명기 지음, 1999, 역사비평사

《병자호란》, 한명기 지음, 2013, 푸른역사

《조선왕조 건강실록》, 고대원 외 8명 지음, 2017, 트로이목마

《조선통신사 : 에도일본의 성신 외교》, 나카오 히로시 지음, 2012, 소화

《조선통신사, 일본과 통하다》, 손승철 지음, 2006 동아시아

《메이지 유신이 조선에 묻다》, 조용준 지음, 2018, 도도

〈동아일보〉 2019년 1월 16일자 기사, '3개 조 나눠 경성 시내 진격… 3000여 명 2시간 동안 "독립 만세"' (http://news.donga.com/3/all/20190116/93721575/1)

《대한민국 국호의 유래와 민국의 의미》, 황태연 지음, 2016, 청계